U0796525

Beijing Jiankang Chengshi Jianshe Yanjiu

北京市哲学社会科学规划特别委托重大项目

Beijing Jiankang
Chengshi Jianshe Yanjiu

北京健康城市建设研究

编委会主任 王彦峰 丁向阳
主编 王鸿春

北京日报报业集团
同心出版社

编委会

编委会主任： 王彦峰　丁向阳

编委会副主任： 王鸿春　王祥武

主　　编： 王鸿春

副 主 编： 赫　军　王　微　刘泽军　张青阳　郝中实　鹿春江

编　　委：（按姓氏笔画为序）

丁向阳　丁　勇　于晓静　尹学龙　王　飞
王兆荣　王彦峰　王　海　王祥武　王鸿春
王　微　王　颖　邓乃平　冉连起　卢　林
平　昭　刘江平　刘　志　刘泽军　刘英骥
刘炳武　刘清华　孙学才　安　红　汤伟民
吴问平　吴玲玲　宋洁尘　张　坚　张志宽
张青阳　张晓冰　张　燕　李小峰　李　乔
李建平　李　辉　杜梅萍　孟令华　孟　钧
郄顺旗　郑红霞　柏珊珊　郝中实　唐保明
夏印发　秦海翔　贾建强　郭　晶　顾国源
鹿春江　黄　烨　黄江松　韩卫强　雷海潮
赫　军

组织编写单位： 中国医药卫生事业发展基金会
首都社会经济发展研究所
北京健康城市建设促进会

代 序

继承奥运健康遗产
努力把北京建设成健康之都[①]

中国医药卫生事业发展基金会理事长　王彦峰
北京健康教育协会会长　金大鹏
首都社会经济发展研究所所长　王鸿春

胡锦涛总书记在党的十七大报告中指出，“健康是人全面发展的基础，关系千家万户幸福”。市委市政府高度重视全市人民的健康问题，特别是在筹备奥运会期间，市委市政府提出了“绿色北京、科技北京、人文北京”和“健康奥运、健康北京——全民健康活动”，不仅保障了奥运会、残奥会的成功举办，而且使全体市民提高了健康理念，树立了科学生活方式，给世界留下了一笔丰厚的奥运健康遗产。奥运会之后，北京市提出了建设世界城市的宏伟目标，这与以科学发展为主题，以转变经济发展方式为主线的党的十七届五中全会精神是完全一致的，我们应继承和弘扬北京奥运会、残奥会健康遗产，继续坚持以人为本，积极与世界卫生组织的要求接轨，全面推进健康城市建设，努力把北京建设成“健康之都”。

一、健康城市的概念和内涵

健康城市是世界卫生组织为摒弃源于西方国家的高消耗、高污染、高浪费、低经济效益、低生态效益、低社会效益这种传统生产方式对人类发展造成的严重

① 本文系王彦峰、金大鹏、王鸿春送呈中共中央政治局委员、北京市委书记刘淇同志的建议。本书即推动北京市健康城市建设的若干建议之一的研究成果，被列为北京市哲学社会科学规划特别委托重大项目。

危机，而提出的一种新的生存战略。它明确指出："健康城市是长期致力于创造和改善自然和社会环境，开拓并扩展其资源，使城市居民能够在生活的各个方面相互协助和支持，并发挥最大潜能，达到最佳状态的城市。"

据世界卫生组织统计，每年全球死亡4900万人，3/4都与生存环境有关。这就是说，只有在产业、环境、城市建设、城市规划以及各个方面的管理中都贯彻以人的健康为中心，保障广大人民群众健康的工作、学习和生活，才能使城市成为人类生存发展的健康乐园。建设健康城市已超出了狭义上的健康概念，它不是居民个人的事，也不只是卫生部门的事，而是包括城市规划、建设、管理等各个部门的共同职责。

二、建设健康城市的重要意义

第一，建设健康城市是城市发展的内在要求。传统工业化模式一方面促进了社会生产力的极大发展，但另一方面也给城市带来了环境污染、饮水困难、人口拥挤、交通堵塞、住房紧张、暴力伤害等一系列社会问题，使人类的健康受到了极大威胁，疾病，特别是慢性疾病迅速增加。要实现城市的健康发展，就必须努力转变发展方式，走新型工业化道路，实现人与城市的和谐发展，进而促进人的健康。

第二，建设健康城市是城市发展的世界趋势。当前，世界上很多国家的城市都在开展健康城市建设工作。各国开始健康城市建设是以1986年世界卫生组织在欧洲总部建立健康城市项目为标志。当时，参加的城市仅有11个。随后，范围不断扩大。截至2008年，全球已有4000多个城市参加了健康城市项目。建设健康城市已成为了城市发展的世界趋势。我国在上个世纪90年代开始参加了世界卫生组织的健康城市建设工作。建设健康城市行动得到了上海、天津、重庆、广州、南宁、济南、昆明、西宁、唐山等全国很多城市的热烈响应。2010年9月18~19日在唐山召开的第三届中国健康教育与健康促进大会上，与会城市达成了《推进健康城市建设——唐山共识》，一致呼吁具备创建健康城市条件的城市，要将建设健康城市摆上议事日程。

第三，建设健康城市是当前北京城市发展的客观要求。新中国成立以来，特别是改革开放以来，北京市工业化和城市化有了很大发展，人民生活水平也有了显著改善。但北京市的工业化未摆脱传统工业化的弊端。人民的生活水平上升了，但健康水平并未相应提高。据统计，全市患有各类慢性病的人占成年人口的三分之一，新旧传染病仍然频发。建设健康城市，提升人民群众的健康水平，已成为全市人民最迫切的要求之一。而要提升人民群众的健康水平，就必须转变原有的发展方式，走以人的健康为中心，资源节约、环境友好的新型发展之路，特别是要加强在城市规划、管理、运行中各个环节与健康关系的研究，全面推进健康城市建设。

三、建设健康城市与北京建设世界城市的关系

第一，建设健康城市与建设世界城市都是落实“以人为本”的科学发展观的具体体现。健康城市是保障人类永续发展的唯一出路，任何城市都应成为健康城市。健康城市突出强调健康是人类的第一主题，着力建立丰富充足的物质环境、洁净良好的生态环境、和谐有序的社会环境、优质安全的医疗服务环境，来提高人民群众的健康水平和生活质量。而建设世界城市是北京市在奥运会后，根据其区位优势及未来作为世界大国首都应发挥作用的特点，提出的一项新发展战略，本质是根据首都的科学发展规律和中国的国情与历史，探索具有中国特色的世界城市发展之路，从而提升北京市的综合实力和国际影响力，进而提升人民群众的生活质量和实现人的全面发展。从这个意义上说，建设健康城市与建设世界城市的根本出发点是一致的，都是落实“以人为本”的科学发展观的具体体现。

第二，建设健康城市是建设世界城市的基础。世界城市是具有广泛影响力和控制力的城市，其影响力和控制力的来源最重要的是其人力资源的强大状况和社会环境运行的良好状况，而健康是它们运行的基础。同时，世界城市是国际城市的高端形态，更是城市化发展的高端形态。在世界各国城市的发展都在摒弃传统工业化模式，转而寻求更为健康的新型工业化模式时，北京建设世界城市就必须以新型工业化为基础，建设健康的世界城市，从而通过建设健康城市，促进世界城市的建设，实现健康城市建设与世界城市建设相辅相成、相得益彰。

第三，国际上公认的世界城市都是高标准的健康城市。研究显示，国际上公认的世界城市——纽约、伦敦和东京都非常重视健康城市建设。东京在 1991 年就建立了东京健康促进委员会，拉开了健康城市建设的序幕。英国伦敦在上世纪

80 年代末就从其下辖的康斯市开始了健康城市建设。纽约也早在上世纪末开始了健康城市建设。目前，纽约、伦敦和东京在城市健康方面都保持着较高水平，且处在世界的前列。据国际上权威的与健康状况有密切关系的宜居城市调查机构美世公司的调查，2010 年纽约、东京、伦敦在全球的宜居排名分列为 49、40、39 名，而北京则排在 114 位，其中在医疗和健康水平方面，北京只相当于东京的 60%。

四、推动北京市健康城市建设的若干建议

根据以上分析，在当前形势下，北京在建设具有中国特色世界城市的目标下，全面开展健康城市建设工作是十分必要的。为此，我们建议：

一是将建设健康城市工作纳入北京的“十二五”规划。建设健康城市是一项关乎发展模式的重大变革，它必将在建设世界城市的统领下，对城市建设的各个方面产生深远影响。“十二五”时期是我国全面建设小康社会的关键期和深化改革开放、加快转变经济发展方式的攻坚期。在此重要时期，将建设健康城市纳入城市发展规划具有十分重要意义。而且，“十二五”时期对于建设健康城市也是一个极其难得的机遇，否则，新的发展模式形成之后再调整，将极其困难。

二是成立与世界卫生组织接轨的北京市建设健康城市领导小组，一方面获取世界卫生组织的指导，另一方面实现与国际接轨。领导小组下设办公室，具体负责北京市建设健康城市中的有关组织、协调、策划等相关工作以及与世界卫生组织、卫生部以及其他部门的协调沟通工作。领导小组由市委市政府主要领导任组长，由主管副市长兼任办公室主任，各相关委办局负责人为成员。

三是成立“北京建设健康城市研究”课题组，对北京市如何建设健康城市开展深入研究。课题组拟由中国医药卫生事业发展基金会、北京市健康教育协会、首都社会经济发展研究所负责牵头组织，其中具体调研、撰写工作由首都社会经济发展研究所和北京市决策学学会负责完成。

健康北京“十二五”发展建设规划

第一章　规划基础

过去五年，在以人为本的科学发展观指导下，首都经济社会发展跨上了新台阶，步入了科学发展的新阶段。未来五年是我市建设中国特色世界城市的重要阶段，医药卫生事业和城市健康发展既面临着新的挑战，也面临着新的战略发展机遇。

（一）主要成就

大卫生理念得到确立。统筹经济社会协调发展，调动社会各方面积极因素，促进医药卫生事业又好又快发展。转变卫生工作观念，前移卫生工作重心，更加注重预防，更加注重健康促进，更加注重基层卫生发展。

居民健康水平明显提高。经过 5 年努力，全市人均期望寿命达到 80.81 岁，比 2005 年增加 0.72 岁。孕产妇死亡率降至 12.14/10 万，婴儿死亡率降至 3.29‰。上述主要健康指标已达到或者接近发达国家水平。

公共卫生服务显著提升。传染病防控扎实有效，2010 年，甲乙类传染病发病率为 269/10 万，较 2005 年下降了 40%。全面实施国家公共卫生项目，我市新增了免费为适龄妇女进行“乳腺癌、宫颈癌”筛查、为我市 60 岁以上老年人和在校中小学生免费接种流感疫苗等 11 项重大公共卫生服务项目。公共卫生应急处置能力显著提高，有效应对甲型 H1N1 流感等多起突发公共卫生事件。

看病难看病贵问题有所缓解。为“一老一小”和无业居民建立了医疗保险，在全国率先实现基本医疗保障制度全覆盖。新型农村合作医疗参合率超过 96%，人均筹资水平达到 520 元。改革社区卫生体制机制，全面落实国家基本药物制度，服务能力显著提升，基层诊疗人次比重超过 40%。改进医院管理，医院服务能力和效率进一步提高，出院人次和诊疗总量较2005年提升了50%以上，平均住院日缩短2天。药品集中招标采购实现同城同价，药品价格明显下降。城镇医疗保险个人报付水平平均达到70%以上，新型农村合作医疗达到60%以上，个人支出占全市卫生总费用的比重降至27%以下。群众看病难看病贵问题有所缓解。

健康北京人行动初见成效。以筹办北京奥运会为契机，启动“健康奥运、健康北京”全民健康促进行动，制定发布《健康北京人——全民健康促进十年行动规划（2009年~2018年）》，确定11项具体健康指标，实施九大健康行动。向市民免费发放《首都市民预防传染病手册》和《首都市民健康膳食指导》各500万册、定量盐勺650万只、限量油杯510万个，创建无烟学校、餐馆和医院等7千多个。全社会健康发展意识全面提升。

城市健康状况不断改善。转变经济发展方式，调整产业结构，实施大气综合治理措施，加大生态涵养区建设保护力度，城市健康发展水平显著提升，万元GDP能耗、水耗分别降低到0.54吨和29.9立方米，全年二级及好于二级天数的比例提高到78%，污水处理率达到81%，垃圾处理率达到97%，林木绿化率达到53%，城乡环境更加健康整洁。与健康相关的体育、教育等各项社会事业取得全面进步。

（二）面临挑战

人口发展的压力进一步增加。“十一五”末，我市常住人口达到1961.2万，与2000年相比十年增加了604.3万人，平均每年增加60.4万。常住人口中，65岁及以上人口数达到170.9万人。人口结构的持续变化对环境、交通、资源等城市服务与管理提出了挑战，也对满足广大居民不断递增的健康与医疗卫生需求提出了更高的要求。

生活方式调整是长期过程。在导致死亡的各种因素中，生活方式占60%。我市居民中29%的成人吸烟、32%的人缺乏体力活动，特别是儿童肥胖率达到20%，加上食用盐、食用油过量，这些都是引发高血压、糖尿病等慢性病的主要因素。但调整生活方式又是一个长期渐进的过程，需要一、两代人坚持不懈的努力。

生态环境改善难度增加。大气污染呈现复合型特征、水资源不足与水资源浪费并存，周边地区的生态脆弱，加上食品药品安全事件与传染病发生的不确定性，促进城市健康发展、提高居民健康水平需花费更大的气力。

（三）发展机遇

健康北京是市民的新期待。健康是人全面发展的基础，未来北京将更加注重人的全面发展，更加注重经济社会协调发展，建设健康北京的思想基础进一步巩固，市民更加期待生活在和谐宜居健康的城市中。

我市经济仍将保持较快发展。“十二五”期间，全市地区生产总值年均增速将保持在8%左右，地方财政一般预算收入也将保持较快增长，建设健康北京的经济基础进一步增强。

公众健康需求增加。随着经济的发展，人民生活水平的提高，市民对健康的需求越来越高，也越来越多样化。动员全社会力量，关注自身健康、关注城市健康，建设健康北京的群众基础更加强大。

第二章　发展思路和目标

（一）指导思想

以邓小平理论和“三个代表”重要思想为指导，认真贯彻落实科学发展观和中央对北京市工作的一系列重要指示精神，把建设“健康北京”作为转变发展方式、实现科学发展的新战略，作为落实“人文北京、科技北京、绿色北京”战略的新要求，坚持以城市健康发展为主线、以促进全民健康为落脚点，强化公共卫生，提升医疗服务，优化生活环境，促进经济社会全面协调可持续发展。

（二）基本原则

1. 以人为本，健康发展。把人民群众的健康放在第一位。从不断满足人民群众健康需要出发，解决城市发展中影响居民健康的经济、社会、环境等因素，实现好、维护好、发展好广大居民的健康权益，让人民群众真正享受到改革发展的伟大成果。

2. 政府主导，全民参与。将健康北京建设贯穿于政府各领域工作。充分发挥各级政府的主导作用，加强部门合作，加大人力、物力、资金投入和政策保障，调动社会各界积极性和主动性，共同建设健康北京。

3. 立足首都，创新机制。积极借鉴国际先进经验，结合首都实际，开拓创新，锐意进取，提高城市服务与管理的科学化水平。建立和完善健康北京工作机制，开创城市发展新局面，探索中国特色健康城市建设发展道路。

（三）发展目标

“十二五”时期健康北京发展总目标是：居民健康水平进入世界先进前列。人均期望寿命增长1岁，婴儿死亡率控制在4‰以下，孕产妇死亡率控制在12/10万以下。

具体目标是：

——公共卫生服务实现全覆盖。显著提高慢性疾病防控能力，提供健康教育服务，促进居民生活方式转变，力争使心脏病、脑血管疾病、恶性肿瘤、损伤和中毒的年龄别死亡率分别降低10%。提升精神卫生、妇幼卫生、老年保健等服务水平和能力。落实免疫预防各项措施，做好防控传染病的工作。

——医疗服务和保障水平提升。增加投入，健全医疗保障制度。提高郊区县诊疗能力和水平，优质医疗资源向郊区县转移。控制医药费用，提高服务效率。发展社区卫生服务，形成“社区首诊、分级就诊、双向转诊、社区康复”的就医新格局。个人卫生支出占全市卫生总费用的比例降低至25%以下，进一步缓解看病难的压力。

——城乡环境更加宜居。林木绿化率提高到57%，交通拥堵现象得到有效治理，中心城公共交通出行比例达到50%。万元GDP能耗、水耗、二氧化碳和主要污染物排放持续下降，空气质量二级和好于二级天数的比例达到80%。基本实现城市生活垃圾零增长、污水全处理。

——居民生命更加安全。重点食品安全监测抽查合格率达到98%，药品抽验合格率达到98%，农村居民饮用水水质合格率达到90%。加强应急管理，健全自然灾害、事故灾难、社会安全事件预防预警和应急处置体系，减少居民意外伤害和死亡事件。

——经济社会支撑条件更加稳固。经济社会协调发展，城乡居民收入均衡增加，扩大就业，控制失业，进一步健全社会保障制度。实施教育优先发展战略，提高全民受教育水平。推进全民健身行动，增强市民体质。

“十二五”时期健康北京建设主要指标

类别	序号	指　　标	目标	属性
健康水平	1	出生期望寿命（岁）	增加1岁	指导性
	2	城乡期望寿命差距	缩小1岁	指导性
	3	婴儿死亡率（‰）	<4	约束性
	4	孕产妇死亡率（1/10万）	<12	约束性
	5	损伤和中毒年龄别死亡率（1/10万）	下降10%	指导性
	6	恶性肿瘤年龄别死亡率（1/10万）	下降10%	指导性
	7	心脏病年龄别死亡率（1/10万）	下降10%	指导性
	8	脑血管病年龄别死亡率（1/10万）	下降10%	指导性
	9	成人吸烟率下降至（%）	≤25	指导性
	10	中小学生肥胖率控制比例（%）	≤18	指导性
健康服务	11	每千常住人口实有床位数（张）	5	指导性
	12	每千常住人口执业（助理）医师数（人）	4	指导性
	13	平均急救反应时间（分钟）	城市≤15 远郊区县≤20	约束性
	14	城镇职工、居民医疗保险参保率（%）	职工≥98 居民≥95	约束性
	15	新型农村合作医疗参合率（%）	98	约束性
	16	城乡居民健康档案建档率（%）	≥85	指导性
	17	重性精神疾病病人有效管理治疗率（%）	≥95	约束性
	18	儿童体检率（%）	100	约束性
	19	居民基本健康知识知晓率（%）	>80	指导性
	20	药品抽验合格率（%）	≥98	约束性
健康环境	21	城镇居民人均可支配收入和农村居民人均纯收入年均增速（%）	8	指导性
	22	城镇登记失业率（%）	≤3.5	约束性
	23	全市从业人员平均受教育年限（年）	12	指导性
	24	经常参加体育锻炼的人数保持比例（%）	≥49	指导性
	25	人均体育用地（平方米）	≥2.1	约束性

续表

类别	序号	指　　标	目 标	属 性
健康环境	26	重点食品安全监测抽查合格率（%）	>98	约束性
	27	城市市政供水合格率（%）	100	约束性
	28	农村居民饮用水水质合格率（%）	≥90	约束性
	29	生活垃圾无害化处理率（%）	城区≥99 郊区≥95	约束性
	30	全市林木绿化率（%）	57	约束性
	31	人均公共绿地面积（平方米）	≥16	约束性
	32	二级和好于二级天数的比例（%）	80	约束性
	33	中心城公共交通出行比例（%）	50	指导性
	34	年万车交通事故死亡率（1/万）	≤1.7	约束性
	35	亿元 GDP 生产安全事故死亡率累计降低（%）	>38	约束性

注：指导性指标是指努力争取实现的指标，约束性指标是指要确保实现的指标

第三章　促进居民健康

（一）普及健康知识

通过政府搭台、媒体响应、社会参与、专业支撑的方式，面向广大城乡居民和重点人群，针对各种常见传染病、慢性病，广泛普及健康知识，积极倡导健康生活方式。实施健康知识传播“五个一”工程，即：设立一个市级电视健康频道、建立一个市级健康教育馆、办好一个健康教育网站、举办一个健康教育论坛，每个区县开辟一个健康教育基地。到 2015 年，居民基本健康知识知晓率达到 80% 以上。

（二）调整生活方式

引导居民平衡膳食。到 2015 年，居民人均日食用盐摄入量下降到 11 克以下、油脂摄入量下降到 40 克以下。鼓励厂家开发低糖、低脂和低盐食品，开设“低盐、低脂”食品专柜，建立健康食堂和示范餐馆。

强化控烟行动。党政机关、教育和医疗卫生系统等率先实现室内无烟目标，在全市公共场所禁止吸烟。降低人群吸烟率，成人吸烟率控制在25%以下。

提倡规律生活。保持规律的进食习惯，定时用餐。成人每天睡眠时间一般保证在7～8小时。每天早晚刷牙，餐后漱口，保持个人清洁卫生。

（三）开展健身行动

实施全民健身工程。全市各街乡和社区（行政村）均建有公共健身设施，具备开放条件的学校体育场地设施向社会开放率达到70%。发展全民健身指导和志愿服务队伍，在公园、健身广场等增设健身辅导站，为居民提供健身指导。通过北京市全民健身科学指导大讲堂等形式，大力宣传推广科学健身方法。

完善全民健身体育组织网络，广泛开展全民健身活动，全市各区县创建“一区一品牌”的群众体育品牌活动，举办各种健身展示和竞赛活动。党政机关、企事业单位和社会组织大力开展工间操等健身活动，每天不少于20分钟。学生在校期间每天不少于1小时参加体育锻炼。到2015年，经常参加体育锻炼的人口比例达到49%以上。

（四）防控慢性疾病

针对高血压、心脑血管、恶性肿瘤、糖尿病等重点慢性非传染性疾病及其高危人群，采取综合防治措施，进行有效干预和服务，遏制发病率快速上升趋势，降低死亡率。

服务高危人群。落实35岁以上人群首诊测血压制度，提供测量身高、体重、腰围、血脂、血糖等服务。在社区启动居民健康管理工程，对超重肥胖、血压偏高、糖调节受损、血脂异常和吸烟者等慢性病高危人群实施健康指导。

启动慢性病社区管理。全市培养百名社区慢性病管理专家，每年举办千场社区健康知识讲座，配备1万台自助健康监测设备。在社区开展“卫生保健进万家”活动，免费培养10万名家庭保健员，建立群专结合的慢性病综合管理模式。35岁以上人群血压和血糖知晓率均达到80%。

开展慢性病监测。建设和完善全市主要慢性病及其危险因素监测体系，开展慢性病及行为危险因素监测工作，建立慢性病防治基础信息数据库，为科学决策提供支持依据。

（五）维护心理健康

针对不同人群开展心理卫生健康教育、心理咨询和辅导，建立心理咨询专兼职队伍，完善公益心理援助热线功能，开展心理应激救援服务。成立心理危机干预专家组，对重大灾害及突发公共事件进行人群心理危机干预。在有条件的学校、社区和单位建立心理咨询室，及时疏导和解决不同人群的心理问题。

（六）呵护老年健康

落实“九养政策”，完善“9064”社会养老服务体系，提高老年人生活质量。到2015年，每百名老人拥有养老床位数达到4张。每年免费为老年人群接种流感疫苗，为无保障的老年人免费体检，为60岁以上贫困老年人免费镶牙，使65～74岁老年人有功能的牙齿数保持在20颗以上。

第四章　强化公共卫生

（一）防控传染疾病

加强能力建设。完善传染病监测、预警体系，维持我市传染病低发病状态；密切关注周边地区和国家的传染病流行状况，对于可能的输入性疫情及时采取应对防范措施；加强人员培训，提高卫生防病人员对新发、突发以及不明原因传染病的应对能力。

做好重大传染病防控。重点做好艾滋病、结核病、鼠疫、肝炎等重大传染性疾病的防控。做好十六种疾病的免疫接种，儿童免疫接种率保持在98%以上，构造良好的人群免疫屏障，做到积极防控传染病。逐步推广电子接种卡，“十二五”末，全市免疫规划接种门诊全部达到A级以上标准。深入开展爱国卫生运动工作，加强鼠、蟑、蚊、蝇等病媒生物控制，密度控制在国家标准以内。

（二）确保卫生安全

加强公共场所、职业环境危险因素监测和监督管理。提升对爆炸、生物、化学、核与辐射等突发公共事件应急处置和救治能力。做好大型集会活动和人群密集场所的公共卫生安全保障工作。最大限度减少突发公共卫生事件的发生，有效控制和处置事件的发展，增强市民公共卫生安全感。

（三）做好妇女保健

推进母婴安全行动计划。完善财政补偿和救助机制，减少因经济原因放弃抢救导致的孕产妇死亡。提高郊区县产科服务能力，畅通危重孕产妇抢救绿色通道，降低孕产妇死亡率。转变孕产期保健模式，开展孕情监测，提供孕产妇系统保健服务包，促进自然分娩，降低剖宫产率。

提供干预措施。加强妇女宫颈癌和乳腺癌筛查服务，使适龄妇女定期获得筛查服务。普及避孕节育、优生优育和生殖保健服务，提高出生人口素质。完善出生缺陷防治网络，有效落实出生缺陷三级预防措施。提高艾滋病母婴阻断水平，有效控制母婴传播。

（四）促进儿童健康

提供儿童保健服务。为 0 ~ 6 岁儿童提供包括生长发育监测、喂养与营养指导、早期综合发展、心理行为发育评估与指导、免疫规划、常见病防治、健康安全保护、健康教育等基本保健服务，促进儿童健康成长。保护儿童牙齿健康，每年免费为 3 ~ 4 岁儿童提供氟化泡沫预防龋齿服务，为 7 ~ 9 岁儿童提供龋齿检查和防治服务。

提高中小学生健康素质。建立中小学生健康档案，每年免费为学生进行体检，每学期对学生进行视力检查，指导学生科学用眼，降低近视眼发生率。努力控制儿童和青少年超重和肥胖问题，2015 年中小学生肥胖率控制在 18% 以下。

（五）改善精神卫生

合理增加精神卫生服务床位和人力资源，适应精神心理问题的挑战。在三级综合医院设立精神心理科，改善区县精神病专科医院服务条件，强化社区卫生机构精神卫生服务功能。到 2015 年，重性精神病患者获得有效管理治疗的比例达到 95%。

（六）推广健康体检

提供基本体检服务。各单位落实员工定期体检制度，保护劳动者合法权益。

动员居民积极参加知己健康行动，了解自己的健康状况。各社区卫生服务中心（站）、药店和计划生育服务站为市民提供免费的血压、体重和腰围测量服务以及药学、计划生育等卫生保健知识咨询服务。

引导居民主动管理健康。加强对重点人群的个体化健康指导和服务，指导居民对自身的健康危险因素进行评估和管理，降低人群健康危险因素的流行率。

（七）做好急救服务

推进院前急救体系建设。实施急救服务“五个一”工程，即：制定一个全市急救站点布局规划，建立一个全市急救车辆统一指挥平台，在全市急救系统实施一个院前急救服务标准，建立一个城乡统筹一体的急救体系，对全市急救系统实施一个预算。

提高急救效率。逐步形成指挥统一、调度科学、布局合理、服务规范、运行高效、功能完备的院前急救服务网络。到 2015 年，实现五环路以内的城市中心区按平均急救服务半径每 2 公里设置 1 个急救站，五环路以外的郊区、农村按平均每 3 ~5 万人密度设置 1 个急救站。接到呼叫后 10 秒钟内应答受理，城市中心区平均急救反应时间在 15 分钟以内，郊区、农村平均急救反应时间在 20 分钟以内。急救呼叫满足率达到 95% 以上。

第五章　提升医疗服务

（一）深化医药卫生体制改革

完善首都医药卫生管理协调机制，优化区域医疗卫生资源配置，推进全行业和属地化管理。成立市级公立医院管理机构，推行精细化和专业化管理，推进管办分开。探索建立公立医院法人治理结构，实行政事分开。完善公立医院补偿机制和人事分配等运行机制。鼓励和引导社会力量举办医疗机构。推进社区首诊、医师多点执业、按病种付费、医疗救助基金、商业保险参与基本医疗保险服务等改革。

（二）舒解群众看病难的问题

扩大医疗资源规模。根据我市常住人口和外地患者的医疗服务需求以及经济社会发展条件，扩大医生、护士和医疗床位的规模。大力发展医学教育，广泛培训现有卫生人员，到2015年底，每千人口实有床位数达到5张左右，每千人口执业（助理）医师数达到4人左右。

提高医疗服务效率。健全综合医院、专科医院、康复医院、护理院和基层医疗机构分工协作机制，分流大医院病人，显著降低平均住院日，从目前的14天缩短到10天以内。推行门诊预约挂号，减少排队等候时间，预约挂号率提升至80%以上。推进周末节假日门诊和日间手术等惠民便民利民措施，方便居民就诊。推行社区转诊服务，到2015年底，社区转诊预约成功率达到80%以上。

利用信息化技术开展便民服务。加快以居民电子健康档案为核心的区域卫生信息平台和以电子病历为基础的医院信息平台建设，利用5年时间，建成全市统一的电子病历信息系统，实现医疗机构之间、医疗机构与政府部门之间的互联互通，让居民感受服务便捷，使政府监管得到加强。

（三）建设国际一流诊疗中心

建设一流的卫生人才队伍。实施“215”高层次卫生人才队伍建设工程，到2020年，选拔和引进20名领军人才、100名学科带头人、500名学科骨干，建立20个以重点学科为依托，以培养两院院士等拔尖创新人才为核心的创新平台。“十二五”期间，要完成一半左右的培养和引进目标，保持和增强我市高层次医疗卫生人才队伍的实力以及可持续发展能力。

增加全国重点专科数量。五年内，力争使我市的全国重点专科的数量达到100个左右，巩固和扩大重点专科在全国和国际上的影响力，使其在医疗救治、人才培养和科学研究方面发挥更大的作用。

提升远郊区县和薄弱地区医疗服务能力。在远郊区县和亦庄新城，建成11所区域医疗中心，达到三级医院功能要求。通过整体搬迁、国际合作、建设分院区、原址改扩建等方式推动远郊区县、南城、新建居住区和薄弱地区优质医疗资源建设，新建、扩建10所三级医院。使远郊区县和薄弱地区达到和接近三级医院水平的医疗机构数量达到21所以上。

提高医护服务质量。扩大临床诊疗路径的实施范围，争取达到300种疾病以上。二级以上公立医院实行优质护理服务，显著降低患者家属陪护负担。严格控制院内感染，促进医疗安全。

发展中医药特色服务。充分发挥我市中医药人才和技术优势，把北京打造成国际中医药技术中心、诊疗服务中心、人才培训中心和学术交流中心。开展中医药防治首都十大危险疾病的“十病十方”科技攻关。“十二五”期间研发出1个中药新药、10个院内制剂和30项能向基层卫生系统推广的适宜技术。建设首都中医药科技条件平台，建立5个中医药产学研联盟。在基层医疗卫生服务机构建立“中医健康指导室”，为城乡居民提供个性化的中医医疗、膳食、起居、运动、心理等养生保健处方等服务。

鼓励社会力量办医。完善市场准入及配套经济支持政策，鼓励和引导社会力量兴办医疗机构，提供个性化和舒适化程度较高的医疗服务，与公立医疗机构形成合作互补关系。鼓励兴办外商独资和中外合资合作医疗机构。

（四）推行家庭医生式的服务

着力完善社区卫生服务网络，强化社区卫生服务机构的基本医疗和公共卫生职能，显著提升服务水平。推行家庭医生式服务，使社区卫生服务机构成为居民健康的“守门人”。加强以全科医生为重点的基层医疗卫生队伍建设，提高基层医疗卫生队伍素质。完善鼓励医务人员在基层服务的政策，调动医务人员服务基层的积极性。推广社区卫生服务管理信息系统，到2015年，城乡居民健康档案建档率达到85%以上。

（五）化解群众看病贵的问题

增加政府卫生投入。政府卫生投入增长幅度要高于经常性财政支出的增长幅度，占经常性财政支出的比重逐步提高，占卫生总费用的比重逐步提高，并与经济社会发展阶段相适应，保持合理的比重。

提高医疗保障水平。“十二五”期末，城镇职工基本医疗保险参保率和新型农村合作医疗参合率均达到98%以上，城镇居民基本医疗保险参保率达到95%以上。提高基本医疗保障的缴费水平、补偿水平和经办服务水平，提高城乡医疗救助水平，推动新型农村合作医疗制度向市级统筹过渡。实现我市参保人员每人一张“社会保障卡”，方便就诊和费用结算。

调控医药费用水平和结构。从成本形成、投入政策、财务管理、药品采购等环节控制医药费用增长幅度。推进医药价格体系改革，推广按病种付费等付费方式。加强抗生素等重点药品临床使用监管，使医药费用的增幅与经济发展水平、医疗保障基金和居民的支付能力相适应。调整卫生总费用结构，增加政府和社会等公共支出比重，降低居民个人支出负担，将比例降至25%以下。

第六章　优化生活环境

（一）改善污水处理能力

加强水污染源头防治，加快污水管网和处理设施建设，进一步提高污水处理能力，完善中心城区污水收集管网，实现城市生活污水全收集，因地制宜建设农村生活污水处理设施。2015年，全市污水处理率达到90%，中心城污水处理率达到98%，新城和重点镇污水处理率达到90%，村镇污水处理率达到60%。

（二）提高垃圾处理能力

加快生活垃圾处理设施建设，实施生活垃圾分类管理，农村地区开展生活垃圾分类达标活动，促进全市垃圾源头减量，不断提高垃圾资源化水平。“十二五”期间，努力促进生活垃圾增长率逐年降低，2015年，城区生活垃圾无害化处理率达到99%、郊区达到95%以上，生活垃圾资源化率达到55%。

（三）控制大气噪声污染

改善大气环境质量，控制生产型污染，治理机动车污染，防治扬尘污染，推进区域大气污染联防联控，2015年，力争全市空气质量二级和好于二级天数比例达到80%。严格监管建筑施工、工业、娱乐业等噪声污染，加强居民区噪声防护和道路交通噪声控制，营造更宁静的城市空间。

（四）改善交通安全状况

增加道路交通安全设施和标识，强化交通安全监管，提高管理水平，降低交通事故发生率。优先发展公共交通，加强机动车总量调控并引导合理使用，倡导文明出行，规范交通秩序，确保全市交通安全顺畅。2015年，中心城公共交通出行比例力争达到50%，年万车交通事故死亡率控制在1.7以下。

（五）整洁城乡市容环境

维护市容环境秩序，加强重点地区、环境薄弱地区的环境建设与整治，提高城乡环境卫生质量和精细化管理水平。全面开展、分类推进村庄环境建设，深入推动卫生村、镇建设，整体提升农村环境。拓展城市绿化空间，增加森林绿地面积，提升城市生态景观。2015 年城区 80% 居住区出行 500 米即可达公共绿地，全市林木绿化率达到 57%，人均公共绿地面积达到 16 平方米。

（六）创造综合支撑条件

转变经济发展方式，完善收入分配制度，增加城乡居民收入。进一步完善社会保障体系，提高保障水平，增加就业机会，降低城镇失业率，控制在 3.5% 以内。加强城市应急管理，提高自然灾害、事故灾难、社会安全事件预防预警和应急处置能力，增强市民安全感。大力实施保障性安居工程，加强保障性住房管理，合理引导住房消费，改善城乡居民居住条件。五年建设、收购各类政策性住房 100 万套，对符合保障条件的申请家庭做到应保尽保。提高全民受教育水平，全面实施素质教育，提升市民思想道德和文化素养。2015 年，主要劳动年龄人口受过高等教育的比例达到 40%，新增劳动力平均受教育年限达到 15 年。鼓励生态涵养区发展疗养、健身、休闲、养老服务等产业，提供更多的养生休憩健身空间。

第七章　加强行政监管

（一）让居民安全饮食

完善食品安全监管体系，实现食品链条各环节的全过程监管。严厉打击生产经营假冒伪劣食品等违法行为，开展高风险食品安全治理，全面提高食品安全整体水平。到 2015 年，全市 A、B 级餐饮单位达到 55% 以上，重点食品安全监测抽查合格率高于 98%。

（二）让居民放心用药

实施基本药物生产、流通环节全过程全品种电子监管。继续加强药品安全监督网建设，在全市范围内建设一百个药品安全示范街道（乡镇）、培育一千个药品质量诚信企业、发展一万名药品安全员，创建“药品放心城市”。建立合理用药监管平台、抗菌药物和细菌耐药监测网，提高合理用药水平。

（三）让居民安心就诊

加强医疗质量监管，推行临床路径，控制医疗事故发生率，保证医疗安全。建立健全患者投诉制度，规范就医秩序和诊疗行为。建立医疗纠纷第三方调处机制和医疗责任风险保障机制，有效化解医疗纠纷。严厉打击非法行医和“黑诊所”。加强行风和精神文明建设，推动建立健康和谐的医患关系。

（四）建立健康评估机制

在城市规划、产业结构调整、公共设施建设等方面坚持健康优先的原则，建立健康风险评估机制。在地方立法、重大公共政策制定过程中科学分析对公众健康造成的潜在影响，积极采取措施将影响控制到最低限度。推进健康政策制定公众参与机制，建立健全重大决策听证、质询、公示、论证制度，落实责任追究制度。

第八章　保障措施

（一）加强领导协调，推进规划实施

坚持全市统一领导、统一部署，以区县为单位，推进规划实施工作。充分发挥现有爱国卫生运动委员会和健康促进工作委员会的作用，加强全市健康北京建设工作的组织协调，推动健康北京建设。建设工作要充分发挥区县的作用，落实辖区目标责任，市级有关部门加强指导与协调。广泛调动各类社会组织、志愿者团体、居民参与健康城市建设的主动性和创造性，营造人人参与的良好氛围。

（二）开拓筹资渠道，增加公共投入

各级政府要把建设健康北京工作纳入财政预算，加大投入，市区两级财政设立健康北京建设工作经费。发挥财政资金的引导作用，通过重点项目引导和奖励

相结合等方式，推动健康北京建设工作有序开展。积极开拓公益事业投资融资渠道，鼓励社会各界投入和捐赠，引导企事业单位和个人参与建设，形成多渠道支持的局面。

（三）构筑法制环境，保障规划落实

以促进健康为目标，制定和完善相关地方法规和公共政策。推动相关领域法制建设工作，落实依法行政，深入开展普法教育。在深入推动建设实践的基础上，适时总结经验，制定并颁布健康北京建设条例，提供法制保障。

（四）落实建设责任，加强评价考核

各级政府和有关部门主要负责同志是建设健康北京的第一责任人。建立健全齐抓共管的领导机制和工作机制，完善目标管理，建立日常督查机制和评价考核体系。评价指标体系及考核办法另行制定。市级领导协调小组每年对各区县、相关委办局工作进行督导与考核，并作为对其年度绩效考核的重要内容。

（五）加强舆论引导，营造良好氛围

积极利用多种现代传播手段，持续不断地宣传健康北京建设的重要性、内容和进展，让广大城乡居民和全社会深刻理解健康北京建设的背景、意义和任务，提高各方面参与健康北京建设的主动性、自觉性，增强责任感和使命感。在全市城乡形成健康北京建设的浓厚氛围，凝聚多方力量，形成良好的群众参与基础和支持环境。

（六）开展交流合作，扩大内外影响

积极开展与有关国际组织和有关国家及城市间的合作与交流，创立并定期举办国际健康城市北京论坛，分享健康城市建设经验，加强传播，扩大影响。建立健康城市研究基地，加强相关理论研究，不断总结经验，创新健康城市建设理论和发展模式。利用各种有效渠道，传播健康北京建设的实践成果，让广大城乡居民和海内外人士深刻感受到健康北京发展建设的伟大成果。

目录

绪 论

努力把北京
建设成健康城市

党的十七届五中全会指出，“十二五”时期，应“顺应各族人民过上更好生活的期待，以科学发展为主题，以加快转变经济发展方式为主线，深化改革开放，保障和改善民生”。建设健康城市就是保障和改善民生的重要内容之一，也是世界各国城市发展的内在要求和普遍趋势。建设中国特色的世界城市，实现“人文北京、科技北京、绿色北京”的战略，必须注重以健康为基础，北京应在继承北京奥运会健康遗产的基础上，积极与世界卫生组织的要求接轨，努力把北京建设成健康城市。

第一节　健康城市产生的背景

一、传统城市化对人类健康造成了巨大挑战

城市化是当今人类社会发展的趋势。据有关资料显示，200 年前，世界 3% 的人口居住在城市，2007 年这一比例达到了 50%。未来城市人口仍将迅速增加，预计到 2050 年将超过 70%。传统的城市化是建立在传统工业化基础上的。它的迅速发展，一方面促进了经济的繁荣和社会的发展，另一方面也给城市的资源环境造成巨大压力，引发一系列社会问题，如人口膨胀、环境污染、交通拥堵、住房紧张、资源短缺等，这对人类健康产生了巨大威胁，使人类的疾病病谱发生了较大变化。显著特征是 20 世纪 70 年代以后，慢性疾病、精神性疾病患病人数大大增加，癌症、心脑血管疾病等慢性非传染性疾病逐渐成为人类死亡的主要原因。据测算，2001 年，全球 5650 万总死亡人数中，约有 60% 死于慢性病；慢性病治疗费用占全球医疗总费用的 46%。从表面上看慢性病由个人生活方式和行

为习惯所致，但从根源上看，则与传统城市化的发展模式有很大关系，是传统城市化模式导致自然环境和社会环境变化的结果。转变发展模式，将以人的健康为中心贯彻到城市发展的各个方面，建设健康城市成为世界各国城市发展的迫切要求。

二、健康影响因素从生理因素向社会环境转变

随着时代的变迁和医学模式的演变，人们对于健康的认识在不断提高、完善。人们一开始只是简单地认为“健康即无病、无残”。但随着生物医疗技术的进步和人类疾病谱的转变，人们逐渐意识到，健康不仅是肉体的无痛无病，还与精神状态有密切联系，健康概念由过去的单一躯体健康（一维）发展为躯体、心理健康（二维）。1948 年世界卫生组织又进一步将“健康”定义为“整个身体、心理和社会的良好状况，而非仅仅指人没生病或不虚弱”。1989 年，世界卫生组织再次深化健康的概念，提出包括躯体健康、心理健康、社会适应良好和道德健康的四维健康新概念。伴随对健康概念理解的逐步深入，人们对影响人类健康的因素逐渐由生理因素向社会环境转变，建设健康的自然环境和社会环境成为城市发展的必然。

三、公共卫生运动实现从重点疾病防治转向健康能力构建

公共卫生是通过政策评价、政策发展和制定保障措施来预防疾病、延长人的寿命和促进人身心健康的一门科学。公共卫生总是根据不同历史阶段人们面临的健康威胁，不断调整。19 世纪末和 20 世纪初，面对像天花、霍乱、鼠疫这类烈性传染病的威胁，人类开始了以防治传染病和寄生虫病为主要目标的第一次公共卫生革命。经过半世纪艰苦卓绝的斗争，重大的传染病和寄生虫病得以基本控制，人类寿命显著延长。之后，随着肺癌、冠心病、脑卒中、糖尿病等慢性非传染性疾病患者的增加，从 20 世纪 60 年代起，许多发达国家把疾病的预防重点从控制传染病转向慢性非传染性疾病，历史上称为第二次公共卫生革命。第一次和第二次公共卫生革命仍是以病为中心。1986 年，世界卫生组织进一步把健康定义为“日常生活的资源而不是目标”。这告诉我们，我们每天生活的方方面面必

须有健康才能实现，公共卫生策略不能仅局限于疾病的预防和控制，必须要拓展到健康能力的构建。由此，有关学者提出了第三次公共卫生革命的概念，也被称为新公共卫生革命，强调现代健康问题是生物学因素、行为方式因素、环境（包括物质环境与社会环境）因素和卫生服务因素共同作用的结果，人类应通过改变环境（包括自然环境与社会环境）、加强预防和采取适当治疗干预措施相结合的方法，建立一种新的健康改善模式，从社会、经济、环境全方位解决健康问题。这引发了强调以综合干预模式改善健康的“健康城市运动”。

四、可持续发展思想与新城市主义要求矫正传统城市发展观念

20 世纪 60 年代前，人们十分推崇“效率至上”的城市发展模式，把经济发展作为发展全部。但随着现代社会的发展，传统发展观念造成的“城市病”问题日益突出。为弥补传统发展观的缺陷，1962 年蕾切尔·卡逊《寂静的春天》提出了可持续发展的思想，1980 年联合国首次使用了可持续发展的概念，随后其内涵不断丰富。健康是可持续发展的基本要素，只有保障人的健康，人类社会才能实现可持续发展。同时，20 世纪 90 年代初，在城市规划领域也出现了以矫正城市病为导向的“新城市主义”，要求将城市规划与公共健康理念相结合，对健康城市的兴起和迅速发展也产生了较深刻的影响。

第二节　健康城市的理念和评价标准

一、健康城市的概念

建设健康城市是 1986 年以来世界卫生组织为摒弃源于西方国家的高消耗、高污染、高浪费、低经济效益、低生态效益、低社会效益的传统工业生产方式带来的“城市病”对人类生存发展造成的严重危机，而提出的一项新的生存战略，它是由健康人群、健康环境和健康社会组成并协调发展的整体。它明确指出“健康城市是长期致力于创造和改善自然和社会环境，开拓并扩展其资源，使城市居

民能够在生活的各个方面相互协助和支持，并发挥最大潜能，达到最佳状态的城市”。

健康城市是对传统城市发展模式的重大变革，是根治人口膨胀、环境污染、交通拥堵、住房紧张、资源短缺等城市病蔓延和发展的最佳途径，是提升人类健康水平的根本出路，是世界各国城市发展的必然趋势。它不是居民个人的事，也不只是卫生部门的事，而是包括城市规划、建设、运行到管理等各个部门的共同职责。它要求在应对人的健康问题上，要从被动和末端处理转向以预防为主的源头治理，从单纯依靠医疗技术手段转向运用经济、社会、环境等综合思维手段，从依靠单一的卫生部门力量转向依靠城市的规划、建设、管理等方方面面的力量，从政府的独自治理转向社会的共同参与。

二、健康城市的评价标准

为便于实践操作，世界卫生组织提出了 12 大项 300 多小项的健康城市指标参考体系。

第 1 项：人群健康。包括自我感觉健康、生活满意度、各年龄段的期望寿命及死亡状况、各类意外伤亡状况、年均住院率、危重病的发病率等 48 项。

第 2 项：城市基础设施。包括自来水使用状况，下水道铺设状况，每公里运行的货车、轿车及两轮机动车数量，距马路 50 米以内的寓所数量，居民区及商业区面积状况等 19 项。

第 3 项：环境质量。包括抱怨烟雾、粉尘、噪音、震动等污染的居民户数，大气清洁情况，重金属含量状况，水中微生物、硝酸盐、氟、苯、氯化物等含量，方圆各公里段内植物平均覆盖水平等 24 项。

第 4 项：家居与生活环境。包括每天直接日晒 5 小时或以上的寓所数量、六层或六层以上高层公寓的数量、户均住房面积、人均住房面积、垃圾的日人均产生量、垃圾循环利用量、城市公园面积、无家可归者的数量、地震时住房的安全及失火指数等 30 项。

第 5 项：社区作用及行动。包括健康、环保等志愿者的数量，参加社区活动的人口比例，人均公共运动设施数量，人均娱乐场所面积，卫生服务信息的公众知晓率，健康生活方式信息的公众知晓率，家居质量管理监督系统现状，公众健康及健康决定因素的公众知晓率等49项。

第6项：生活方式及预防行为。包括抽烟人数、过量饮酒人数、控烟政策状况、每日按时进餐的人数、重点疾病及人群定期检查状况等20项。

第7项：保健、福利以及环境卫生服务。包括初级卫生保健服务覆盖率，家庭医生的拥有率，年度医疗费用支出额，人均医生、护士、医院数量，30分钟内能得到紧急医疗救护的人数，室内环境监测的年平均人次数，食品检查的年平均人次数等34项。

第8项：教育及授权。包括小学平均人数、义务教育结束后不再上学的人数、25～29岁人群受教育年限、健康生活方式的教育现状等26项。

第9项：就业及产业。包括各年龄段人口的失业率、各产业人口的比例、专业技术工人占总就业人数的比例、主要行业就业人数比例、乘私家车往返的人口比例等31项。

第10项：收入及家庭生活支出。包括家庭年收入，家庭的食品、住房、教育、娱乐支出情况等17项。

第11项：地方经济。包括税收状况，地方债务、福利、城建支出、主要行业增长状况等17项。

第12项：人口学统计。包括人口增长率、夜间人口稠密度、日间人口稠密度、人口的年龄结构等22项。

第三节 国外健康城市的发展对策

随着健康城市概念的明晰化，世界卫生组织欧洲地区办公室于1986年发起了“健康城市建设项目”，力图将“2000年人人健康”和《渥太华宪章》所提出的健康促进策略转化为可操作的实践模式。世界卫生组织倡导的“健康城市”，首先得到了加拿大多伦多和欧洲城市的积极响应，随后在世界各地掀起创建热潮。最初参加的城市仅有11个，到2008年，全球已有4000多个城市参加了健康城市项目，且城市数量还在不断攀升，建设健康城市已成为各国城市发展的世界趋势。

一、健康城市运动在欧洲的发展

欧洲是健康城市建设的先锋。1986年，世界卫生组织欧洲地区办公室率先设立“健康城市项目”，随后“欧洲健康城市的资格认定过程”和一系列健康城市的标准相继建立。欧洲地区健康城市发展经历了5个阶段：第一阶段（1987年~1992年）：35个城市参加，工作重点是引入城市健康发展的新理念和新途径（即健康城市模式），建立新的行动组织以推动健康城市的实践；第二阶段（1993年~1997年）：39个城市参加，工作重点是制定并实施健康公共政策、综合性的城市健康规划，使健康城市运动更具行动性；第三阶段（1998年~2002年）：50个城市参与，主要强调改善健康公平性和可持续发展，注重社区发展和重建，强调计划的整合和系统的监测与评价；第四阶段（2003年~2008年）：主题是健康的老年期、健康城市规划、健康影响评估和体育锻炼等；第五阶段（2009年~2013年）：55个城市参与，总体目标是促进地方政策的公平性，主题是环境建设、健康生活方式的培养和健康城市的规划设计。

欧洲在“健康城市”建设的框架下，根据各自城市的特点，制订了有不同侧重的健康城市建设计划。主要做法有：一是关注弱势群体的健康。荷兰鹿特丹开展了名为家庭访视计划，了解低收入家庭福利状况，并通过各种健康促进活动来缩小不同收入群体间的健康不平等。哥本哈根市则通过为低收入人群提供特殊的卫生保健，降低哥本哈根享有健康的不一致性。二是大力开展健康促进活动。特伦特河斯托克区通过社区健康筛查、规划前期问卷调查和建立健康城市网站等方式，动员社区居民参与健康促进活动。格拉斯哥和哥本哈根则组织社区健康工作者在市民中开展戒烟课程、日常饮食课程、体育锻炼课程，预防酒精成瘾，并组织网络行动的志愿者工作组，来吸引市民的积极参与。三是开展健康城市评估。布尔诺市十分重视健康评估工作，运用人口统计学、环境、运输、安全、社会保健和信息等领域的指标来监测和评估健康城市的建设情况。四是建立健康城市的支持网络。欧洲国家在建设健康城市中努力寻求地区性、全国性乃至全球性健康城市网络支持，通过横向沟通和协作，与国内外健康城市建立广泛友好的联系，及时交流和学习城市与城市间的先进经验，提高健康城市工作的效率。

二、健康城市运动在美洲的发展

北美健康城市网络的主要成员包括加拿大、美国、墨西哥等。加拿大是健康城市诞生地，1986 年加拿大多伦多启动了“健康城市运动”，主要措施包括制定健康城市的土地、交通和住宅规划；制定相应的卫生管理法规；采取反污染措施；组织全体市民参与城市卫生建设等。在开展健康城市活动中，加拿大共设立了 3 个五年计划：第一阶段是试点城市围绕“2000 年人人享有健康”、《21 世纪议程》和《渥太华宪章》等开展活动。第二阶段是促进健康促进内容与城市发展计划的融合。第三阶段实现城市发展与健康城市的有机结合。除此之外，加拿大还根据自身特点，率先开展了“健康社区”的活动。截至 1988 年，加拿大的健康社区活动已经覆盖了全国各主要城市，并逐渐在省级层面建立了健康社区（城市）网络。

美国健康城市是从公共健康领域开始，是由非营利组织、宗教组织推动的。1988 年，美国在印第安纳大学社区健康护理学院、印第安纳公共卫生协会和印第安纳州 6 个城市的共同努力下实施了印第安纳州的健康城市计划。印第安纳州的健康城市建设是政府、商界、艺术界、科学界以及广大城市居民共同努力的结果。该州健康城市建设主要分为 6 个阶段：一是推动城市或社区领导人承诺把健康城市建设当作城市和社区政治生活的首要任务，支持、促进健康政策的制定与实施。二是成立健康城市委员会。三是通过整理分析城市数据、专家咨询、参加国内外相关会议等方法，提高城市或社区的健康城市方案的制订水平。四是通过建立社区步行运动促进会、鼓励孩子多参加锻炼、参与电台健康节目的制作、教育家庭远离毒品、保持街道清洁等将健康城市建设付诸实践。五是推动健康城市建设配套政策的制定和实施。六是对健康城市建设行动进行评估。1989 年，美国卫生和人类服务部正式接受“健康社区”概念并在全国推广。1996 年美国成立了“健康城市与社区联盟”。

三、健康城市运动在西太地区的发展

20 世纪 80 年代末和 90 年代初，随着欧美等发达国家启动健康城市项目，地处西太区的澳大利亚、新西兰、日本、新加坡、马来西亚、越南、柬埔寨等国家和地区纷纷加入了这一运动的行列。2004 年，西太区正式成立健康城市联盟（AFHC），到 2008 年，该组织达到 220 个成员城市。每年在一些特定的领域设置最佳范例奖和最佳提案奖。

澳大利亚 1987 年在联邦健康和社区服务部资助下开展了为期三年的健康城市试点项目。伊拉瓦拉和伍伦港根据自身的特点，从居民的最基本利益和需求出发，通过提供基本运动设施、公共交通候车亭、没有污染的游泳池，提供面向儿童的医疗服务和创造就业机会等方法，有效改善了城市环境。目前健康城市运动范围逐渐推广到防治艾滋病，减少儿童伤害等。

第四节　北京建设健康城市的必要性

一、建设健康城市是提升人民群众健康水平的需要

新中国成立以来，特别是改革开放以来，北京市工业化和城市化有了很大发展，人民生活水平也有了显著改善。但北京市的工业化未摆脱传统工业化带来的环境污染、饮水困难、人口拥挤、交通堵塞、住房紧张等一系列社会弊端。人类的健康受到了极大威胁，疾病，特别是慢性疾病迅速增加。据统计，全市患有各类慢性病的人占成年人口的三分之一，新旧传染病仍然频发。提升人民群众的健康水平，已成为全市人民最迫切的要求之一。而要提升人民群众的健康水平，不仅仅是市民个人的事，就必须摒弃对人民健康产生危害的原有发展方式的，以资源节约、环境友好的新型工业化之路来建设健康城市。健康城市是保障人类永续发展的唯一出路，任何城市都应成为健康城市。健康城市突出强调健康是人类的第一主题，着力建立丰富充足的物质环境、洁净良好的生态环境、和谐有序的社会环境、优质安全的医疗服务环境，来提高人民群众的健康水平和生活质量。因而我们要建设健康城市，利用新技术对产业、环境、城市规划、城市建设、城市管理等各个方面的传统生产、建设、管理方式进行重大变革，实现在城市的各个方面都以人的健康为中心，保障广大人民群众健康的工作、学习和生活，使城市成为人类生存发展的健康乐园。

二、建设健康城市是继承奥运健康遗产、促进健康向高端形态迈进的需要

奥运健康遗产是北京奥运会的伟大创举。在申办奥运会时，北京就提出了要通过筹办大型赛事促进主办城市乃至全国人民的健康。为此，北京奥组委于2002年11月在国际奥委会主办的“奥运会遗产研讨会”上第一次提出了奥运健康遗产的概念，并将其定义为奥运会对举办城市乃至整个国家人群健康所产生的具有延续效应的影响。2004年该概念得到了国际奥委会的认可。受益于该概念的提出，在国际奥委会医学委员会、世界卫生组织和卫生部的指导下，在中国医药卫生事业发展基金会的倡议和推动下，北京奥运会第一次将筹办奥运会与推动公共卫生事业发展进行了大胆尝试，并于2007年提出了“健康奥运、健康北京——全民健康活动”行动计划。

历经七年奥运筹备以及受“健康奥运、健康北京——全民健康活动”行动计划的推动，北京市在保障奥运会、残奥会成功举办和促进全市医疗卫生事业发展方面取得了显著的成绩，包括高质量医疗服务水平的提升，公共卫生应急反应能力的加强，城市生活环境的改善以及健康教育活动产生了重要影响等，客观上使奥运会成为了推广健康生活方式和现代社会理念的全球最大舞台，推动了公众健康，为世界留下了一笔丰厚的健康遗产。当前，北京奥运会虽早已经结束，但奥运健康遗产所产生的持续影响仍在。继承奥运健康遗产，就是要求我们要在北京奥运会所做的健康工作的基础上，把握住世界趋势，进一步促进健康向高端形态迈进，全面建设健康城市。

三、建设世界城市必须以健康城市为基础

北京奥运会后，北京市委十届七次全会提出了建设世界城市的宏伟目标。世界城市是具有广泛影响力和控制力的城市，其影响力和控制力的来源最重要的是其人力资源的强大状况和社会环境运行的良好状况，而健康是它们运行的基础。因此，建设世界城市与建设健康城市是相辅相成、相互促进的，建设世界城市必须建设一个健康的世界城市。

国际上公认的世界城市都是高标准的健康城市。研究显示，国际上公认的世界城市——纽约、伦敦和东京都非常重视健康城市建设。东京在1991年就建立了东京健康促进委员会，拉开了健康城市建设的序幕。英国伦敦在上世纪80年代末就从其下辖的康斯市开始了健康城市建设。纽约也早在上世纪末开始了健康城市建设。目前，纽约、伦敦和东京在城市健康方面都保持着较高水平，且处在世界的前列。据国际上权威的与健康状况有密切关系的宜居城市调查机构美世公司的调查，2010年纽约、东京、伦敦在全球的宜居排名分列为49、40、39名，而北京则排在114位，其中在医疗和健康水平方面，北京只相当于东京的60%。因而，我们必须以健康城市为基础来建设中国特色世界城市。

第五节　北京建设健康城市的对策与建议

一、将健康城市建设纳入全市发展战略目标和各级政府的发展规划

建设健康城市是人们为应对传统城市发展模式带来的严重危机而提出的一种新的生存战略。随着传统城市发展带来的“城市病”给人们健康造成的危害越来越突出，转变原有发展方式，建设健康城市已成为全市人民的共同期待。特别是目前北京的人均GDP已超过了1万美元，这大致是西方发达国家建设健康城市的起点。借鉴国外城市发展规律，北京将建设健康城市纳入城市发展战略是适宜的。“十二五”时期是我国加快转变经济发展方式的攻坚期，这给城市转变原有发展模式带来了重要机遇。作为国家首都，北京应紧紧抓住这一重要机遇，将建设健康城市作为基础理念纳入各级政府部门的“十二五”规划，否则，新的发展模式一旦形成，再进行调整将极其困难。将建设健康城市作为基础理念纳入各部门发展规划，应包括纳入全市“十二五”规划、制定健康城市专项规划以及将建设健康城市理念贯彻于各个政府部门的发展规划三个层次。

二、建立强有力的健康城市建设领导机构

建设健康城市是对传统不重视人的健康的发展方式、城市管理运行方式等的重大变革，它必将对整个城市的规划、建设、运行和管理产生深远的影响。因此，必须建立一个强有力的领导机构。为有效推进健康城市建设，发达国家大多在健康城市建设初期即成立了跨部门的健康城市领导小组，负责发布健康城市建设倡议，与各政府部门进行沟通协调，并组织开展健康城市推进计划。借鉴国际经验，北京市应成立与世界卫生组织和卫生部接轨的北京市建设健康城市领导小组，一方面获取世界卫生组织和卫生部的指导，另一方面实现与国际接轨。领导小组下设办公室，具体负责北京市建设健康城市中的有关组织、协调、策划、推进等相关工作以及与世界卫生组织、卫生部以及其他部门的协调沟通工作。

三、推动各政府部门开展健康城市建设促进和研究工作

建设健康城市应包括三个方面的内容：一是加强医院等医疗设施建设和提升医疗服务水平，保障人们有病可医；二是促进健康知识的掌握和不健康生活习惯的改变，实现疾病早期预防早期诊断，最终实现“人人享有健康权利、人人懂得健康知识、人人参与健康活动”；三是创造有利于人们健康的城市规划、建设、运行和管理环境，将以人的健康为中心的理念纳入到各级政府的实际工作中，通过努力改善人们的生存环境，增进城市居民的幸福感、满足感和促进潜能的发挥。由此可见，建设健康城市是一个复杂的社会系统工程，需要政府各个部门及全市居民的共同参与。这是与人们一直认为健康是个人的事，与政府无关，或健康是卫生部门的事，与其他部门无关的传统观念的冲击。为落实和推进健康城市建设，各级政府部门应积极按照全市规划的要求，制定各自的行动计划，并建立考核机制，努力落实健康城市的建设目标。同时，各部门应积极开展健康城市建设与部门工作关系的研究，从而提升对健康城市建设工作的认知和理解，进而促进健康城市建设工作。

四、建立政府主导、全民参与机制

在建设健康城市过程中，应注重发挥政府的主导作用，因为政府直接掌握着在建设健康城市中具有重要作用的城市规划、建设、管理等部门，以及由公共财政带来的人力、物力、财力、信息在内的各种资源。同时，也应注重建立全民参与机制。健康城市建设涉及城市建设和管理方方面面的内容，最终还是要通过营造良好的自然和社会环境，引导人们形成良好的生活习惯，落实到实现人的健康上。没有全社会和全民的共同参与，健康城市建设就失去了其赖以存在的主体。世界卫生组织提出的健康城市建设步骤中最重要的就是要获得政府的支持和公众参与。为有效推进健康城市建设，我们应坚持政府主导、全民参与、企业支持、社会组织推动的原则，重视建立由各级政府、社会组织、企业、社区以及公民个人等多种主体共同组成的健康城市参与体系，从而通过多元沟通、转变观念、凝聚共识，共同促进健康城市建设。

五、加大健康城市建设的宣传力度

目前我国健康城市建设仅处于起步阶段，公众的知晓率较低，理解程度也不深刻。为提高人民群众对健康城市建设工作的理解和支持，加深对健康城市理念、知识和行动计划的掌握，应加强对各级领导、干部和社会群众关于健康城市建设的宣传，以动员更多的人关注健康城市建设、参与健康城市建设和促进健康城市建设。健康城市建设工作最终取决于各部门的落实情况，因此从宣传内容上来说，除了对健康城市基本概念、内涵及建设健康城市的重要性、建设目标、建设进展、国内外建设经验的宣传之外，应特别注重对各部门在健康城市建设中应达到的标准和建设经验方面的宣传，从而通过促进各部门工作的落实来推动全市健康城市建设工作的开展。此外，从宣传形式上，要充分利用广播、电视、报纸、网络、刊物、社区讲堂、单位讲座等各种形式开展健康城市的宣传，其中包括在电台或电视台开设健康城市建设频道。

六、及时开展健康城市建设队伍培训

健康城市是人们在不断认识和追求健康活动中所出现的新生事物，包括建设健康生态环境，健康产业结构，健康社会体制和领导机制，健康科教文体工程，健康社会服务和医疗服务体系，科学安全饮食管理体系，宜业、宜居、宜行、宜绿的城市设计规划，保障健康城市建设的法律、法规和政策以及健康学校、健康社区、健康医院等众多内容，是在城市发展过程中人们对健康问题的关注从个体到大众，由具体到宏观，由狭义到广义不断扩展过程中形成的，涉及城市规划、建设、管理等各个方面与公共健康之间的各类学科。为使人们迅速和深入地了解、掌握这一动态、开放、内涵广泛的概念，在确定建设健康城市目标之后，必须及时开展对人才队伍的培训，否则健康城市建设工作很难推进。

第一章 北京城乡规划与健康城市建设研究

第一节 城乡规划与健康城市的关系

一、城乡规划与健康城市的内在关系

从国际上城市健康的发展历程看，健康城市的本质上是共同促进人群健康与城市健康发展的过程，而这一过程必然与经济发展、社会进步、城乡建设、环境改善、公共服务、基础建设、安全防灾等城市发展建设的各个方面相互关联。因此，城乡规划与健康城市的内在关系十分密切。

首先，健康是幸福生活的前提，健康城市是符合世界潮流大势的发展选择，它以促进人的健康以及健康为人人为核心价值取向；而城乡规划的最终目的，就是要不断提高居民的健康水平和生活质量。因此城乡规划与健康城市建设的目的相一致，都体现了以人为本、健康为先、追求幸福的理念，可以说城乡规划是健康城市发展和人们实现健康的前提条件。其次，健康城市不仅关注人的身体健康和身心健康，更重视生存环境的健康，也就是对城市安全和宜居以及良好的工作、居住、生活环境的塑造；而城乡规划工作正是以促进生存环境的健康即城市的健康持续发展为己任，体现了安全、健康、生态、可持续和低碳发展等理念，因此也可以说城乡规划是推进健康城市建设和人们实现健康幸福生活的基本保障。

对于城乡规划建设与健康城市发展建设，上海复旦大学公共卫生学院傅华教授曾提出："所谓健康城市是指从城市规划、建设到管理各个方面都以人的健康为中心，保障广大市民健康生活和工作，成为人类社会发展所必需的健康人群、健康环境和健康社会有机结合的发展整体。"从这个意义上讲，健康城市建设应当是从城乡规划入手的，"既见物也见人"的发展取向和行动准则——也就是，既重视与健康服务提供、健康环境营造相关的设施建设、能力提高、服务完善、机制建立、管理强化等，也重视与人的健康生活需求密切相关的就业收入、文化教育、住房保障、社区环境、社会公正以及个人行为与生活方式等方面的内容，最终实现健康人群、健康生活、健康环境、健康经济、健康社会有机结合的五位一体的健康宜居之都（见图 1）。

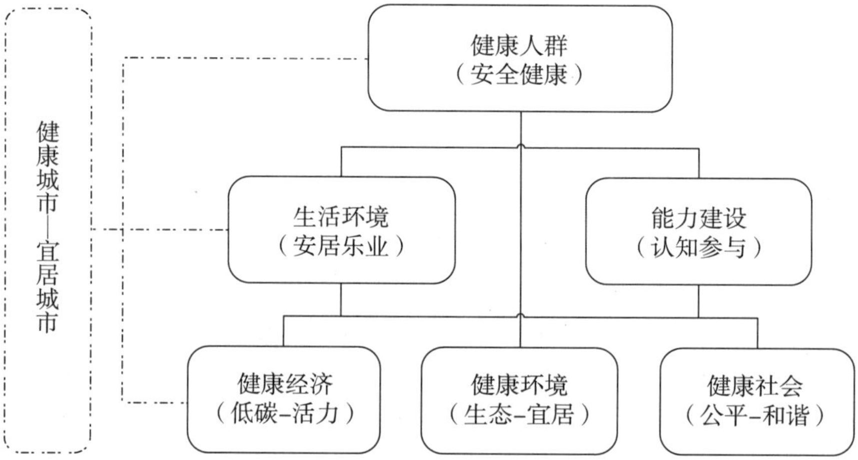

图 1　健康宜居城市框图

二、北京城市总体规划及国务院批复对健康城市建设的要求

作为首都城市和首善之区，北京的城乡规划编制与实施管理历来十分重视社会发展和健康城市建设。2005 年经国务院批复的《北京城市总体规划（2004 年—2020 年）》，从宜居城市的高度对健康城市建设提出以下三方面的明确要求。

（一）明确提出提高居民健康水平的规划原则和相应目标

城市总体规划明确提出："建立国内一流水平的医疗服务、预防保健和卫生监督三大体系，建立健全农村合作医疗制度，为市民提供公平、优质、便捷和负担合理的医疗、卫生、保健服务，提高居民健康水平。"规划确定："2020 年，北京市国民健康的主要指标要达到国内先进水平，接近国际先进水平。”此外，规划还就与居民健康直接相关的医疗卫生与保健设施建设提出具体要求，例如要加强区域性综合医疗中心和社区卫生服务中心（站）建设，搞好大中型综合医院、专科医院以及基层和农村医疗设施的建设，完善公共卫生信息体系和医疗急救网络，形成卫生安全设施布局合理、反应快捷、监督有力的疾病预防控制体系，提高突发性公共卫生事件的应对能力等，为健康城市建设提供保障。

（二）从经济、社会、环境、服务、设施、防灾六个方面明确城市健康发展的规划内容

城市总体规划从经济产业、社会发展、生态环境、公共服务、基础设施、防灾减灾六大方面确立了城市健康发展的理念。例如坚持首都经济发展方向、实现城市经济的健康发展与产业的合理布局，积极促进社会公平、推动社会均衡发展，以生态健康为目标，确保生态安全，优化空间结构、创造安全宜人的人居环境，建立首都卫生安全长效机制、提高突发性公共卫生事件的应对能力，建设健康新城、打破城乡二元结构、有效引导城镇化健康发展，以及确保城市交通安全、供水安全、能源安全，加快建立和健全现代化城市综合防灾减灾体系，提高城市整体防灾抗毁和救助能力，确保首都安全等。这些都对城市的健康发展起到了很大的促进作用。

（三）将健康城市相关内容纳入强制性规划

城市总体规划将“适应政府职能转变要求，全面履行政府社会管理、公共服务职能，统筹经济社会发展，统筹中央及北京市的公共服务设施资源，更加重视科技、教育、文化、卫生、体育等社会事业发展，满足人民群众物质、文化、精神和生命健康的需要”这一重要的健康城市建设原则，以及与提高居民健康水平相关的保护历史文化遗产、合理布局公共服务设施建设、城乡建设避让禁止和限制建设区域、保护和改善城市生态环境、节约保护与利用土地和水等资源、加强交通和市政基础设施建设、搞好城市综合防灾减灾确保首都安全等内容，作为强制性规划内容，为确保城市健康发展提供了依据。

2005 年 1 月国务院在关于北京城市总体规划的批复中明确指出：“坚持以人

为本，建设宜居城市。要采取有效措施，进一步改善居住环境，满足人民群众物质、文化、精神和身体健康的需要，切实提高人民群众的居住和生活质量。要解决好人居环境和交通、上学、就医等关系人民群众切身利益的问题，构建和谐社会，把北京市建设成为我国宜居城市的典范。”

可以说，北京城市总体规划及国务院的批复，为搞好新时期首都健康城市建设奠定了基础。

第二节　北京城乡规划取得的主要成绩及存在的问题

一、近年来北京城乡规划在健康城市建设中的成绩及经验

北京虽然提出“健康城市”概念较晚，但近年来在城乡规划建设过程中，已经开展了很多与健康城市建设密切相关的工作，并取得了一定的成绩。

（一）将健康城市理念纳入城市发展规划

2005 年初国务院批复北京城市总体规划以来，在落实城市总体规划的过程中，城乡规划部门陆续编制了上千项各类、各层次的规划。其中很多规划编制与实施管理，如中心城控规、11 个新城规划、大批小城镇和新农村建设规划、旧城保护规划、住房建设规划、医疗教育体育等公共服务设施专项规划、轨道交通和道路建设专业规划、垃圾处理场和污水处理厂等大量市政设施专业规划、限建区和绿地系统等生态保护规划，以及大量的各类功能区建设综合规划等，都与健康城市建设有关。

2009 年，北京市政府颁布《健康北京人——全民健康促进十年行动规划（2009 年—2018 年）》，明确提出“进一步改善全市居民的主要健康指标，全面提升市民的健康素质，通过普及健康知识、动员市民参与健康行动、政府提供健康保障，延长全市居民健康寿命，将北京建设成为拥有一流‘健康环境、健康人群、健康服务’的国际化大都市”，提出 10 年行动目标和实施九

大行动①。

2011 年初，政府又将健康城市工作纳入“十二五”规划，在规划纲要中体现健康城市相关要求，并着手编制健康北京“十二五”发展建设规划，组织开展健康城市建设相关研究等。促进居民健康的有关内容，也将在加强和创新社会管理、推进社会建设的相关政策中体现。这些都说明在政府层面，对于加强规划引领搞好健康城市建设和促进居民健康水平的提高，有了充分的认识。实践表明，注重规划先行，对推进北京健康城市建设发挥了重要的前瞻性指导作用，是应当汲取的经验之一。

（二）促进公众积极参与健康城市建设

在 2008 年北京奥运会筹备期间，市委、市政府不仅确立了“绿色奥运、科技奥运、人文奥运”的理念与战略实施，还组织开展了以“健康奥运，健康北京”为主题的迎奥运全民健康活动，其活动的理念与目的是通过传播健康技能、普及健康知识、倡导健康生活方式及开展丰富多彩的健康教育活动，让广大市民能拥有健康的素质、健康的心态和健康的体能，享有幸福的生活。活动的开展，倡导了多元化的先进健康理念，吸引广大市民积极参与，通过健康理念和知识的传播与实践，开拓了健康视野，达到了用更好的健康体魄、健康环境支持奥运会、参与奥运会的目的，也切实提高了广大市民的健康生活意识，促进了人们对城市科学发展和健康生活方式的关注，为我们继续深入推进健康城市建设留下了一份宝贵的奥运健康遗产。

2009 年以来，为落实市政府颁布的《健康北京人——全民健康促进十年行动规划》，全市和各区县有关部门陆续组织开展了“健康北京人”肛肠健康活动月、“健康北京社区行动——中医养生进社区”、“健康北京人·我们在行动”以及“健康北京人，今天就行动——2011 科学健身一起练”等。这些实践活动从不同层面围绕居民健康这一主题展开，以各自的特色吸引了广大市民的关注和参

---

① 《健康北京人——全民健康促进十年行动规划（2009 年至 2018 年）》提出的目标是：“通过 10 年的努力，实现‘健康北京人’的目标，促进本市健康水平的大幅度提高。”规划还确定了全民健康知识知晓率、成人吸烟率、中小学生肥胖率、全市居民平均期望寿命等 11 项主要指标。规划提出的 10 年中要实施的九大行动是：（1）健康知识普及行动；（2）合理膳食行动；（3）控烟行动；（4）健身行动；（5）保护牙齿行动；（6）保护视力行动；（7）知己健康行动；（8）恶性肿瘤防治行动；（9）母婴健康行动。

与，在一定程度上为促进包括城乡规划在内的健康城市相关规划的实施奠定了良好的思想基础和群众基础，是在深入推进首都健康城市建设中应当汲取的宝贵经验。

（三）提升城市健康环境和居民健康水平

根据2011年4月14日千龙健康网的报道，2010年北京市人均期望寿命为80.81岁，比“十五”末的2005年增加0.72岁；孕产妇死亡率为12.14/10万人，较2005年下降23.7%；婴儿死亡率为3.29‰，较2005年下降24.4%。这些综合反映居民健康的主要指标，已经达到发达国家水平。这些成绩是在近年来北京常住人口规模持续大量增加的背景下取得的，这从一个侧面表明，在经济快速发展的同时，坚持以人为本和更加注重民生，着力解决人居环境和住房、交通、就学、就医等关系人民群众切身利益的重大问题，大力推进医疗等基本公共服务均等化，公共服务设施体系更加完善，环境污染综合治理和绿化建设进一步加强，生态环境质量进一步提高，这为提高居民健康水平提供了有力保障。实践证明，大力推进规划实施，加强健康服务设施建设与环境治理改善，是十分必要的。也说明对于首都这样的特大城市而言，健康城市的硬件设施建设标准要超前考虑到人口增长和健康需求的不同情景，持续加大前期投入，不能有丝毫放松。

二、北京健康城市建设的差距

北京城乡规划建设虽然在推进健康城市建设方面取得一定成绩，但是与国际标准相比，与国内其他大城市相比，以首都标准来衡量，北京在推进健康城市建设方面仍存在一些差距。

（一）居民健康总体水平距国际标准仍有较大差距

虽然根据主管部门发布的权威信息，目前“北京市的孕产妇死亡率、婴儿死亡率、人均期望寿命等综合反映居民健康的主要指标，已经达到发达国家水平”，但实际上以综合标准来客观衡量，北京居民健康总体水平与发达国家城市相比，还存在相当大的差距。据有关报道，2010年我国经济总量排名已超过日本，跃居世界第二，但在世界卫生组织于本世纪初公布的191个国家人均健康寿命指数中，我国却排在第81位（日本排在第一位），显然这同我国全面建设小康社会和构建和谐社会的目标任务不相适应。联合国开发计划署（United Nations Development Program）发表的《2010年人类发展报告》，也对全球169个国家和地区的人类发展指数（包括预期寿命、受教育程度和经济发展水平）进行了排名，我国仅列第89位，在人类发展指数进步最快国家中排名第二。北京作为全国的首都城市，与排名前列的发达国家首都城市相比，综合健康水平还是存在较大差距。

另外，目前北京的居民健康指标（也为全国的标准）主要包括人均预期寿命、孕产妇死亡率、婴幼儿死亡率三项。而从1997年起世界卫生组织就不再单纯使用人均预期寿命指标，而开始加入了健康寿命这一指标，即强调“活得长不一定活得健康，健康寿命比寿命更重要”这一理念。这进一步折射出我们对于健康城市建设观念和理念上的差距。

（二）与健康城市息息相关的社会发展与社会建设相对滞后

人们的健康水平不仅与经济发展紧密相关，而且也与社会发展与社会建设密切关联。北京不仅在经济发展水平和城乡建设方面相对落后，在社会发展和社会建设方面更是相对滞后，存在着较大的差距。

这方面最典型的事例就是不断出现的、直接影响人们身体健康的、已经引起社会各方面高度关注的食品、用品（如“六一”节前夕被频频曝光的“毒玩具”事件）等安全问题。以食品安全为例，初步统计2000年以来国内出现的经媒体曝光的各类食品安全问题和重大事件，从“毒瓜子”、“苏丹红”到“毒奶粉”、“瘦肉精”，多达35件。这些食品安全事件中，虽然源于北京的事件仅有“福寿螺事件”一项，但其他的食品安全事件中诸如“红心咸鸭蛋”、“潮安果脯”等问题都是首先在北京被查出的，并且相关的食品安全问题也会波及到北京，使居民健康受到影响。食品安全问题从一个侧面说明在经济迅速发展的同时，相应的社会发展、社会建设、社会管理等仍相对滞后，这是健康城市建设中最基本的差距。对于作为首都城市、首善之区及以建设中国特色世界城市为长远目标的北京而言，必须客观地认识到这一差距。前一阶段社会各界普遍开展的关于北京建设世界城市的相关研究也表明，目前北京建设世界城市的主要差距，除了经济实力和国际影响外，主要集中在文化优势、基础设施、生态环境、社会发展等方面，而这些方面，又与健康城市建设紧密相关，是最终形成文化和社会综合竞争力及软实力的重要支撑。

（三）城市发展与建设对人的健康的关注度仍显不足

人是城市形成与发展的根本，健康城市建设的核心与本质就是促进人的健康发展。目前北京城市建设中对人的健康的关注，虽然已从传统医学方面向从生理、心理和社会等综合因素拓展，但关注度仍有待加强，对于人的健康意识和健康生活习惯的培养也有待改进。比如，对于残疾人、低收入人群等弱势群体，不仅仅需要无障碍设施和最低生活保障，还应通过增加就业机会来缩小与社会的收入和贫富差距，使他们有更多的钱和机会来接受教育、欣赏文化，提高健康意识和培养良好的生活习惯，缩小在健康生活方面与健全人、中高收入人群之间的差距。

三、北京健康城市建设存在的主要问题与矛盾

北京城乡规划建设虽然在推进健康城市建设方面取得一定成绩，但与首都定位和人们对经济社会发展的期望相比，北京城乡规划在健康城市建设方面仍存在一定的差距。

（一）影响居民健康的城市环境问题突出，进一步改善环境质量面临较大的挑战

居民健康水平的提高与其所生活的环境密切相关。近年来，虽然北京在综合治理环境污染和加强生态环境建设方面取得了显著成绩，但是受到人口增长、汽车增长、资源消耗增长、污染排放量增加的影响，总体上来讲大气环境质量、水体环境质量和绿化建设水平等仍存在一些突出问题。以大气环境质量为例，2010年北京市区空气质量二级和好于二级的天数累计达到286天，占78.4%，比2005年提高了14.3个百分点，实现了空气质量连续12年持续改善。但是与相邻河北省廊坊、保定、张家口、承德四个地级市的平均水平（2010年这4个地级市市区空气质量二级以上的天数，保定331天，张家口338天，廊坊344天，承德347天）相比，北京还有较大的提升空间。特别是在人口规模持续快速增长，

经济发展和城市建设规模不断扩张，资源消耗、资源环境承载压力不断增大，粗放式的发展模式对资源造成过度开发利用的背景下，北京城市环境与人口健康发展之间的矛盾持续加剧。

（二）基本健康服务设施的建设仍然相对滞后，特别是在街道社区层面问题更为突出

城乡规划虽然对城市各项设施建设进行了总体部署并落实了规划用地和建设指标，但是从总体规划实施评估结果来看，受土地权属分散、投资多元、管理多头等的影响，保障住房、医疗就诊、保健康复、健身康体、养老服务、社会管理等基本健康服务设施的建设仍然相对滞后，特别是在街道社区层面，配套建设不完善、管理不落实、资源不共享等问题较为突出。例如，一些社区社会养老设施建设滞后，一定程度上对老年人的生活质量造成了影响，进而影响了他们的身心健康。再如，户籍人口和外来人口对于保障住房、医疗就诊、保健康复、健身康体、养老服务、社会管理等基本健康服务设施建设的需求有所不同，城乡规划中应对此进行统筹安排，但由于设施建设跟不上城市发展速度而导致这些基本设施严重缺乏、户籍人口和外来人口的基本服务需求都不能得到很好的保障。因此，包括城乡规划建设在内的全市各部门都应当对这样一种发展倾向——“即在经济加速发展和人口规模大量增加的背景下，各种城市病滋长蔓延，城市基础设施、公共服务设施和社会建设，包括住房、医疗、养老、教育、文化、生态、道路、停车、法治等建设，都跟不上群众对健康、幸福生活的需要，形成新的短缺状态，引发各种社会矛盾”——予以足够的警惕，未雨绸缪做好准备，避免引发更大的矛盾。

（三）人居环境问题较为突出，改善人居环境需要多方面多部门共同努力

人是城市形成与发展的根本，健康城市建设的核心与本质就是促进人的健康发展。目前北京城市建设中对人的健康的关注，虽然已从传统医学方面向从生理、心理和社会等综合因素拓展，但对于人居环境的关注度仍有待加强。目前，北京市人居环境问题较为突出的主要集中体现在居住环境拥挤、交通出行拥堵、生活环境嘈杂、缺少宁静宜人环境等方面，特别是在社会管理较弱的城乡结合部

地区和城市中一些老旧居住小区，表现尤为突出。例如在城乡结合部地区，存在人口大量集聚、管理滞后、环境脏乱差等一系列问题。在中心城，一些小区缺乏必要的和统一设置的管理设施、停车设施、服务设施，缺乏基本的社会管理，造成商业服务店面随意乱建，小汽车自行车随意停放，绿化、人行、活动、健身等空间不断被挤压，小区环境脏乱，尾气污染、噪声污染、室内污染等交叉污染严重等问题，长此以往将对居民身体健康和心理健康产生极为不利的负面影响。而解决这些问题，由于存在缺乏共识、资金短缺、用地紧张、产权多头、管理分散等矛盾制约，则需要社会各界的共同努力。

第三节　北京城乡规划推进健康城市建设的对策思路

目前，北京的城市发展已经进入需要对健康城市规划进行战略统筹和重点推进的新阶段。针对健康城市建设中的差距及存在的主要问题，“十二五”期间加强首都健康城市建设，应采取以下几方面的对策。

一、确立健康城市的战略地位，明确健康城市建设新思路

鉴于健康城市建设内涵丰富、外延涉及面广泛，且北京健康城市建设作为一项发展战略刚刚起步，因此进一步提高各方面对新形势下健康城市建设的科学认识，形成上下统一的共识，对于统筹全市健康城市战略及行动计划，打破行政壁垒和地区界限形成共建健康城市的协同行动，十分重要和关键。

确立健康城市的战略定位，是推进首都健康城市发展建设的首要前提和关键。鉴于健康城市建设和推进城市科学发展，既是保护资源、保护环境的有效措施，也是发展节约型经济、实现城市经济社会可持续发展的重要战略举措，与目前提出的其他城市发展目标，如世界城市、宜居城市、低碳城市、生态城市、卫生城市、安全城市、资源节约型城市、健康无障碍城市等，都是一脉相承和不可分开的。因此应当从城市总体发展战略角度，对相关城市发展目标和发展战略进行定位，明确相互关系，以便统一认识形成共识，有效指导城市发展建设。

根据健康城市的内涵及外延，应当丰富北京城市总体规划所确定的宜居城市这一总体目标，集中体现“健康和谐宜居”的新要求。这样既可丰富和具体化宜居城市的内涵，也避免了口号、目标、概念、战略过多的弊端。实际上，健康城市和宜居城市目标是相辅相成、相互促进的，在很多方面是一致的。

为此，城市发展的总体战略应当是按照科学发展观的要求，立足于首都的功能定位，贯彻“四个服务”的总体方针，推进实施“人文北京、科技北京、绿色北京”发展战略，加强“五个之都建设”。而健康城市、低碳城市、安全城市、卫生城市及社会建设等建设战略和行动计划，则都应纳入“健康和谐宜居之都”建设之下，形成互为补充、共同发展的新格局（如图2所示）。

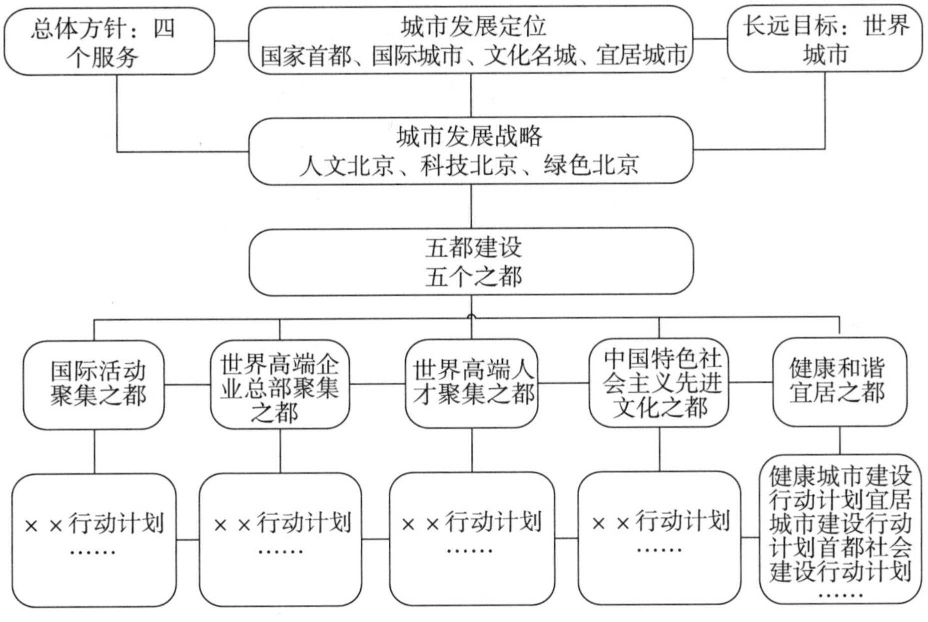

图2　北京城市总体发展战略框图及健康城市建设的战略定位

在城市发展总体战略框架之下，北京健康城市建设应当坚持“促进人群健康、提高生活质量，共建和谐宜居”的总体指导思想，根据时代特征和首都特点，借鉴国内外健康城市建设的经验，进一步明确首都健康城市建设的新思路。

一是确立在转型中谋发展促健康的新思路。目前，首都城市发展已进入到一个新阶段，城市发展和健康和谐宜居城市建设，应当顺应经济社会转型发展的大趋势，确立促进新转型、加快新发展、创造新生活的新思路，即将经济发展与转型、社会建设与转型、城市发展与转型更好地结合起来，将健康城市与和谐宜居共同建设、幸福生活与和谐社会共同缔造紧密结合起来，通过新的发展为实现促进健康、改善生活、和谐宜居的共同目标创造更好的条件。

二是强化统筹、协调、协同、互补发展的新观念。健康城市建设不仅需要所有相关政府部门和区县政府的行动，也需要非政府和志愿者，社会各界及居民、家庭、社区等共同参与，因此做好统筹协调，实现协同、互补发展的新格局至关重要。比如，坚持低碳发展模式，走低污染、低能耗、高效益的发展之路，不仅涉及经济产业、资源环境和公共服务等领域，也关系居民生活方式的转变，居民健康意识和健康生活习惯的培养，因此低碳发展也应当走进社区、走进家庭，也需要区县政府和非政府组织加强统筹协调。同时，坚持低碳发展模式并非绝对地排斥建设量的增加，随着人口增长和人们对健康需求的增加，为提高人们的健康水平，必须增加基本住房、医疗保健、康体休闲、公共服务等直接关系居民健康的服务设施，提高服务标准和水平，增加生态绿地、水面湿地等，为人们健康提供良好的环境条件，只是在发展中要着力提高资源、能源及土地使用效益。因此，在城市发展和规划建设中，要辩证处理好“加法”与“减法”的关系，加强部门间的相互协作，促进形成协同、互补发展的新格局。

二、加强规划统筹协调，形成健康城市建设的合力

北京作为首都，健康城市建设和社会建设应当走在全国前列，率先将北京建设成健康和谐宜居的首善之区。对于全市规划工作而言，主要应做好三个方面的统筹协调工作，并形成建设合力。

（一）坚持按照国务院批复要求做好城乡规划工作

应当坚持以国务院批复中“坚持以人为本，建设宜居城市”的要求为指导，在深化实施城市总体规划过程中，将健康城市建设和全面推进社会建设相关要求，贯彻到城乡规划编制和实施管理的具体工作中去，坚持以人为本、健康为

先、生活幸福、环境美好、城市宜居、社会和谐等理念和原则，不断深化细化规划内容和规划管理，为全面做好健康和谐宜居城市建设提供有利条件。

（二）加强城乡规划整合协调与统筹，为建设健康城市创造良好的外部条件

一是加强区域发展的规划统筹。目前城乡规划部门正在与河北省相关部门共同开展首都区域空间发展战略研究，从京津冀区域范围及更大的首都圈范围，对区域经济产业发展、区域生态格局及资源环境保护、区域城镇体系建设以及区域交通、市政重大基础设施建设等进行深入研究，提出空间发展策略和落实相关规划建设要求，从而为从更大空间范围缓解人口资源环境矛盾、促进产业城镇基础设施发展创造条件，也为改善环境和促进健康城市建设提供规划依据。二是加强城乡统筹，重点做好城乡结合部地区规划整合与实施政策研究，从而为改善地区环境、卫生、安全等问题及促进产业发展、基础设施建设提供依据，促进居民健康状况改善、城乡统筹发展和社会和谐发展。

（三）加强对健康城市建设相关规划的市级统筹

对于对健康城市相关规划的协调，建议要充分利用现有的规划平台加强整合形成合力。一是在长远规划和综合规划层面上，应当以国务院批复的《北京城市总体规划（2004 年—2020 年）》为平台，对相关规划进行整合，并在总体规划深化中，在建设布局、用地等方面具体落实“十二五”规划纲要、健康北京“十二五”发展建设规划、全民健康促进十年行动规划等相关规划的具体内容要求。二是在近期规划层面，建议以“十二五”规划纲要和健康北京“十二五”发展规划为平台，对相关城乡规划（包括新城、镇等总体规划、教育医疗等公共服务设施专项规划、交通市政基础设施专项规划等）、全民健康促进十年行动规划、土地利用规划、人口规划、产业规划等进行整合，在重点建设项目、资金安排、政策配套等方面落实规划要求。三是在实施规划层面，建议以《健康北京人——全民健康促进十年行动规划（2009 年—2018 年）》为平台，对相关城乡规划、“十二五”专项规划等进行整合，在主要原则、目标指标、行动重点及责任单位等方面进行落实。

三、抓好规划实施落实，优先建设基础设施与环境

实践表明，抓好规划实施，是推进健康城市建设的重要环节。推进健康城市建设应注重从健康环境的营造、健康保障的建设以及健康城市建设实施的管理三方面进行。就城乡规划实施与建设而言，要坚持以促进人的健康为中心，重点抓好以下几个方面的内容。

（一）推进城市低碳发展建设

规划实施的重点，一是研究制定城市低碳规划实施纲要，建立低碳生态城市规划指标体系，在规划层面明确以低碳理念为主导的规划定位及概念方案，使低碳策略可执行、可量化、可评估，同时推进区县规划编制试点；在单体建筑设计阶段，以绿色建筑设计标准为依据，各工种协调配合，以新型节能技术为依托，实现对建筑全生命周期的能耗控制。二是加快完善和提高建筑节能与绿色建筑标准，包括建立绿色建筑认证与评估体系，开展绿色建筑设计标识评价工作；完善建筑节能设计质量监管体系，加强质量监管和审查，确保新建建筑在施工图设计阶段执行节能强制性标准比例达到100%。三是编制和修编绿色建筑相关标准，包括编制《绿色建筑设计标准》，达到国际同纬度地区水平，体现北京地方特色；修编《居住建筑节能设计标准》，单位建筑面积采暖耗热量与采暖能耗指标达到节能75%。

（二）大力加强生态环境建设

一是深入落实限建区规划，从环京周边、市域范围和平原地区三个层次，综合考虑北京和周边地区基本生态框架安全的各类生态要素，划定基本生态控制区，控制城市发展边界，保持良好的生态安全格局。二是落实绿地系统规划，加强山区和平原地区林木建设，加快京西生态涵养带的矿山植被生态修复工程，加强郊野公园等大型绿地的建设，研究制定第二道绿化隔离地区实施政策，保证城市生态廊道连续贯通。三是在划定公布第一批绿线的基础上，抓紧划定公布第二批绿线，启动新城绿线划定工作，确保绿地空间的落实，增加绿地面积。此外，继续抓好大气污染、水污染防治，转变末端治理方式，积极推行清洁生产机制，

从源头减少环境污染。通过环境建设，使人们的健康条件有较大改善。

（三）搞好保障性住房建设，改善人居环境

做好保障性住房建设的规划保障工作，包括编制和实施“十二五”保障性住房建设规划，分年度落实保障性住房建设用地规模及布局，确保供地面积；做好保障性住房规划审批工作，配合建设项目审批及时做好项目所在地区和地块的控制性详细规划调整；加强对设计招标投标的管理和设计方案审查，借鉴先进的设计理念和手法，努力提高规划设计水平，改善居住生活环境。

（四）加强社区公共服务设施规划建设

一是会同相关行业主管部门编制教育、医疗等专项规划，加快教育、医疗、卫生、文化、养老等公共服务设施建设。二是在重视大型公共服务设施建设的同时，加强对新建居住区公共服务设施规划实施问题的研究，完善政策促进建设。三是超前考虑健康社区的需要，主动组织开展老旧居住社区的需求调研，完善公共服务设施居住区配套建设指标和实施管理，通过新建改建和服务资源社会共享等多种方式完善社区公共服务设施。

（五）搞好交通、市政基础设施建设

国际国内健康城市发展经验表明，持续大力加强交通、市政基础设施建设，是建设健康城市的重要支撑。在交通规划建设方面，一是继续加大轨道交通建设力度，在原规划561公里轨道线路的基础上，计划新增建成和开工轨道线路近200公里，到2015年全市地铁运营里程将达到近700公里，更好地满足市民出行需要，缓解交通拥堵和减少汽车尾气污染。二是将公交优先的原则贯彻到交通管理、交通政策、交通规划设计等多个层面中去，整合优化配置资源，提高交通系统效率。优化交通出行结构，合理引导小汽车的使用，减少无效交通需求，鼓励使用清洁能源车辆，鼓励使用自行车、电动车等绿色出行工具，提高公共交通、步行、自行车等绿色出行方式比例。在市政基础设施建设方面，重点抓好水资源保护利用和给排水设施建设，保障饮用水水质和安全；结合能源结构调整，加快供电、供气、供热等设施建设，积极推进太阳能、地温能、风能等可再生能源的开发利用，以及天然气等清洁能源使用，为改善提高环境质量和促进健康城市建

设创造条件。

（六）加强主动研究，努力破解健康城市规划和建设中的具体难题

一是加强村庄规划和建设管理。规划部门应在与住建委、农委、国土局联合制定指导意见的基础上，制定适应农村发展建设需要、符合城乡规划法和北京市城乡规划条例的农村规划建设管理措施，加强对村庄规划编制的技术服务，提高规划设计水平。二是加强对居住区及大中型公建配建指标的修订、老旧小区停车问题解决方式的探索以及社会公共停车场建设机制与体制的研究，综合解决好停车设施短缺问题，为缓解交通拥堵和减少尾气污染创造条件。三是推进垃圾处理设施建设。坚持在城市规划和实施中优先安排生活垃圾处理设施规划和建设，优先采用垃圾焚烧、综合处理和餐厨垃圾资源化技术，优先推进生活垃圾源头减量，优先保障生活垃圾治理投入的“四个优先”原则，主动做好选址规划研究、方案审批等工作，加强部门协调，进一步明确各区县分担中心城垃圾处理任务的职责，有效解决垃圾处理设施选址难、扩建难、项目推进难等问题，缓解设施能力缺口大、处理结构不合理的矛盾。

此外，应适时做好规划实施与建设评估，反馈信息，优化调整规划，动态适应城市快速发展和健康城市建设的需要。

四、创新建设体制机制，加强社区建设和公众参与

国际经验表明，强化社区行动是健康城市建设的有效途径和有力保障，也是公众参与的重要基层平台。对此，1986 年于加拿大渥太华召开的世界卫生组织第一届健康促进国际会议发表的《渥太华宪章》就指出：“健康促进工作是通过具体和有效的社区行动，包括确立优先、做出决策、设计策略及其执行，以达到更健康的目标。在这一过程中核心问题是赋予社区以当家作主、积极参与和主宰自己命运的权力。”1993 年在美国旧金山召开的第一次国际健康城市大会也认为，健康城市需要“建立强大的有生命力的社区，以便有效实行健康促进和健康教育计划”。

北京建设健康城市，应当在借鉴国内外先进经验的基础上，结合北京实际，不断加强社区建设，不断创新公众参与体制机制，加强实践和探索。

（一）加强社区规划和建设

除了前文所提到的加快教育、医疗、卫生、文化、养老等公共服务设施规划及实施建设，加强对新建居住区公共服务设施规划实施问题的研究，开展老旧居住社区需求调研等外，还应与市委市政府关于加强和创新社会管理、全面推进社会建设的要求相适应，同步推进社区建设和社会建设。规划工作的重点，应结合规划进社区和社区责任规划师制度，做好社区全面规划。主要包括：从公共服务设施建设为重点，转向为社区的社会建设提供规划服务；从规划角度促进社区公共服务资源的社会化利用和社会化管理，切实解决好社区存在的社会养老缺失、残疾人社会护理缺失、残疾人和低收入者无就业机会和保障，外来低收入人口群居，社区建设杂乱、环境脏乱、机动车停车混乱、缺乏健身体育设施及绿化空间不足等影响居民健康和生活质量的问题，激发居民参与健康促进、健康教育、健康生活及和谐社区建设的积极性，建立富有生命力与充满活力的社区，促进健康改善与社区和谐。

（二）发挥好现有规划工作机制的作用

在社区规划建设中，努力发挥好以规划进社区为主的“三进两促”、阳光规划、规划公示制度及社区责任规划师等现有规划工作机制的作用，及时总结经验，加强对居民心理和社会心理等的综合性跨学科研究，注重做好社会调查和社区调研，创新工作方法和机制，使居民更多地了解规划、认识规划。在社区层面积极争取广大居民参与健康促进、社区建设，积极争取社区和所在街道中央在京各部门、各单位、各大企业、各高等院校等的支持和参与，形成合力，共同建设好活力社区。

五、加强法治环境建设，为健康城市提供有力保障

加强和完善法制建设，完善法治环境，是保障居民安全健康、提高生活质量、促进健康城市建设的重要基石。对于首都健康城市建设而言，目前法治环境建设的一项最紧迫的任务，就是要针对不断出现和备受社会各界高度关注的食品安全问题、儿童玩具有毒污染问题、随意施工或排污造成严重环境污染问题、管

理缺失造成火灾及火灾隐患威胁人身安全等重大问题，严格执法和依法处置，加强依法行政和管理，确保居民安全、健康。加强食品安全监管等虽与规划无直接关系，但其所反映出来的法治环境优劣却会对健康城市的规划实施环境造成很大的影响，应进一步加强公众和社会监督。

就城乡规划而言，应当针对规划实施的法治环境建设，重点做好以下工作：

（一）进一步加强规划法制建设

一是加快研究制定《北京市城乡规划条例》配套规章和规范性文件，完善规划法规体系；认真落实《关于完善依法行政工作领导机构的通知》和《关于进一步加强和改进依法行政督查督导工作的意见》，积极推进依法行政工作。二是组织修订《北京市人民政府关于郊区城镇和农村建设规划管理若干规定》（1991 年，市政府 5 号令），修订并完善《北京地区建设工程规划设计通则》和《城市规划管理工作守则》，为加强农村建设管理和相关规划管理工作提供法规依据。在上述工作中，应认真研究健康城市建设和加强社会建设等新政策对城乡规划及实施管理的新要求，及时调整补充完善相关法规规定，提高其适应性，为促进健康城市建设提供法规保障。

（二）加大违法建设查处力度，做好专项治理

一是针对当前违法建设比较突出的问题，认真贯彻落实 2011 年 4 月 1 日起施行的《北京市禁止违法建设的若干规定》，进一步细化相关部门分工，落实责任，加大对违法建设，特别是严重威胁居民人身安全和影响健康生活的违法建设的查处力度，避免产生影响安全稳定、民生等问题。二是做好建设领域突出问题专项治理工作。继续做好中央和本市部署的工程建设领域“未批先建”等突出问题专项治理，创新工作机制，积极推动长效机制建设，提高整改率。同时，将强化日常监管与加大规划服务引导结合起来，与《北京市禁止违法建设的若干规定》的贯彻落实结合起来，推动长效机制的建设，服务首都城乡科学发展建设。北京应认真研究并在工作中体现健康城市建设对城乡规划及实施管理的新要求。三是针对健康城市建设的特殊性和复杂性，在规划实施阶段，加强对公共服务设施建设、环境综合治理、社区建设等项目推进环节的规划统筹，及时调整规划促进实施，化解矛盾；对居民上访、信访等以及相关的行政诉讼案件，凡涉及健康

城市和社会建设等民生问题的，应在认真处理后加以定期或不定期统计分析，查找原因，制定改进措施，避免矛盾冲突的重复出现。

总之，健康城市建设关系广大市民和千家万户的幸福安康，关系经济社会协调和城市的科学发展，关系民族复兴和国家兴旺。温家宝总理指出：“我们所做的一切都是要让人民生活得更加幸福，更有尊严，让社会更加公正，更加和谐。”北京作为全国首都，构建和谐社会首善之区，全面建设小康社会和建设健康和谐宜居城市，需要更加关注人们的身心健康，提升全民健康素质和幸福指数，推进城市的科学发展。

第二章 北京城市建设与健康城市建设研究

第一节　城市建设与健康城市的关系

传统的观念认为，公共健康和城市建设是两个不同领域的概念，前者偏重于医疗卫生方面，后者侧重于城市住房和基础设施建设等城市发展的范畴，二者之间并不存在密切的联系。然而随着城市的发展，生活节奏的加快，生活需求的改变，这一观念正在遭受质疑并开始发生变化。人们越发认识到人的健康是一项整体性、系统性工程，建设健康城市应该纳入城市建设与管理的范畴，以城市居民的优质生活为核心，高质量满足居民的生活需求。“健康的医疗解决模式的流行正在让位于健康的社会解决模式，在这种社会解决模式中，健康是一系列社会经济、文化、环境、居住条件、工作和社会综合因素作用的结果。”健康的促进过程就是建立一个最适宜人民居住和创业的过程。

城市也应该不仅仅是追求经济增长效率的经济实体，更应该是改善人类健康状况的理想环境。城市建设过程更不单纯是为促进发展服务的过程，应该始终秉承以人为本的理念，通过城市建设本身对城市人居环境进行改造，对城市系统内各项物质设施进行建设，为市民创造宜人的人居环境，保障市民便利生活，使城市成为有益健康的场所。由此可见，城市建设本身既有促进发展的经济属性，也有促进健康的公共和社会属性，城市建设与健康城市建设之间存在着十分紧密的互动关系。

一、城市基础设施和公共服务设施建设提升城市综合承载能力，为建设健康城市提供物质基础

城市基础设施、公共服务设施相当于城市的“骨架”和“脉络”，是城市赖

以生存和发展的根本，具有很强的公共性。高质量建设城市基础设施和公共服务设施对于健康城市建设有着很强的引擎和带动作用。特别是随着城市形态和功能的不断发展，城市居民工作生活需求的多样化，发达的、高度现代化的基础设施和公共服务设施对于健康城市的意义显得尤为重要。目前我国城市规划和建设中存在局部地区片面追求城镇规模和发展速度、忽视质量的倾向，城市发展方式粗放，资源浪费、环境污染等问题还比较突出。在许多大中城市，不同程度地出现了诸如水资源紧张、能源短缺、废弃物污染、大气环境质量恶化、中心区人口过密、基础设施特别是道路交通设施严重滞后等现代城市通病，这些问题对城市居民的生产、生活带来了现实的负面影响，在为发展付出代价的同时，也损害着人们的健康。在北京健康城市建设的进程中，城市基础设施和公共服务设施建设成为重要载体和基础工作。主要体现在三个方面：

一是城市基础设施建设提升健康城市运行保障能力。人的健康影响因素众多，现代城市居民的生活离不开水、电、气、热的供给，离不开市政基础设施的配套，这些都是城市居民生活的基础。如果路不通、水不通、电不通，城镇无法运转，人民群众也无法生活。在日益加快的城市化进程中，加强资源能源类等基础设施项目的建设能够满足城市化进程的需要，保障群众的基本生活，为市民生产生活创造良好的物质环境。二是城市基础设施建设提高城市居民抵御疾病、促进健康的能力。在促进人的健康方面，尤其是抵御恶性传染病方面，基础设施建设起着极为重要的作用。过去人们普遍认为，在抵御恶性传染病方面，医疗技术的提高是第一位的，但实践证明，基础设施建设在其中起到了更为重要的作用，能够有效地防止疾病的传播和蔓延，如医院等基础设施的建设状况、建筑物有利于健康的设计状况等。三是城市基础设施和公共服务设施建设能够提升城市居民的幸福指数。城市建设的根本目的是为生产生活提供优质环境，让人民过上幸福美好的生活。发达完备的城市基础设施能够为人们生产生活提供便利，更加适合人的生存和发展，从而使人充分感受到城市生活的美好，增强幸福感。如轨道交通工程的建设，方便人们出行，节约时间，降低成本；如“无障碍”设施的建设更加关注弱势群体的健康，方便残疾人出行，使他们更能感受到社会的公平；再比如城市绿化隔离带的建设，为市民提供了一道绿色屏障。这一切都是在有形或者无形地影响着人们的生活，改变着市民的生活方式，改善着市民的健康。

二、住有所居是城市居民生活赖以存在的重要基础，也是健康城市建设的必然要求

人是城市的主体，城市的发展归根结底是为人的发展服务的，城市的健康首先是实现人的健康。在影响健康的因素中，“衣食住行”是基本需求，伴随着城市人口的大量聚集，资源环境压力的约束，现代城市生活中的住房问题日益凸显，已然成为“城市病”的重要方面，居住与健康的关系越来越受到人民的关注和重视。首先住房本身的质量与居住环境对居住健康产生直接的影响，如住房面积、装饰装修材料的使用、小区周边的配套设施完善程度等都会对居民的身心健康产生影响。其次也表现在宏观的层面，例如土地利用格局、居住地与工作地的距离对居民出行方式和日常生活产生深远影响，进而影响到居民的健康。

当前，北京市已经进入建设中国特色世界城市，实施“人文北京、科技北京、绿色北京”发展战略的新阶段。继承奥运遗产，全面建设健康城市对于住房工作也提出了新的更高要求，解决住房问题成为群众期盼。住房工作已经脱离住房建设本身，而是体现在应该承担更多社会责任，促进社会福利和推动社会公平正义等方面。综观世界城市的住房发展，为了克服城市发展带来的诸如住房紧张等“城市病”，更好地促进城市和谐宜居，城市居民能够住有所居，保障居民的基本居住权，为广大市民提供工作、学习和生活的必要物质基础，提升市民的健康水平，各国都在积极采取措施，以期解决人们的住房需求。概括起来，有四个共同特点值得北京建设健康城市进行借鉴。第一，世界城市重视住宅建设与商业核心区的发展相协调。住宅尽量靠近就业、学校和公共交通，通过对一些低密度区域的混合利用，保证最大限度的利用土地和一些小居住区空隙的再发展。第二，世界城市通过租赁方式解决住房的比例较高，其住宅建筑形式以公寓和小户型为主。第三，世界城市住房呈现明显的居住郊区化和远距离化的特征。便捷高效的轨道交通和高速公路是拓展住宅分布空间、实现居住郊区化的基础。第四，世界城市十分注重对存量住房资源的利用。

三、建筑领域节能减排和绿色生产提高居民生活舒适度，提升健康城市建设品质

随着社会的不断发展和进步，健康被赋予了越来越多的内涵，不再局限于一个人在身体、精神上的良好状态，还包括在社会等方面也处于良好的状态，能与其自然环境保持协调的关系。城市发展的过程实际上是城市化的发展过程。要实现城市的健康发展，必须转变传统的发展方式，走新型工业化道路，建立健康、安全和高质量的自然环境，稳定、可持续的生态环境，以及持续、高效的发展环境，从而实现人与城市的和谐发展，进而促进人的健康。就城市建设与管理的角度而言，推进建筑领域节能减排和绿色生产是改善和提高建筑舒适性、减轻环境污染、促进城市可持续发展的一项根本措施，可使有限资源得到充分节约和有效利用，降低高能耗污染，使人类赖以生存的空间更洁净、更舒适，使绿色城市更加健康、更有活力。

建筑节能是通过选定节能设计及措施，选用节能环保材料，选择节能运营管理方式等途径，为人类创造良好的经济效益和人工建筑环境。在建筑节能工作中，新建建筑严格执行节能设计标准和既有建筑节能改造是重点。通过建设或者改造成节能住宅，能有效改善居室的热环境。节能住宅外墙有保温，屋面有保温，外窗采用了中空玻璃保温窗，居住在节能住宅内冬季会明显感到比普通住宅温暖舒适。在夏季由于隔热性能大大提高，需要空调降温的天数相应减少。因此节能住宅是冬暖夏凉的住宅。同时，节能住宅可降低外界噪声对室内的影响，使外界温度变化、雨水侵蚀对建筑物的破坏大大降低，从而解决了屋面渗水、墙面开裂等住宅顽症，延长了建筑物寿命。因此，住户是节能建筑的最终受益者。

绿色建筑是未来的发展方向。建设健康城市，需要创造一个优美、舒适的城市生态环境，体现中国传统文化中人与自然和谐相处的哲学思想。绿色建筑是指在建筑全寿命周期内，最大限度地节约资源，保护环境和减少污染，为人们提供健康、适用和高效的使用空间，与自然和谐共生的建筑，将逐步发展成为城市建筑的主流和主体。绿色施工和住宅产业化促进建筑业发展方式的变革。住宅产业化是指用工业化生产的方式来建造住宅，是机械化程度不高和粗放式生产的生产方式升级换代的必然要求，以提高住宅生产的劳动生产率，提高住宅的整体质

量，降低成本，降低物耗、能耗。推行住宅产业化和绿色施工，可以明显降低施工现场作业中的能耗物耗，降低施工噪音和扬尘污染，改善施工环境，提高工程建设安全质量，有益于工地周边居民和施工作业人员健康。

第二节　北京城市建设的主要成绩及存在的问题

一、城市基础设施、住房等工程建设提升了城市综合承载能力，改善了人居环境，为市民享受高品质的城市生活创造了条件

北京是一个人口压力大、资源能源紧张的城市。近年来，城市建设把使广大市民真正享受城市文明，最大化地提升居民的生存质量作为根本，稳步推进住宅建设，每年安排一批以轨道交通、能源资源、卫生、教育等社会事业项目等为主的重点工程项目建设，提升城市承载能力和综合服务功能。

（一）水、电、气、热等重点资源能源类项目的建设，为满足居民健康生活需求提供了保障

水、电、气、热等资源能源供应保障能力显著提升。南水北调中线京石段应急供水工程（北京段）主体工程完成并通水，清河再生水厂二期及再生水利用工程、第九水厂、第十水厂、张坊应急水源等工程相继建成，永定河生态环境综合整治工程和绿色生态发展带建设扎实推进，有效缓解了首都水资源紧张局面。高碑店热电厂配套工程，朝阳、城南和门头沟500千伏，广渠门、北京南站220千伏等输变电工程相继建成投产，发电能力和电网可靠率不断提高。北京经济技术开发区天然气热电厂、陕京天然气工程等陆续竣工，六环路天然气管线工程部分竣工投入使用。高碑店、酒仙桥、清河、吴家村、卢沟桥、小红门等重点污水处理厂项目先后投入运行，2009年全市污水处理能力达到356万立方米/日，城市污水处理率达到80%以上。高安屯垃圾焚烧场、南宫垃圾焚烧场、董村垃圾综合处理厂、安定垃圾卫生填埋场以及郊区环卫设施等重点工程陆续竣工使用，半数垃圾实现了分类处理，生活垃圾处理率达到97%。

（二）住房建设稳步推进，居民居住条件得到改善，为居民健康生活提供了更加舒适的物质空间

“十一五”期间，全市城镇房屋累计竣工面积1.6亿平方米，其中，住宅累计竣工面积8730.3万平方米，占54.1%；商品住宅累计竣工住宅6860万平方米，占住宅总竣工面积的62.4%。住房建设的稳步推进进一步改善了居民居住条件，2009年，北京市城镇居民人均住房使用面积达到21.6平方米，较“十一五”初增加2.1平方米；落实住宅工程分户验收制度，实施住宅与小区配套工程同步交用制度，住房工程质量和综合配套水平明显提高，住房设施条件得到明显改善，成套住房在全部住房中所占比例由“十五”期末的75.2%提高到2009年的93.6%。

（三）交通设施建设促进了城市立体交通网络框架的形成，服务市民生活，方便市民出行

“十一五”期间，北京市城市交通基础设施实现跨越式发展。轨道交通建设全面提速，先后建成了地铁13号线、10号线一期、5号线、4号线、奥运支线、机场线、亦庄线、大兴线、房山线等多条轨道交通线路，截至2010年底，运营里程已达336公里、在建里程295.6公里，位居全国前列。在城市路网建设方面，大批城市快速路、主干道、路网加密工程、交通节点及联络线工程和高速公路陆续竣工，广渠路、朝阳路、安立路等道路建成，京开高速、京承高速、机场北线等相继通车，改善了首都城市路网结构，提高了城市交通运行能力。截至2010年底，高速公路总里程达到884公里，区区通高速目标提前实现，首都“一小时经济圈”基本形成。公交出行比例达到40%，更好地适应了经济社会发展要求和服务市民生活。

（四）科、教、文、卫、体等社会事业重点项目建设提高了城市公共服务能力，丰富了首都人民精神文化生活

北京奥运会的成功举办，留下了丰富而宝贵的健康遗产。除国家体育场外，30个奥运会比赛场馆和45个训练场馆投入使用，在很大程度上更新和充实了北京市体育、健身等基础设施。一批大型文教、卫生事业公共建筑陆续建

成，增强了医疗卫生、教育保障能力。首都博物馆新馆、中国电影博物馆、国家大剧院等相继竣工并投入使用。北京电视中心一期工程、国家图书馆二期工程、首都图书馆二期工程等大型文化设施相继建成，丰富了首都人民精神文化生活。

二、加快实施保障性安居工程，住房保障事业取得突破性进展，解决了40多万户中低收入家庭住房困难

北京市高度重视住房保障工作，紧紧围绕党的十七大提出的“住有所居”目标，全面贯彻落实国务院文件精神，按照“低端有保障、中端有支持、高端有市场”的住房工作总体思路，“十一五”期间加快实施保障性安居工程，逐年加大保障性住房建设力度，通过多种方式解决中低收入家庭住房困难；探索完善住房保障政策体系，积极创新工作体制机制，初步建立起适合首都发展实际的分层次的住房保障制度体系。

（一）加快推进保障性住房建设，解决中低收入家庭住房困难

“十一五”期间，落实“以区为主、全市统筹”的建设管理力度，加快项目前期进度，加大协调力度，累计投放保障性住房用地3603公顷，建设收购各类保障性住房4392万平方米、48.5万套，有效解决了中低收入家庭住房问题，居民住房条件和居住环境得到明显改善。

（二）建立健全住房保障政策体系，满足不同人群多层次的住房保障需求

低收入家庭实现“应保尽保”。进一步健全廉租住房制度，廉租住房保障范围逐步扩大，廉租住房收入准入标准，从“十一五”期初的人均月收入580元调整至“十一五”期末的960元。改进和规范经济适用住房建设和管理，严格执行住房、收入、资产标准，严格控制建设标准。面向城市中等收入住房困难家庭提供中低价位、中小套型住房，率先实施限价商品住房政策，有效满足本地中低端住房需求、平抑房价。率先建立公共租赁住房制度，努力解决夹心层家庭和来京务工人员住房困难，着力实现与廉租住房、经济适用住房、限价商品住房的合理

衔接，推动住房保障方式从“以售为主”向“租售并举”转变，促进住房供应结构的调整优化和合理梯度消费模式的形成。

（三）提高规划设计和建设管理水平，建设群众满意的精品工程

在规划设计方面，建立保障性住房规划设计专家评审委员会，对项目规划设计方案进行集中评审，优选设计方案，完善保障性住房建设技术导则和规划设计指导图集，优化住宅的功能及内部构造设计，提高内部空间使用效率，努力做到“面积不大功能全、造价不高品质优、占地不多环境美”，全面提高保障性住房的整体品质，提高居住舒适度。

在工程建设管理方面，选择有投融资能力、具备相应资质、社会责任感强，并有保障性住房开发经验的建设、施工企业承担建设任务。实施保障性住房工程质量专项监督，加大现场检查的力度和频次，严格落实住宅工程质量分户验收制度，保证工程结构质量和使用功能。推行施工现场开放日制度、业主验房制度。实施市政配套和公共服务设施建设与住宅同步建设、同步交用，市政配套和公共服务设施更加完善，出行更加便利。加强保障性住房后期管理，试行业主入住前开成立业主大会，组织开展物业承接查验试点，推行第三方评估制度，提高服务水平，使保障住房和公用设施始终保持良好的运行状态，提高了群众居住水平和生活质量，促进了社会和谐稳定。

（四）大力实施保障性安居工程，多渠道、多种方式解决群众住房困难

旧城区房屋低矮破旧，市政条件差，有些地方甚至连公厕都没有。结合首都功能核心区保护性改造，2008 年开始，实施了建国以来北京市规模最大的房屋保护修缮和街巷整治工程，在保护古都风貌的同时，两年共改善了 3.85 万户居民的住房条件，完善胡同市政基础设施 244 条。2010 年，进一步加大首都功能核心区居民疏解安置力度，市政府划拨 500 万平方米郊区建设用地专项用于首都功能核心区住房保障和人口疏解对接安置，已全部开工建设。同时建立输出区与输入区教育、医疗等社会公共服务优势资源向输入区同步转移，打造和谐宜居新社区工程，努力建设疏解居民幸福新家园。棚户区平房密度大、使用年限久、房屋质量差、人均建筑面积小、基础设施配套不齐全、交通不便利、治安和消防隐患

大、环境卫生脏、乱、差。北京市加快推进“三区三片”棚户区改造，解决棚户区居民住房困难，建设筹措安置房源266.8万平方米，累计搬迁安置居民1.6万户。

三、房地产市场的稳定健康发展，改善了居民的生活空间，提升了服务城市发展的功能

（一）不同类型的物业建设快速发展，为相关产业提供了有力支撑，提升了健康城市的承载能力

“十一五”期间，商业用房投资比重稳步提升，比“十五”时期提高5.6个百分点；办公楼、商业营业用房累计竣工1498.8万平方米、1541.7万平方米，所占比例分别为10.9%和11.2%，比“十五”期间分别提高5.5个和6.4个百分点。办公楼、商业设施建设，为支撑IT、金融和文化创意等生产性服务产业发展提供了空间，提升了健康城市的承载能力。推动重点功能区建设。“十一五”期间，六大高端产业功能区商业地产投资总额约1984亿元，写字楼及商业用房竣工量累计约1530万平方米。

（二）房地产业发展，成为经济发展的重要支撑，成为吸纳就业的重要渠道

“十一五”时期，房地产业增加值年均增长14.99%，对建筑业、钢铁、水泥、建材、家具与家电、家装、运输等60多个上下游相关行业的带动作用显著。“十一五”期间，北京市房地产从业人员较快增加，产业链逐步延伸，由2005年的23.3万人增加到2009年的30.1万人，年均增加6.6%，高于同期全市城镇从业人员的平均增速，房地产业已成为北京市吸纳就业、为市民提供就业岗位的重要渠道。

（三）住房三级市场联动发展，市场供应结构明显改善，满足居民多元化、多层次的居住需求

一级市场趋于优化。“十一五”期间，全市新建商品住房销售8481.9万平方

米，其中商品住宅占比由“十五”期间的93%下降至80%以下；商业营业用房和办公楼占比较“十五”期间分别提高了4.2和7.6个百分点。二级市场实现快速发展，存量住房累计成交51万套，存量住房与新建商品住房成交套数之比由2005年的0.42∶1提高至2009年的1.5∶1，二手房交易超过一手房交易量。住房租赁市场更趋活跃，截至2009年，全市共有租赁住房412万间，解决了690万人的住房问题。三级市场的协同发展，对于盘活存量资源、实现梯级住房消费发挥着积极作用。

四、深入推进建筑领域节能减排和绿色生产，走绿色低碳、生态友好发展之路，提升城市建设质量

（一）新建节能建筑和既有建筑节能改造惠及市民，在节约资源能源的同时，提高了人们居住舒适度

2004年北京市在全国率先实行新建建筑65%节能设计标准，“十一五”时期全市新建民用建筑近1.4亿平方米，建筑节能标准执行率基本上达到100%。城镇节能建筑的比重达到55.2%，其中节能住宅的比重达到74.2%，居国内各省市首位。“十一五”期间累计完成1386.54万平方米居住建筑和515.3万平方米城镇普通公共建筑的围护结构节能改造，2320万平方米大型公共建筑的低成本节能改造，新建和改造5.6万户节能农宅，节能住宅冬季室温提高6℃~8℃，农民称之为“暖心工程”。注重建筑全生命周期的资源节约和环境保护，营造人与自然和谐共生的环境，积极发展绿色建筑，推动绿色建筑示范由点向面发展。“十一五”期间组织完成14个、161.8万平方米绿色建筑和低能耗建筑示范。在未来科技城、丽泽金融商务区和海淀北部高新技术产业园等重要功能区，组织开展了绿色建筑园区的试点示范工作。

（二）推行绿色施工和住宅产业化，降低施工扬尘和噪声污染，提高住宅建设品质

落实市政府要求，加大施工现场扬尘治理力度，实现“五个100%”。即：实行工地沙土100%覆盖、工地路面100%硬化、出工地车辆100%冲洗车轮、

拆除房屋的工地100%洒水压尘、暂时不开发的空地100%绿化。推行绿色施工和施工现场标准化管理，发布实施《绿色施工管理规程》，推广使用循环利用的建筑材料，推进施工过程节能减排，为蓝天计划的实现做出了贡献。关注在京建筑劳务作业人员的健康，根据北京市建筑业行业用工管理的相关规定和外地来京建筑企业及其务工人员的自身特点，在施工现场设置的生活区中，严格依照《北京市建设工程施工现场生活区设置和管理标准》执行生活区居住标准。切实转变建筑业发展方式，鼓励和引导住宅产业化发展，提升住宅建设品质。在全国率先出台了面积奖励优惠政策，建立了市住宅产业化工作联席会议制度，组建了住宅产业化企业联盟，组织了60多万平方米住宅产业化试点。

通过各部门、各单位共同努力，“十一五”期间北京市建筑节能工作迈上了新台阶，集中供热建筑平均每平方米采暖能耗从2004年的20.8千克标准煤降低到2009年的16.5千克标准煤，降幅为20.6%；建筑节能量达396万吨标准煤，占全市同期总节能量的22.3%，让更多的市民享受到了绿色低碳生活。

过去的五年，首都城市建设发展迅速，为首都经济社会发展和市民健康生活做出了积极贡献。但必须清醒地认识到城市建设与健康城市建设的要求还存在差距。一是北京作为首都，资源环境约束和人口增长的矛盾将长期存在。处理好城市化进程进一步加快与资源环境的矛盾，需要加大城市基础设施和公共服务设施建设力度，进一步提升首都城市综合承载能力和服务功能。二是“十一五”住房保障事业的快速发展，有效解决了群众住房困难，但同时也必须看到还有很多家庭住房困难亟待解决，群众热切期盼，住房保障工作压力更大，任务更重，要求更高，从保障性住房建设规模、速度、分配标准和管理水平等方面都需要有大量的工作要做，促进住房保障工作的可持续发展。三是房地产业发展过程中仍存在一些不协调、不平衡、不可持续的问题，房地产业对人口规模的调控作用有待强化，房地产市场供需矛盾突出，房价上涨的压力仍然很大，房地产空间发展不均衡加重了各类城市问题，影响了市民健康生活。四是从北京市的发展实际看，建筑节能设计标准的水平处于国内领先水平，但与国际先进水平仍然有较大差距。此外，北京市在推进建筑节能的法规与经济政策方面、在推进建筑节能的产业支撑与软实力方面都存在着差距，建筑节能市场推进机制尚未形成，低碳和绿色建筑消费理念尚未被普遍认同。这些问题是未来五年在健康城市建设进程中城市建设领域需要关注和重点解决的。

第三节　北京城市建设推进健康城市建设的对策思路

北京已经进入建设中国特色世界城市和实施“人文北京、科技北京、绿色北京”战略的新的发展阶段，更加关注人的健康幸福，明确提出了建设健康城市的目标。“十二五”时期，要顺应广大人民过上更好生活的新期待，高质量建设城市基础设施和公共服务设施，不断保障和改善民生，不断提高城市建设的品质，为市民营造良好的居住生活环境，使发展成果更好地惠及人民，让人民生活得更幸福。

一、进一步加强重点基础设施建设，更好地适应经济社会发展要求和服务市民生活

加快交通基础设施建设，努力实现便捷出行。优先加快中心城轨道交通建设，加大协调服务力度，全面完成2015年轨道交通561公里近期线网建设规划，加快实施中心城轨道交通加密工程，2015年全市轨道交通线网运行总里程达到660公里。建成京沪高铁、京石客专、京沈客专、京张城际、京唐城际等，实现北京与周边主要城市间高速通达。建成阜石路、广渠路大容量快速公交线路，建成5处综合交通枢纽，提高公交运输能力。加快建设东西二环等地下隧道，缓解重点区域交通拥堵。建成京台高速北京段、京昆高速、京新高速（五、六环段）、密涿高速北京段、110国道二期、109国道、京密高速等高速公路，新增高速公路通车里程200公里，市域高速公路通车总里程达到1100公里。建成北京新机场一期，新增航空旅客吞吐能力4000万人次。

加强资源能源工程建设。加快南水北调配套工程建设，加快郭公庄水厂和第十水厂等主力水厂建设，新增集中供水能力143万立方米/日，中心城高峰供水安全保障系数提高到1.25。建设城市电网重点工程建设，到2015年，城市供电可靠性达到99.995%，城市核心区和重要功能区供电可靠性接近99.999%。大

幅提升天然气供应保障能力，建成陕京四线、唐山液化天然气、大唐煤制气等重点气源工程，建成六环路二期等市内输配管网干线工程。加快建设郊区供热设施，新增供热能力 2 亿平方米，建成东南、东北、西南和西北四大燃气热电中心，2015 年全市总供热能力达到 8.5 亿平方米。

二、加快推进保障性安居工程建设，完善住房保障政策体系，全面实现广大市民“住有所居”目标

一是进一步加大保障性安居工程建设力度。切实履行政府职责，增加土地供应，加大财政投入，加强监督管理，五年建设、收购各类政策性住房 100 万套，对符合保障条件的申请家庭做到应保尽保。积极推进旧城人口疏解和房屋保护性改造修缮工程，完成城市和国有工矿棚户区改造任务，加大农村抗震节能房屋改造建设力度，改善城乡居民居住条件。加强住房制度整体设计，建立健全符合首都实际、可持续的住房供应制度，逐步形成符合国情市情的保障性住房体系和商品房体系。

二是加强保障性住房建设、分配和后期运行等各环节管理，全面实施保障性住房阳光工程，进一步提升保障性住房建设管理水平。在规划方面，保障性住房规划布局应符合城市空间结构调整方向，综合考虑就业与居住的均衡发展的需求。在土地供应方面，进一步优化保障性住房用地供应布局，保障住房用地的供应进一步向新城，尤其是重点新城及重点功能区、产业园区倾斜。在建设布局方面，在现有住房保障布局基础上，加强空间布局的均衡性，坚持“大分散、小集中”的布局模式，集中建设与配建相结合。在质量监督方面，加强保障性住房质量专项监督，推行保障性住房住宅产业化和工程质量保险试点，调整优化相关标准，切实加强各类配套设施建设，提升保障性住房品质。

三是全面推进公共租赁住房发展，促进住房保障方式从售为主向“租售并举，以租为主”转变，公共租赁住房比例占公开摇号配租配售保障性住房的 60% 以上，引导市民通过租赁形式解决住房问题。采取多种方式筹建公共租赁房房源，除政府组织建设、收购外，鼓励机关及企事业单位、高校、科研院所等社会单位利用自用国有土地建设公共租赁房，鼓励产业园区建设公共租赁住房向园区内企业职工出租。强化公共租赁住房管理，完善租金补贴机制和动态调整机

制，缓解承租家庭租金压力，提高公共租赁住房项目托幼、小学、社区医疗卫生、商业等配套标准，青年公寓等形式的公共租赁住房应配置洗衣房、食堂、文化活动室等便民设施。适当提高集中建设的公共租赁住房配套设施指标。

三、科学把握房地产功能定位，促进房地产市场稳定健康发展，改善群众居住生活条件

把握好房地产对稳定投资、延伸消费、惠及民生、承载业态的作用，调整优化房地产投资结构，推动房地产建设向保障性住房、适于承载生产性服务业发展的商务楼宇以及核心区人口疏解和城乡结合部改造等定向安置房转变，向新城、高端产业功能区等区域转移。

一是加强房地产业规划布局引导，为人口总量有序管理服务。根据北京市城市功能定位，强化房地产业对人口规模的调控作用。通过规划引导、新城建设，逐步解决首都功能核心区资源过于集中的问题，实现城市功能、人口、资源向新城的有序疏解。

二是调整优化三级市场结构，发展规范存量房市场和租赁市场，着力优化一级市场。坚持“控制总量、优化结构”的调控原则，控制新增商品住宅的供应总量。做强二级市场、做大三级市场。采取多种措施培育和发展存量房市场，有效加强二、三级市场对一级市场的补充替代作用，搭建规范化和专业化的交易平台，加大推行存量房资金监管方案的实行力度；培育和规范租赁市场。进一步完善法规制度，修订房屋租赁管理办法，强化出租房屋治安、消防、建筑结构等安全监督管理，规范中介市场秩序，显著改善流动人口居住条件。鼓励开发企业持有租赁房源，以及机构投资者进入租赁市场，形成规范化的管理和稳定的租权关系，以满足租赁者的不同需求。

三是调整不同物业类型供应结构，引导房地产开发空间合理布局。充分发挥规划引导、要素投入、政策集成创新优势，不断提升产业地产对产业发展的承载能力。按照北京城市总体规划确定的“两轴－两带－多中心”的城市空间结构，房地产开发空间布局将中心城调整优化、新城发展、小城镇建设统筹考虑，优化中心城区房地产开发结构，重点发展高端服务业；新城房地产开发与其功能定位、产业结构和就业结构相协调；小城镇房地产的发展建设以稳步推进城镇化，

解决农民城镇化过程中居住问题为目标；调节产业用地与居住用地的空间匹配，促进职住均衡发展。

四是加强房地产市场调控，促进产业健康发展。协调土地供给强度，探索包括鼓励企事业单位存量土地再开发等多种可能供地方式；加强房地产开发用地监管，依法加大对闲置土地的处置力度。注重利用差别化的税收政策、金融政策调节市场。完善房地产金融市场，拓宽房地产融资渠道。加强房地产行业管理，全面推行项目全生命周期管理，实现房地产项目从土地取得到销售完成整个过程的动态监测监管。进一步规范房地产交易秩序，加大对房地产交易环节违法违规行为查处力度。强化售后房屋交接管理，推动物业企业资质管理向信用管理转变，努力构建质价相符的物业服务市场环境，全面提升物业管理整体水平。

四、全面推进建筑节能和绿色建筑工作，努力建设绿色宜居家园

绿色发展已经成为资源环境约束的客观要求和时代潮流。绿色既是一种生产方式，又是一种生活方式，要求我们节制型生存、节约型生产和节俭型生活，更好地面对未来。“十二五”时期要全面实施“绿色北京”战略，把资源节约型和环境友好型社会建设作为转变经济发展方式的重要着力点，大幅提高首都生态文明水平和可持续发展能力，把北京建设成为既服务于当代市民，又服务于子孙后代的宜居家园。

大幅度提高建筑节能水平。突出抓好建筑标准制定、新材料和新技术应用以及结构、设计等关键环节。提高建筑节能标准，新建居住建筑实施75%节能设计标准，使单位建筑面积采暖能耗达到同纬度国家先进水平。推进建筑门窗、供热系统等为重点的节能改造，组织6000万平方米城镇既有非节能居住建筑的热计量和节能改造、1.5亿平方米节能建筑的供热计量收费改造，老旧小区既有建筑节能改造与抗震加固、管网更新、绿色照明、景观治理等改造项目同步实施。结合新农村建设“三起来”（亮起来、暖起来、循环起来）工程、困难家庭优抚社救等，新建和改造抗震节能农宅10万户。新建建筑全部实行供热计量收费，50%以上节能设计标准的既有民用建筑和全部公共建筑基本完成供热计量改造，并实行按用热量收费。

大力发展绿色建筑，全面推进住宅产业化。一是抓住城市化加快发展、建筑

规模较大的关键时期，着眼于长远，大力推广绿色建筑，出台推进绿色建筑管理办法，制定《绿色建筑设计标准》，推动绿色建筑由单体建筑向绿色园区扩展。重要功能园区和新城核心区建筑全部要达到一星级以上绿色建筑标准，30%的建筑要达到三星级绿色建筑标准。政府投资项目均应达到绿色建筑标准。二是强制与鼓励相结合，扩大住宅产业化试点示范规模。一方面，将实施住宅产业化作为土地出让交易的必要条件，强制开展住宅产业化试点示范；同时鼓励开发建设单位自愿申请住宅产业化试点和示范。另一方面，支持建设研发基地，完善住宅产业化相关标准，研究出台推进全装修政策和住宅性能认定管理办法。2011 年试点面积要达到 100 万平方米。

大力开展科技攻关、人才培训和科普宣传，推动建筑节能和绿色建筑可持续发展。组织科技攻关，在新型建筑结构体系、新型墙体保温材料及施工技术、工厂化建筑部品设计制造、建筑垃圾循环利用、绿色建筑园区规划设计等方面实现突破，提高科技创新促进建筑节能发展。加大对建设、设计、施工和部品生产企业、建筑运行单位管理与技术人员的培训。抓好“绿色建筑示范园”建设，形成集研发、培训、展示体验、科普和推广功能于一体的绿色建筑和住宅产业化交流平台。加大建筑节能与绿色建筑的宣传力度，积极宣传建筑节能意义、作用和相关知识，引导公众自觉参与到建筑节能工作中来，形成全社会重视节能、推进节能的良好局面。

第三章　北京市容环境卫生与健康城市建设研究

市容环境卫生是城市管理和公共服务的重要内容，是社会文明程度的重要标志，直接关系市民健康与生活质量。为市民提供清洁安全的环境被世界卫生组织列为健康城市衡量标准之一，越来越受到各国城市管理者的广泛重视，也已成为推进健康城市建设的切入点和重要抓手。

第一节　市容环境卫生与健康城市的关系

一、良好的市容环境卫生是建设健康城市的客观要求

市容环境卫生与城市居民的工作、生活和学习息息相关，与居民的生活习惯和行为有着最直接、最密切、最广泛联系，关系到每个家庭、每个人的生活质量和身体健康。近十年来，北京的经济水平以两位数的速度迅速发展，城市建设日新月异，城市化率达到了77.3%，位居全国第二，人均可支配收入达到世界中等发达国家水平，居民生活质量显著提高。北京取得抗击非典胜利以来，特别是2008奥运会的成功举办，居民对城市环境卫生有了更深的理解和更高的要求，更加关注整个城市的市容环境卫生面貌，更加关注文明健康合理的生活方式，更加关注身边的环境卫生状况。这就要求我们把市容环境卫生建设作为实现健康城市的重要抓手，重点考虑，重点解决，并不断取得新的突破和新的提高，以适应和满足建设健康城市的客观要求。

二、良好的市容环境卫生是建设健康城市的基础条件

加强城市环境卫生建设，有利于改善发展环境，提升城市形象，提高综合竞

争力，促进对外开放，吸引国内外投资；有利于增强城市综合功能，促进城市经济和社会的可持续发展；有利于市民群众的身心健康和推进首善之区的建设。因此，建设健康城市必须紧紧围绕“人文北京、科技北京、绿色北京”和建设中国特色世界城市的战略目标，紧紧抓住建设健康城市的机会，有计划、有步骤、有重点地解决城市生活垃圾收集分类处理、污水治理与利用、公厕建设与管理、道路清扫保洁等环境卫生方面的突出问题，为首都的城市建设、经济发展和社会进步以及健康城市的建设奠定坚实基础。

三、市容环境卫生是建设健康城市的重要支撑

市容环境卫生和城市基础设施及市政公用事业一样，是确保城市经济社会发展和城市运行不可或缺的重要支撑和基础条件，是创造宜人的工作环境和生活环境的基本前提，是发挥城市综合效益的重要依托。特别是北京要实现国家首都、国际名城、历史名城、宜居城市的整体定位，实现全面、协调、可持续发展，树立北京的国际大都市形象，需要整洁、美观、和谐、宜居的城市面貌和人居环境。因此，市容环境卫生是健康城市的重要支撑。

四、市容环境卫生和健康城市相互依赖、相互补充和相互协调

首先，建设健康城市是城市政府的重要任务，而环境卫生是建设健康城市的重要组成部分，彼此相互依赖。其次，健康城市是北京着眼建设中国特色世界城市，全面实施“人文北京、科技北京、绿色北京”战略，构建北京首善之区的重要举措；而环境卫生是改善城乡生态环境、保障城市安全运行、实现首都经济社会可持续发展的重要内容，是关系民生的基础性公益事业，彼此相互补充。最后，随着健康城市建设深入推进，城市环境卫生建设的任务越来越重。要在加强健康城市建设的同时，突出加强环境卫生建设，实现健康城市与环境卫生建设的同步推进。正确处理健康城市与市容环境卫生事业的关系，把健康城市的建设目标与提高城市环境卫生水平和居民的生活质量结合起来，采取有力措施，大力推进环境卫生事业的发展，确保健康城市建设目标的实现。

五、建设健康城市对市容环境卫生工作提出了更高的要求

健康城市是世界卫生组织为应对城市化给人类健康带来的挑战所倡导的一项全球性行动战略。20 世纪 90 年代以来，世界各国大约4000 个以上的城市投入了建设健康城市行列。北京作为迈向国际化的大都市，要实现城市的健康发展，就必须坚持统筹城市规划、建设与管理，把市容环境卫生工作摆在城市管理的突出位置，全面提升市容环境管理和服务水平，使城市的发展更好地服务于生活。

当前，首都经济社会发展已经进入了全面建设现代化国际大都市的新阶段，党中央和国务院对首都市容环境卫生工作提出了更高的要求。胡锦涛总书记、温家宝总理等中央领导同志要求北京把奥运建设成果巩固好、发展好，永远保持干净。迫切需要把市容环境卫生事业的长远发展与解决当前问题结合起来，采取有力措施，加大工作力度，解决人民群众身边的环境卫生问题，不断提高人居环境卫生质量。

“十二五”时期建设“健康之都”目标的提出，必将推动市容环境卫生工作按照建设健康城市的新思路和高标准，改革和完善现行的管理体制，创建科学的工作机制，不断提高城市市容环境管理水平和服务效率，满足人民群众对清洁、安全、宜居环境的新期待，提升北京的首都形象和国际化城市形象，为实现人与城市和谐发展创造条件，进而促进人的健康。

第二节　北京市政市容系统建设健康城市工作的成效及问题

2007 年底，全国爱国卫生运动委员会办公室在全国范围内正式启动建设健康城市、区（镇）活动，并批准北京市东城区和西城区开展建设健康城区试点工作。根据市委市政府的统一部署，市政市容系统积极配合市爱委会开展工作，以整治市容环境卫生、提高城乡环境卫生服务水平为抓手，着力消除市容环境领

域影响市民健康的各种因素，大力推进健康城市建设，在生活垃圾治理、公厕建设改造、道路清扫保洁、维护市容环境秩序等方面取得了明显成效。

一、市政市容系统健康城市建设取得的成效

（一）加强长效机制建设，管理水平不断提高

1. 初步构建起法规、标准体系。制定了《关于全面推进生活垃圾处理工作的意见》，修订颁布了《北京市市容环境卫生条例》及其 11 项配套规章；制定了《城市道路清扫保洁质量标准》等 16 项地方标准；印发了《关于建立生活垃圾处理调控核算平台的意见》等一系列规范性文件，初步建立起以《北京市市容环境卫生条例》为基础，以规章、标准和规范性文件为补充的法规标准政策体系。

2. 建立了市、区、街乡、社区管理服务体系。建立了层级清晰、职责明确的环境卫生“三级管理、四级服务”体系，进一步明确了市、区、街（乡）管理责任，并完成了环境卫生责任区划定工作。制定了环境卫生责任区责任标准和交通、园林绿化等行业以及建设工地的环境卫生责任标准，加大了责任落实的检查力度，促进了环境卫生质量的提升。

3. 初步形成环境卫生建设与服务多元化格局。在道路清扫保洁和生活垃圾收集、运输作业领域推进市场化改革，以特许经营方式引入社会资本建设阿苏卫生活垃圾综合处理厂、高安屯生活垃圾焚烧厂，促进了环卫作业主体多元化和公平竞争，提高了服务质量和保障能力。经过改革与探索，环境卫生领域初步形成了以政府投入为主导、专业作业队伍为主力、全社会共同参与的多元化格局。

4. 环境卫生监管体系进一步完善。“十一五”时期，市政市容管理部门委托环卫专业研究单位开展环境卫生监管课题研究，在广泛征求意见和进行试点的基础上出台了北京市环境卫生考评办法，建立起包括专业考评、社会公众评价和问题反映评价的环境卫生综合考评体系，定期监督考评，初步形成了环境卫生问题主动发现、快速反应和多部门联动的监督检查机制，促进了区县环境卫生管理不断改进。

5. 环卫队伍素质提高，社会宣传得到加强。利用北京奥运会举办前的两年

时间，有计划地对环卫行业职工开展奥运窗口培训，提高了环卫职工队伍业务技能和职业道德水平。通过报纸、广播、电视、网络等媒体广泛宣传环境卫生知识，建立垃圾处理设施对外开放制度，开展“周四垃圾减量日”、“垃圾文明一日游”等主题宣传实践活动，发动市民参与垃圾分类，提高了市民的环境意识和文明素质。

（二）强化全过程管理，垃圾处理工作取得突破。

1. 垃圾分类和垃圾减量工作初见成效。确立“全程管理、系统衔接、科学分类、适应处理”的垃圾分类基本原则，加强垃圾分类系统建设和全过程管理，开展了600个小区垃圾分类试点和100个单位生活垃圾“零废弃”管理试点；朝阳区垃圾分类系统建设取得明显示范效应；建立了5000多人的垃圾分类指导员队伍，加强了对居民垃圾分类投放的指导。2009年生活垃圾产生量首次下降，2010年继续保持了下降趋势。

2. 垃圾处理设施建设取得阶段性突破。落实区县垃圾处理责任制，建立垃圾处理考核奖励机制、垃圾处理调控核算平台、区属焚烧生化处理设施运行补助等一系列政策机制；积极推进生活垃圾循环经济产业园区建设；建成高安屯生活垃圾焚烧厂等21座生活垃圾处理设施（含5座大中型垃圾转运站）、4座50吨以上规模的餐厨垃圾处理厂、一批餐厨垃圾就地处理资源站和7座粪便消纳站。全市生活垃圾处理能力从2005年的10350吨/日提高到16680吨/日，无害化处理率由2005年的81.2%提高到96.7%，焚烧、生化、填埋处理比例由“十五”期间的2∶8∶90优化为10∶10∶80。

3. 垃圾污染治理效果明显。近五年来，垃圾密闭化管理由四环路逐步扩大到六环路以外40%的平原地区，完成了3049个行政村垃圾密闭化建设。为了减少垃圾填埋异味及其对周边环境的污染，市政府制定了相关治理政策，主管部门在阿苏卫、高安屯等垃圾卫生填埋场开展全密闭工艺试点，进一步强化了垃圾填埋场运行监督管理和环保措施落实。区县政府要按照治理规划和标准，落实治理资金，开展治理工作，到2010年完成非正规垃圾填埋场治理706处，并规范了建筑垃圾简易填埋场设置。为防止产生新的非正规垃圾填埋场，加强了农村地区环境卫生日常管理，规范了生活垃圾的收集、运输和处理。

（三）增强综合服务能力，环境卫生面貌明显改善。

1. 道路清扫保洁质量提高。在全市推行城市道路清扫保洁作业新工艺、新装备，配置各类节能环保电动车 1090 辆，降低了清扫作业扬尘污染和路面残存尘土量。在全市推广定人、定段、定点的人工快速保洁作业方法，提高了人均保洁面积和保洁效果。2010 年，全市车行道机械清扫作业率城区达到 95%，郊区达到 80%，其中机械清扫组合工艺作业率城区达到 85%，郊区达到 62%。

2. 雪天通行应急保障能力增强。确定“提前预防、充分准备、周密部署、快速反应、协调联动、果断处置”的扫雪铲冰工作原则，制定扫雪铲冰应急预案和作业方案，成功应对了 59 年一遇的暴雪。建成 5 座融雪剂搅拌站和 16 座立交桥融雪剂喷洒装置。加大机械除雪力度，车行道机械除雪作业率城区达 90%，郊区达 70%，有效保障了雪天道路通行。

3. 公厕建设服务水平提升。“十一五”时期，北京市继续加快公共厕所新建和改造步伐，城乡公厕总数达 12604 座，初步解决了公共厕所布局不合理、建设标准低、群众如厕难的问题。同时积极采取措施，提高公厕保洁标准，并结合公厕改造配套建设无障碍设施，设置城区公共厕所引导系统，进一步改善了群众如厕条件和环境。

4. 农村环境卫生状况明显改善。初步建立了农村地区环境卫生管理体系，发布了《北京市农村地区环境卫生责任区责任标准（试行）》，明确了管理部门工作职责；加大农村地区环境卫生资金投入，加快农村地区公共厕所、垃圾收集系统等环卫基础设施建设，在 182 个乡镇、3482 个村启动了生活垃圾“户分类”工作，初步建立起“户分类、村收集、镇（乡）运输、区（县）处理”运行体系，逐步推动了厨余垃圾、灰土就地处理工作，建立了较为稳定的农村保洁员队伍以及环境卫生保洁和维护日常管理制度，农村环境卫生状况得到较大改善。

5. 重大活动环境保障能力显著增强。为保障重大活动期间市容环境卫生达到高水平，更好地为市民和国内外游客提供服务，建立了统一调度、相互协调的联动机制，首都环境卫生综合服务能力显著提高。北京奥运会和新中国成立 60 周年庆典活动期间，全市 3 万环卫职工坚守岗位、辛勤工作，以良好的服务保障重大活动顺利进行，展示了首都“城市面貌整洁优美，环境秩序井然有序，城市运行保障有力”的新形象，各项考核指标达到历史最好水平。

（四）开展市容环境集中治理行动取得显著效果

为进一步改善城乡环境卫生，提高群众卫生文明意识和健康水平，“十一五”时期组织开展了多次市容环境集中治理行动，对四环路以内的171个“城中村”进行了整治，建成绿地约120万平方米。按照“六建”（修建平整道路、改建公共厕所、建立垃圾收集设施、建立安全饮水设施、建立保洁队伍、建立治安联防队伍）；“六不见”（不见积存垃圾、不见占路违章、不见污水四溢、不见小广告、不见残断壁、不见制假窝点）的环境建设标准，集中力量整治了五环路内城乡结合部地区102个行政村，治理了60个零散的环境脏乱的城市“边角地”。五年间，全市先后整治628条胡同、1000多个老旧小区，进一步改善了居民的生活环境。

2010年5月到10月，在全市范围组织开展“夏季市容环境集中治理行动”。以巩固强化环卫专业作业、整治违法行为、治理城乡环境、动员社会参与为重点，围绕市容环境、交通秩序、环卫作业、校园周边环境开展集中治理。各有关部门、各区县认真组织，互相配合，落实责任，广泛动员，创造性地开展工作，解决了一些长期影响市容环境的痼疾顽症。

市容环境集中治理行动期间，全市共清除小广告45000处；清除街巷胡同卫生死角3569处，拆除违法建筑192万平方米，补植草坪19.5万平方米，清扫绿地卫生139万平方米，清运垃圾渣土33万余吨，补种各类植物96万余株。社会单位和群众反映环境问题同比下降11%，环比下降15%，夏季市容环境面貌得到改善。

在组织动员全社会参与整治市容环境、提高人居环境质量的同时，还开展了以“清洁城市，共建文明”的主题宣传活动，积极倡导良好的生活方式和卫生行为习惯，增强了群众的公共卫生意识，促进了以“讲卫生为荣、不讲卫生为耻”的社会风尚的形成，促进了城镇居民卫生行为和习惯的养成，进而推动和促进了精神文明建设。

二、市政市容系统在健康城市建设方面存在的差距

“十一五”期间环境卫生工作取得了很大成绩，市容环境卫生面貌有了明显变化，但由于历史欠账较多，尽管近年来政府加大投入持续进行市容环境治理，目前的市容环境卫生整体水平与健康城市要求仍有较大差距，还很难适应未来经济和社会发展的需要。主要表现在以下几个方面：

（一）环境卫生服务整体发展水平不均衡

目前环境卫生工作还未实现管理的全覆盖和精细化，虽经过大规模的奥运环境建设，城乡环境面貌得到明显改观，但农村地区、城乡结合部、平房区、老旧小区、背街小巷的环境卫生问题仍然突出，建设性投入与日常维护管理相脱节的问题仍然存在。城市与农村、建成区与改造区、大街与小巷的环境卫生服务标准与质量还不均衡。农村地区资金投入不足、管理制度不完善、专业作业覆盖率较低，与城市环境卫生质量相比有一定差距。城乡结合部地区城乡二元结构的管理体制没有触动，基础设施仍然严重匮乏，奥运会前整治取得的成效还是初步的。背街小巷和老旧小区私搭乱建、摆摊设点、清扫作业不规范的现象普遍，环境卫生质量较差。为顺应人民对优质生活环境的新期待，环境卫生事业工作要充分体现以人为本的理念，在体制、机制、经费上加以保障，彻底解决市容环境卫生的痼疾顽症和市民关心的热点、难点问题，改善市民生活环境，提高社会公众满意度。

（二）垃圾设施的承载能力难以应对人口过快增长的需求

城市作为人口密集的聚集区，每天都会产生大量的生活垃圾，随着北京城市人口的快速增长，环卫基础设施承载压力进一步增大。2015 年预计北京市常住人口规模将达到2300 余万人，按目前人均产生量预测，届时北京市生活垃圾日产生量将由目前的1.73 万吨达到 2.4 万吨，餐厨垃圾日产生量将由目前的 1880 吨达到 2650 吨，粪便日清运量将由目前的 5300 吨达到 7600 吨，环境卫生基础设施建设任务非常艰巨。为尽快破解城市发展面临的瓶颈问题，垃圾治理工作需要按照“增能力、调结构、促减量”原则，加快垃圾焚烧、生化处理以及其他

处理设施建设，大力推动垃圾分类和源头减量。

（三）市容环境卫生管理体制和工作机制尚待进一步完善

环卫设施建设投资渠道较为单一，多部门协调推进环卫设施建设的有效机制尚未形成，项目审批周期长。政策法规不健全、垃圾收费标准低、收缴率低，不能很好地发挥对垃圾减量的调节作用。区县管理机构不健全，管理人员较少，区县、街乡、社区和行政村管理力量尤为薄弱，难以保证日常管理工作到位。城市市容环境卫生管理尚未形成管理与执法合理分工、有序衔接的机制，管理和执法缺位、错位和越位问题仍然存在，基层和基础工作还比较薄弱，部分管理和执法人员水平不高，综合素质和能力有待提升。政府应深入推进环卫行业改革，转变管理方式，适度开放资本、经营和作业领域，充分运用市场竞争机制培育环境卫生作业服务主体，提升环卫作业质量和专业化水平。

第三节　北京市政市容系统推进健康城市建设的思路与对策

健康城市首先应该是一个环境整洁优美，环卫服务保障有力，环境秩序井然有序的宜居城市。“十二五”时期，是北京提高市容环境管理水平，解决垃圾处理问题，加快建设健康城市的关键时期。市政市容系统推进健康城市建设的基本思路是，深入贯彻落实科学发展观，切实转变传统观念，树立以人的健康为中心的思想，坚持规划、建设、运行、管理服务统筹协调，着力解决城乡环境卫生工作中存在的突出问题，努力创造干净整洁的宜居市容环境，为提高居民健康素质和生活水平服务及满足社会公众对优质环境卫生服务的需求，促进首都人口、资源、环境全面协调和可持续发展。

一、制订发展规划，明确市容环境卫生工作目标

准确把握市政市容管理在健康城市建设中的功能定位，制定目标明确、措施

有力、符合宜居城市要求的发展规划，以指导市政市容管理事业的新发展。根据“十二五”北京市环境卫生事业专项规划，未来五年环境卫生工作的总体目标是，初步构建起符合健康城市要求的环境卫生管理新模式，实现精细、综合、全程管理，形成体系健全、保障有力、服务到位、城乡环境卫生一体化发展新格局。

（一）大力推进源头减量，实现垃圾产生量增长率逐年降低

初步建立分类投放、分类收集、分类运输、分类回收利用和分类处理的生活垃圾处理体系，垃圾分类覆盖区域进一步扩大，全市居住小区垃圾分类达标率80%以上，企事业单位全部实行垃圾分类，农村地区垃圾分类实现规范化和标准化达标管理，力争到2015年基本实现全市生活垃圾零增长。

（二）调整和优化垃圾处理工艺结构，处理设施能力满足全市生活垃圾处理需要

全市生活垃圾资源化率55%，无害化处理率城区100%、郊区95%，基本实现原生垃圾零填埋，垃圾焚烧、生化处理、卫生填埋比例优化为4∶3∶3，即焚烧比例达到40%以上，生化处理比例低于30%，卫生填埋比例低于30%，处理结构基本满足不同成分垃圾资源化处理需求；餐厨垃圾处理能力满足资源化处理需求。

（三）进一步提高道路清扫保洁质量

城市道路车行道机械清扫保洁组合工艺作业率城区90%，郊区新城75%；城市道路清扫保洁质量达标率城区81%，郊区新城75%；城市街巷胡同清扫保洁专业作业覆盖率城区85%，郊区新城60%；农村街坊路清扫保洁专业作业覆盖率50%。城市道路车行道机械除雪作业率城区95%，郊区新城80%。

（四）全市公共厕所达到布局合理、方便适用、清洁卫生的要求

城市公厕密度达标率城区95%，郊区新城85%；公厕服务质量达标率城区95%，郊区85%。粪便集中处理率城区100%、郊区城镇90%。

二、加大工作力度，落实健康城市建设重点任务

“十二五”时期，市容环境卫生工作要突出重点，在全面提高环境卫生服务和保障能力的同时，重点解决影响市民健康的环境卫生问题。

（一）完善政策调控机制，加快垃圾处理设施建设

强化垃圾处理区县政府属地责任，建立和完善区县合作机制，形成责任、权力和利益明确的垃圾收集处理管理体制。实行区域生活垃圾总量控制，利用生活垃圾处理调控核算平台等各类环卫管理信息平台，对垃圾进行全程监管，实施生活垃圾“增量加价，减量减价”的处理调控政策，努力促进生活垃圾增长率逐年降低。提高异地处理垃圾环境补偿费用标准，调动区县建设垃圾处理设施的积极性；加强垃圾处理成本核算，加大不同处理方式之间政策性补贴差异，鼓励和促进垃圾源头减量和分类资源化处理。

按照垃圾成分和产生量科学规划生活垃圾处理设施工艺、布局与规模，满足不同成分垃圾处理需要和可持续发展需要，提高垃圾处理设施减量化、资源化水平。“十二五”期间，全市新建和扩建生活垃圾处理项目 21 个，总处理能力达到 3 万吨/日。配套完善餐厨垃圾收集系统，实现餐厨垃圾单独收集；建设集中处理与分散就地处理相结合的餐厨垃圾资源化处理体系，规划建设 13 座餐厨垃圾集中处理设施，并建成一批分散处理设施，形成 2900 吨/日处理能力，基本满足资源化处理能力需求。

（二）改善公共厕所卫生条件，提高管理服务标准

城乡地区规划建设和改造公共厕所 2090 座，全面解决城乡存留旱厕问题，结合改造过程调整公厕区域性布局与街景的协调，完成农村地区旅游村和景区公厕引导牌建设。在二类及二类以上公厕设置气味净化等装置，改善公共厕所卫生条件，保障公共厕所达标运行。加强公共厕所管理，提高各行业公共厕所管理服务标准，改善服务条件，方便群众使用。

“十二五”期间，新建改建粪便集中处理设施 11 座，新增粪便处理能力 2900 吨/日，总处理能力达到 10000 吨/日；解决粪便处理设施能力不足、部分设

施设备老化、环保设施设备不完备等问题，推进粪便处理资源化，保障城区和郊区城镇粪便集中处理需求。

（三）着力推进综合管理，提高市容环境保障水平

建立全市“统一领导、分级管理、区县为主、公众参与、社会监督”的环境卫生管理体制。推进环境卫生专业管理为主向环境卫生综合协调管理的转变，建立责任明确、协调配合、执法联动、资源共享的环境卫生综合协调管理机制，全面加强对生活垃圾、建筑垃圾、清扫保洁服务的综合管理，提高环境卫生综合管理水平。

整合城市管理的监督检查资源，建立层级清晰、责任明确的市、区县、街乡三级监督检查网络，建立覆盖城乡的环境卫生管理和作业综合考评体系，并将考核结果纳入各级政府绩效考核指标。加强街巷胡同、园林绿地、建筑工地及高速公路、铁路、河道两侧环境卫生的监督检查，完善环境卫生群众参与和社会监督评价机制，实行垃圾处理设施对外开放制度，按规定公开垃圾处理设施的责任人、管理标准、设施污染控制监测指标和处理设施运行数据，主动接受社会监督。

落实环卫设施建设和运行安全管理责任，健全环卫设施运行风险预评估机制，及时发现和排除安全、污染隐患，保证设施正常建设和运行。完善全市“统一指挥、快速反应、综合协调、分级负责、属地管理为主”的环境卫生应急保障机制。完善预测、预警措施，建立环境卫生社会动员机制、应急物资储备机制和应急资金保障机制，提高在异常气候、重大活动或其他突发事件发生时环境卫生保障能力。

（四）深入推进垃圾分类，提高清扫保洁质量

按照源头减量、资源化利用与末端治理并举的原则，构建起垃圾分类投放、回收利用、资源化处理的全过程管理体系，宣传引导广大市民广泛参与垃圾分类工作，实现垃圾分类投放、分类收集、分类运输和分类处理系统科学有效衔接。全面推进党政机关、学校、大型商场、宾馆饭店等机构或场所生活垃圾“零废弃”管理试点。在党政机关、学校、大型餐饮企业等餐厨垃圾集中产生单位开展餐厨垃圾就地处理试点。制定配套奖励政策，鼓励公众自觉履行垃圾分类投放义

务。逐步扩大垃圾分类指导员队伍参与渠道，加强垃圾分类指导。加强对分类区域的日常监管，巩固工作成果。

提高城市街巷胡同和农村地区清扫保洁的专业作业覆盖率，并纳入统一管理。继续推进城市道路清扫保洁新工艺，降低路面尘负荷，减少废弃物停留时间，提高机扫作业能力和清扫水平。提高机械扫雪铲冰能力，合理使用融雪剂。开展积雪残冰处置工艺装备研究，提高雪后环境恢复保障能力。

（五）以科技创新为支撑，加强环卫设施污染治理

依托首都科技优势，开展垃圾预处理、垃圾渗沥液浓缩液处理、焚烧烟气处理、垃圾处理设施全密闭、公共厕所除臭、清扫设备静音、检查信息实时传送、高效冰雪消融等技术的研究与示范应用，逐步推广新能源车辆应用，探索引入等离子、垃圾衍生燃料（RDF）等新技术，探索建立垃圾处理设施温室气体排放和节能减排数据统计体系，提高垃圾处理和环境卫生作业的科技支撑和创新发展水平。

加强对环卫设施的运营管理，配套建设高标准污控设施，实施全密闭作业，提高渗沥液处理能力和填埋气资源化利用率，确保环卫设施达标排放，改造垃圾收运车辆，实现“不撒、不臭、不漏”管理目标。完成全市非正规垃圾场治理，恢复区域生态环境。

在完成水源保护地等重点地区非正规垃圾填埋场情况调查、风险等级评价基础上，进一步完善治理方案，重点开展北天堂等北运河流域非正规垃圾填埋场的治理工作，争取用 3 至 5 年的时间基本完成全市非正规垃圾填埋场治理。

（六）着力推进农村环境卫生建设，加快城乡一体化进程

在建设现代化新农村进程中，统筹城乡环境卫生管理工作，重点是环卫基础设施向农村延伸、环境卫生服务向农村拓展，健全农村地区环卫管理和作业服务体系，逐步缩小城乡环卫管理和服务的差距。建立健全农村地区环卫工作管理机制和专业化作业队伍，加大农村地区环境卫生管理、设施建设和作业服务的资金投入，建立农村地区生活垃圾分类收集、分类运输和分类处理体系，制定和完善农村垃圾分类考核办法，继续推进生活垃圾户分类和厨余垃圾、灰土就地处理，提升农村地区垃圾分类水平。加快农村地区重点乡镇生活垃圾资源化循环利用设

施建设，逐步提高农村地区环境卫生作业服务标准和基础设施运行服务水平。加强农村地区公厕建设、维护和运行管理工作，保证农村地区公共厕所正常使用和达标运行。提高农村地区环境卫生管理水平，缩小城乡环境卫生服务差距，构建城乡一体、服务均等、协调发展的新格局，让农民和市民一样切实享受到生活环境不断改善的成果。

三、坚持多措并举，保障健康城市建设落到实处

（一）加强市级统筹，落实属地责任

按照管理重心下移、事权与财权统一、责任与权力一致的原则，强化环境卫生属地管理责任。市级环境卫生行政主管部门负责全市环境卫生规划的统筹协调和监督指导，制定和完善相关法规、规划、标准和政策，加强对全市环境卫生规划落实工作的检查、考核。区县政府、相关行业部门负责落实本辖区环境卫生工作任务的具体组织与实施。

（二）加大财政投入，保障环境卫生规划的建设用地

环境卫生事业是基础性公益事业。各级政府应加大环境卫生设施建设和运营投入，随公共服务标准的提高和财政收入的增长相应增加，保障环卫设施建设资金到位。要坚持环境卫生设施建设用地统一规划，提前预留，保证环境卫生设施建设与城市发展相协调。在全市和区域规划中优先安排垃圾处理设施、环卫车辆停车场、垃圾收集站、公共厕所、环卫职工休息点等环卫基础设施用地，改变环卫设施建设用地无法落实的现状。在用地紧张地区，结合地下空间、桥下空间和公共绿地等公共空间，合理安排环境卫生基础设施建设。

（三）强化系统建设，实施精细管理

加强环卫行业全领域系统设计和建设，树立全过程管理和循环利用理念。通过城市环境设施合理化布局、管理资源集约化利用、服务系统化组织、市容环境信息化联通，着力构建城乡统筹、责任清晰、机制健全的环境卫生管理体系，结构合理、技术先进、能力充足的环卫设施设备保障体系，专业规范、管理精细、

保障到位的环境卫生作业服务体系，不断提高市容环境卫生质量，为建设健康城市提供环境支撑和保障。同时，要按照“高起点、高水平、高标准”要求，探索建立环境卫生精细管理新模式，加快推进物联网、资源循环利用等先进高端技术在环境卫生领域的应用，提高环境卫生管理服务精细化水平，为提高市民的健康素质与生活质量服务。

（四）加强政策引导，拓宽投入渠道

按照“谁产生、谁付费”的原则，推行生活垃圾处理收费制度。建立环卫设施建设投融资平台，拓宽资金筹措渠道。在坚持以政府投入为主的同时，按照补偿成本、合理回报原则，鼓励社会企业参与环卫设施建设、运行和管理。加强环卫行业相关资金保障政策研究，大力培养专业人才，保障环卫职工合法权益，强化对垃圾处理技术和设备研发支持，不断提高环卫队伍素质和装备技术水平，促进环境卫生事业与国民经济社会发展相协调。

（五）深入开展群众性市容环境治理活动

以“精细化管理，美化市容”活动为载体，采取政府主导、专群结合的方式，下大力气解决居住区垃圾暴露、非法张贴小广告、垃圾收集车遗撒，以及垃圾收集站、公共厕所臭味扰民等市民关心的热点难点问题，消灭管理盲点和作业死角，在时间和空间上实现全市环境卫生无缝隙管理。各级政府要广泛发动市民，参与整治社区和公共场所环境卫生的公益性活动，人人动手，清洁城市。建立义务劳动制度和群众性监督机制，定期开展环境卫生督查及整治活动，引导市民主动关心城市公共卫生状况和环境状况，自觉维护市容环境，摒弃乱吐痰、乱扔垃圾等陋习，提高市民的公共环境卫生意识，不断改善城市整体环境水平。

第四章 北京环境保护与健康城市建设研究

城市是现代文明和社会进步的标志，但由于人口和资源的高度集聚，城市日渐成为环境问题密集出现的地区。据统计，全球3/4以上的资源消耗及废弃物产生都在城市，50%以上的人口居住在城市。城市中工业、交通和生活带来的空气污染、污水排放、噪音、震动等环境问题对公众健康等都造成了严重影响。环境保护对健康城市建设具有基础性的重要作用。环境保护的宗旨是以人为本，环境保护的最终目标是保护人群健康，与卫生事业以实现和保障人的健康的目标是完全一致的。

第一节　环境保护与健康城市的关系

一、环境污染与人体健康的关系

环境保护的每一个要素都与健康问题密切相关，不论是日常生活中直观可见的大气、水和土壤环境，还是看不见但能听得见的噪声环境，以及看不见、听不到但能测得到的辐射环境。此外，固体废弃物管理、危险化学品管理、自然保护区管理和生物多样性保护等环境保护工作，也和我们的健康生活息息相关。

（一）大气环境污染与人体健康的关系

根据世界卫生组织（WHO）对空气污染造成的疾病状况的评价，每年全球超过200万例的过早死亡源于空气污染。以保护公众健康为目标，世界卫生组织《空气质量准则》中包括颗粒物、臭氧、二氧化氮和二氧化硫等4种最常见、最具代表性的污染物信息。

颗粒物对健康的影响是多方面的，但主要影响呼吸系统和心血管系统。中国北京、太原和上海等地的研究显示，颗粒物污染与心脑血管疾病的死亡率和发病率增加密切相关。臭氧具有强烈的氧化作用，对呼吸系统有强烈的刺激作用，还能阻碍血液输氧功能，造成组织缺氧，并使甲状腺功能受损，骨骼早期钙化，加速人体衰老。低浓度、长时期暴露在臭氧中对肺部造成的损害更广泛、更难以恢复。二氧化氮本身具有毒性，同时是臭氧的前体化合物，主要损害呼吸道。二氧化氮吸入的初期仅有轻微的眼及上呼吸道刺激症状，如咽部不适、干咳等，严重时经过数小时潜伏期后会导致迟发性肺水肿、成人呼吸窘迫综合征，出现胸闷、呼吸窘迫、咳嗽等。二氧化硫是窒息性气体，易溶于水，有腐蚀作用，能刺激眼结膜和鼻咽等粘膜，主要作用于上呼吸道，在潮湿或有雾的空气中能与水分结合，使其刺激作用加强。

中国曾在26个城市进行大规模的人群环境流行病学调查，就大气污染与健康损害之间的关系进行探讨。结果表明居民肺癌死亡率分布与26个城市市区大气污染程度一致，工业化和城市化导致大气污染严重程度与肺癌死亡分布的一致。

（二）水环境污染与人体健康的关系

由于工农业废水及生活污水排放造成总氮、总磷超出水环境容量，导致水体产生富营养化问题，除了影响城市供水外，还可造成藻类大量繁殖，形成藻类毒素。此类饮用水水源在氯化消毒后，可与藻类有机物形成具有潜在致癌致突变性的消毒副产物，对饮用该水源的人群产生潜在危害。流行病学研究表明，饮用水源中的微囊藻毒素污染与肝癌、大肠癌的发病率具有相关关系。

（三）土壤污染与人体健康的关系

土壤污染对人体健康的影响主要是各类病原体引起的消化系统症状。污水灌溉区居民沙门氏菌和蛔虫感染率、婴幼儿急性腹泻发病率及其死亡率远高于对照区。土壤重金属污染对人体健康的危害形势同样严峻。通过对环境镉污染暴露的儿童生长发育身高、体重、胸围、肺活量等指标进行调查发现，污染区儿童生长发育水平较对照区落后，污染区居民恶性肿瘤、呼吸系统疾病、消化系统疾病及新生儿病的标化死亡率均高于非污染区。

（四）噪声污染与人体健康的关系

噪声对人体的直接危害是导致人心烦躁、引起头痛和听力障碍。当噪声达到100分贝时，人就烦躁难受；达到130分贝时耳朵疼痛；达到160分贝时耳膜破裂；达到170分贝时会导致死亡。长时间生活在噪声达70～90分贝时的环境中，会引起神经、心血管、消化系统紊乱，内分泌功能失调，导致冠心病、脑血管疾病和心理疾病发生，特别是给青少年智力发育带来不良影响。

（五）辐射环境与人体健康的关系

辐射环境包括电离辐射和非电离辐射。电离辐射是指能量高，能使物质产生电离作用的辐射。电离辐射又分为电磁辐射和粒子辐射，如伽马射线、X射线等为电磁辐射，阿尔法射线、贝塔射线、质子等为粒子辐射。电离辐射可引起DNA断裂或染色体损伤，当电离辐射剂量超过一定的阈值时，会带来直接影响，比如皮肤发红、脱发、辐射烧伤以及急性放射病。非电离辐射指能量低无法使物质产生电离的辐射，例如太阳光、灯光、红外线、微波、无线电波、雷达波等。目前，研究认为非电离辐射对人体的影响包括热效应、非热效应和三致作用等三种。

二、我国城市化进程中的环境与健康问题及其应对情况

总体上，我国的城市环境污染形势十分严峻，大量人口暴露在严重污染的环境（空气、水、土壤和噪声）中，一些地区已经出现了比较严重的群体健康问题。

（一）水体污染问题突出

《2009年中国环境状况公报》显示，中国地表水污染依然较重，七大水系总体为轻度污染，湖泊富营养化问题突出。长江、黄河、珠江、松花江、淮河、海河和辽河七大水系总体为轻度污染。203条河流408个地表水国控监测断面中，Ⅰ－Ⅲ类、Ⅳ－Ⅴ类和劣Ⅴ类水质的断面比例分别为57.3%、24.3%和18.4%。26个国控重点湖泊（水库）中，满足Ⅱ类水质的1个，占3.9%；满足Ⅲ类水质

的5个，占19.2%；Ⅳ类的6个，占23.1%；Ⅴ类的5个，占19.2%；劣Ⅴ类的9个，占34.6%。中国农村饮用水与环境卫生现状调查结果显示：调查水样中未达到基本卫生安全的超标率为44.36%；地表水超标率为40.44%，地下水超标率为45.94%；集中式供水超标率为40.83%。

（二）城市大气环境质量恶化

《2009年中国环境状况公报》显示，全国612个城市开展了环境空气质量监测，其中达到三级标准的城市99个（占16.2%），劣于三级标准的城市8个（占1.3%）。113个环境保护重点城市空气质量有所提高，但达到三级标准的仅占32.7%。部分城市大气污染依然严重，大气污染呈以下特征：①产煤省份及北方地区冬季以燃煤型大气污染为主，燃油型大气污染多见于发达地区和南方城市，燃煤和燃油复合型大气污染在很多大中城市已经呈现。②特大、超大型城市大气污染明显重于中小城市，尤以人口规模在100万以上的特大型城市大气污染最重。③以大气中颗粒物为主要污染物，其次是二氧化硫污染，一些大城市大气中氮氧化物的污染水平正在不断增加。

（三）固体废物和危险化学品污染形势严峻

目前我国每年产生的工业固体废物为6.6亿吨，其中有害废物为3000～4000万吨，累积量超过64亿吨，侵占5亿多平方米土地；每年的生活垃圾量为1亿吨并以每年7%－8%的速度增长。由于我国的固体废物露天堆积，全国有三分之二的城市处于垃圾的包围之中。固体废物到处堆放，不仅有碍观瞻、侵占土地、传染疾病，而且在自身严重污染环境的同时，也加剧了对周边水体、大气及土壤的污染。

近年来，饮用水中的污染物对人体健康的慢性影响也越来越受到关注。研究发现，许多持久性有机污染物（POPs）能干扰机体内分泌系统的结构和功能而产生各种毒性效应，已被证实或怀疑为环境内分泌干扰物的化学物多达150种以上。伴随生产过程、生活燃烧中排放的二噁英和呋喃则广泛存在。

（四）噪声扰民现象普遍存在

随着我国城市工业、交通运输和文化娱乐事业的快速发展，目前噪声扰民的现象愈发突出。据44个国控网络城市监测，全国三分之二以上的城市居民生活在噪声超标的环境中，区域环境噪声等效声级分布在51.5~65.8分贝，其中洛阳、大同、开封、海口和兰州五座城市噪声平均等效声级超过60分贝，道路交通噪声等效声级范围为68.0~76.3分贝。

（五）土壤环境污染潜在危害大

据2006年底的不完全统计，全国受污染的耕地约有1.5亿亩，污水灌溉污染耕地3250万亩，固体废弃物堆存占地和毁田200万亩，合计约占耕地总面积的1/10以上，其中多数集中在经济较发达的地区。据估算，全国每年遭重金属污染的粮食达1200万吨，造成的直接经济损失超过200亿元。污水灌溉农田造成的土壤污染对健康影响占相当大的比重，工业固体废弃物处置不当和农药、化肥的滥用也是导致土壤重度污染的主要因素。

归结起来，环境污染已成影响人民健康的重要危险因素。特别是近年来，我国环境与健康问题比较突出，环境污染导致的人体健康损害现象逐年增加，已经影响到社会的稳定和发展。但是，我国环境污染形势难以在短期内扭转，环境与健康问题表现出环境污染浓度高、暴露人口众、暴露时间长、暴露途径复杂多样的特点，历史累积污染问题的健康影响难以在短期内消除，导致了传统型的环境健康问题没有得到解决、工业化产生引发的新型环境污染健康风险不断显现的局面。

（六）近年来国家和地方应对环境与健康问题的主要进展

2005年，国务院在《关于落实科学发展观加强环境保护的决定》中指出，“要努力让人民群众喝上干净的水、呼吸清洁的空气，吃上放心的食物，在良好的环境中生产生活”，并强调“要推动环境科技进步，开展环境与健康研究”、“抓住制约环境保护的难点问题和影响群众健康的重点问题，一抓到底，抓出成效”。在2006年的第六次全国环保大会上，温家宝总理指出，“环保工作要着力解决危害人民群众健康的突出环境问题”。

多年来，中国卫生部的相关机构特别是中国疾病预防控制中心在环境与健康管理中发挥了重要的作用，其工作重点是城乡饮用水卫生、涉水产品管理和公共场所卫生。环境与健康管理工作涉及多个部门，问题复杂，任务艰巨，仅仅依靠一个部门的努力远远不够。随着环境问题的日益突出，环保部门的环境与健康工作也快速发展。2005 年 1 月，原国家环保总局设立了专门的环境健康与监测处，具体负责中国环境健康工作的管理与指导，目前在省级及以下环保部门尚没有设置相应的环境与健康管理部门。

2006 年，原国家环保总局与卫生部确立了《卫生部、国家环保总局环境与健康工作协作机制》，建立了国家环境与健康工作领导小组、联合办公室、专家咨询委员会、主题工作组等 4 个层面的组织机制。2007 年 11 月，卫生部、原国家环保总局等 18 个部委局办联合发布了中国环境与健康领域的第一个纲领性文件——《国家环境与健康行动计划（2007 - 2015）》。2009 年，环境保护部编制印发了《国家污染物环境健康风险名录》。

当前，环境保护工作进入了以保护环境优化经济增长、切实维护人民群众身体健康的新阶段，做好环境与健康工作成为环保工作中的一项重要任务。在这一大背景下，环境保护部把开展环境与健康工作作为一项重要职责，重点加强环境与健康风险管理能力建设，基于污染物对人体健康风险评价确定优先环境管理目标，并将其纳入环境管理制度建设中，不断充实和完善相关环保政策、法律、法规和标准。环境保护部正在着手扩大环境监测指标工作，拟将与人体健康密切相关的臭氧、细颗粒物、大气能见度等指标纳入常规监测范围。

在地方环保工作方面，各地环保部门认真落实国家环境与健康相关行动部署，每年都深入开展整治违法排污企业保障群众健康的环保专项行动。北京组织开展了“大气环境质量与人体健康关系研究”的专题研究；黑龙江、广东、湖北制定了本省环境与健康行动计划；深圳积极探索多部门联动的环境健康风险评估制度；大连开展了内分泌干扰物、人居环境与癌症发病诱因等研究项目，为防治污染、保护人体健康提供技术支持。

三、发达国家以环境保护保障人体健康的经验

（一）美国：以风险管理为主导的环境与健康管理模式

一是以保护人体健康为本，构建完善的环境保护法律体系和制度标准。美国建立了包括《清洁水法》、《清洁空气法》、《有毒物质控制法》及《综合环境反

应、赔偿和责任法》（即《超级基金法》）等在内的全面、详尽的环保法律体系。通过法律清楚地识别了污染法规与公众健康保护之间的关系，并通过《超级基金法》应对环境污染所致的相关赔偿问题。

二是提供强有力的资金支持。在美国，国家公共财政支持经费占环境污染与健康科研经费总体来源的2/3，美国公益性行业协会和慈善基金会、大型企业等也积极给予资金支持。

三是充分运用司法这一预防环境损害的重要手段。在几乎所有的联邦污染控制法律中都包含了公民环境诉讼执行机制。公民既可控诉相关联邦机构在履行责任上的失职，也可控诉单独的污染工厂和单位，以强迫他们服从法律规定及判定民事惩罚。

四是强大的信息公开和公众参与机制。《应急计划和社区知情权法案》与《综合环境反应、补偿和责任法》要求企业将其危险物质排放情况向环保局报告，然后环保局再向公众公开。市民可以在网上查询到每年都公布的“有毒物质排放目录”，并对其居住地区的污染问题进行评论，对全国的企业环境绩效进行检查，以及对某种排放到空气及水中的化学品属性和浓度进行调查。

（二）欧盟：强化环境健康管理体系

欧盟是一个成员国政府间合作组织，因此欧洲的政策是由欧盟范围的统一措施和各国自有的措施共同组成的。主要做法是：

一是确立环境保护优先控制战略。2003 年欧盟通过了以 2020 年为中期目标的“欧盟环境与健康”主题战略。随后进一步制定了《2004 – 2010 年欧洲环境和健康行动计划》，提出建立“环境和健康综合信息系统”以及“疾病负担分析和疾病的环境负担”、“环境恶化成本分析”、“健康影响评估”等方法。

二是全面推行环境健康影响评价制度。该制度要求制定政策必须有对环境健康影响的评价。例如，伦敦就要求在城市的各种开发战略中进行健康影响评价，包括交通、专项开发、文化和经济开发等。健康影响评价要包括在这些战略的综合影响评价中。荷兰政府要求在国家政策中进行健康影响评价。

三是积极推进信息公开和公众参与。欧洲环境署负责协调“欧洲环境信息”和“观测网络”，其由欧盟成员国和合作国家共同资助。欧洲委员会与世界卫生组织和其他欧洲国家一道，共同资助“欧洲环境健康信息系统项目”。2000 年 7

月，欧洲联盟决定建立一个强制性的“欧洲污染物排放注册”机制，由欧洲环境署负责运作，数据都可以通过网络直接获取。

（三）日本：从被动应对到主动防控的环境健康管理体系

二战后日本发生过严重的环境污染即公害问题，导致了许多人的健康受到严重伤害。在决定采取污染控制行动之后，日本很快取得了令人瞩目的成就，有效控制了公害病的发生和发展，改善了环境质量，被国际社会誉为从“公害岛国”走向污染防治的模范。事实表明，日本用于治理环境污染的巨额投入并没有给之后的经济发展带来任何重大的负面影响，反而因为推行严格的环境法规推动了技术创新，激励了日本的经济增长。

一是加强管理和干预。先后推动出台了《环境污染控制基本法》、《与污染有关的疾病求助特别措施法》、《环境基本法》等重要法律法规。以法律为依据，实施了污染者负担原则，以企业污染物排放量来计算其承担有关公共污染防治设施建设成本和受害者赔偿金额，使日本从“污染者的天堂”变成了“污染者的地狱”。

二是通过完善标准和监测来开展污染防治与健康损害预防。《环境基本法》明确规定了“政府根据与大气污染、水污染、土壤污染和噪音相关的环境条件，分别建立环境质量标准，该标准必须符合保护人类健康和维护生存环境的要求”。建立了针对化学品与杀虫剂管理的法律体系，各级地方政府成立了健康中心，为解决妨害当地居民健康的有关问题提供技术援助。

三是明确资金机制，保证环境与健康工作的顺利实施。在污染者付费原则下，消除尾气中的污染物、处理工作排出的废水以及为达标进行的监测工作所需成本、公害病损害赔偿费用等都由排放责任企业支付。环境质量监测的成本由中央政府或地方政府根据各监测站的所属权来支付。原因不明的案例中的紧急健康检查成本由中央政府或地方政府承担。

国际经验表明，环境与健康问题处理不当会演变成复杂的社会问题和政治问题，不但严重危害公众健康，影响政府的公信力，还会使社会付出沉重的经济代价。为此，目前世界各国对环境与健康管理均十分重视，其主要经验和做法是：一是加强预防，积极干预，防止环境污染危害人体健康；二是完善立法，加强司法，建立环境与健康有关纠纷解决机制和健康赔偿机制。历史经验表明，尽管环境污染形势严峻，但只要方向正确，方法得当，措施有力，坚持不懈，城市化进程中所遇到的环境健康问题是可以得到有效解决的。

第二节　北京环境保护的主要成绩及存在的问题

一、北京市环境保护取得的主要成绩

北京市是全国最早开展环境保护工作的省市之一。近年来，北京市以筹办2008 年奥运会为契机，认真落实“绿色奥运、科技奥运、人文奥运”三大理念，坚持在发展中解决环境问题，通过加大环境保护投入、创新机制，采取一系列环境保护措施，在经济社会快速发展的同时，北京市生态环境质量取得了明显的改善，污染物排放总量基本得到有效控制。

（一）大气环境质量得到持续改善

北京的首要环境问题是空气污染问题。为此，北京市政府自 1998 年起至2010 年，连续采取了 16 个阶段、200 多项大气污染控制措施，对燃煤污染、机动车污染、工业和扬尘污染等加大了防治力度。经全市上下的不懈努力，主要污染物浓度大幅下降，空气质量连续 12 年得到改善。2010 年，北京市大气中二氧化硫、二氧化氮和可吸入颗粒物年均浓度分别为 0. 032、0. 057 和 0. 121 微克/立方米，比 2001 年分别下降 48%、24% 和 27%；空气质量优良天数从 2001 年的187 天（50. 7%）提高到 2010 年 286 天（78. 4%），增加了 27. 7 个百分点。全市二氧化硫和化学需氧量排放量分别比 2005 年下降 39. 73% 和 20. 67%，超额完成国家下达的 20. 4% 和 14. 7% 的“十一五”污染减排任务。

（二）水、声环境质量总体稳定

通过对污染源的严格监管，开展河湖水系综合整治等工程，使地表水环境质量稳步提高，河流、湖泊和水库的水质达标率分别由 2001 年的 39. 8%、49. 9%和 67. 4% 提高到 2010 年的 54. 4%、83. 2% 和 89. 2%。全市主要地表饮用水源地

密云水库、怀柔水库的水质一直保持II类标准，符合饮用水源水质标准要求。

通过制定规章政策、建立噪声源监管机制及实施多项综合治理工程，基本解决了工业噪声污染和部分重点区域环境噪声污染。截止到2010年末，全市声环境质量总体保持了稳定。

（三）环境安全保障和生态建设水平稳步提高

全市工业、医疗危险废物和放射性废物基本得到安全处置。截至2010年，全市污水处理率和再生水利用率分别达到81%和60%；全市生活垃圾无害化处理率达到97%；全市林木绿化率达到53%，自然保护区达到20个。建成了2个国家生态县、8个国家生态示范区、123个环境优美乡镇和1204个生态村，农村人居环境明显改善。

（四）环境监管能力不断提高

严格执行大气、水污染防治法等环保法律法规，出台多项严于国家标准的大气污染物排放标准，实现了对大气、地表水、环境噪声和辐射等环境质量的全面自动监测。对全市90%的20蒸吨以上燃煤锅炉、60%的大型工业窑炉和23座污水集中处理厂等重点污染源进行在线监控，对全市43个机动车检测场的200多条简易工况检测线，实行联网在线监控。建立了突发环境事件、放射性污染事故以及核设施风险的应急预案，配备了专门队伍和监测设备，形成了全面预防、快速反应、妥善解决的机制和能力。

二、北京市环境与健康工作面临的主要挑战

北京的环境保护工作虽然取得积极进展，但总体上环境质量距健康城市标准还存在差距，环境压力和工作难度还在继续加大，健康隐患依旧存在。

（一）环境质量改善的难度进一步加大

一是大气污染物排放总量大，以颗粒物、臭氧为特征的复合型污染仍然非常突出。尽管1998年以来北京市实现了空气质量连续12年的持续改善，但与国家标准和首善之区、世界城市的要求，以及市民的期盼还有一定差距。可吸入颗粒

物年均浓度 0.121 毫克/立方米，虽为 12 年来最低水平，但仍超过国家标准 21%；二氧化硫、可吸入颗粒物的年均浓度是伦敦、纽约、东京的 4 倍以上。

由于工业化和城市化的加速推进，人口数量、资源能源消耗量、机动车数量和施工面积的快速增长，以及历史原因造成的“高能耗、高水耗、高污染”产业和燃煤总量仍有一定规模，全市大气污染物的排放水平居高不下。近几年北京市汽车制造、印刷、房地产及喷涂、服装干洗等现代制造业、服务业的快速发展带来了新的环境问题，挥发性有机物（VOC）的排放量显著增加，迅猛增长的机动车污染排放的氮氧化物等污染物的积累使大气氧化性增强，空气污染物的二次转化造成臭氧浓度超标频次加大，空气中细颗粒比例也居高不下。

同时，北京市三面环山，地形呈典型的“簸箕形”特征，多年年均降水量不足 500 毫米，大气和水环境容量小，污染物不易扩散和稀释。另外，大气污染问题从局地性污染向区域性污染转变。北京与周边的天津、河北、山西、内蒙古等地存在明显的区域性大气污染特征，周边地区的沙尘、秸秆焚烧以及高能耗、高排放生产活动产生的污染物等对北京都有较大影响，夏季对北京市污染物的影响率最高可达 30% 左右。

二是水资源短缺和水环境污染并存。北京市年均降雨量目前不到 600 毫米，而且主要集中在 6~8 月。全市人均水资源拥有量不足 300 立方米，只有全国水平的 1/8，世界水平的 1/30，远远低于国际公认人均水资源下限 1000 立方米的水平。北京市水资源入不敷出，2010 年总用水量 35.7 亿立方米，而本地水资源总量仅 23.9 亿立方米，用水缺口较大，生态用水严重匮乏。官厅水库尚未恢复饮用水源功能、地下水超采严重。由于水资源的缺乏，造成北京市河道生态用水的缺乏，水环境容量十分有限，对城市污水处理厂排入河道的退水几乎没有自净能力，造成城市中下游河道基本达不到水环境功能区要求，中心城区部分湖泊出现富营养化现象。年生态用水短缺达 5 亿立方米以上。环境基础设施建设历史“欠账”较多。郊区污水、垃圾处理设施建设步伐较慢。北京市中心城区污水处理率已接近东京、纽约等世界城市的水平，但郊区污水处理率还比较低，2010 年郊区污水处理率只有 53%。

三是污染减排形势严峻，压力加大。据统计，2010 年北京市共登记常住人口 1961.2 万人，与 2000 年第五次全国人口普查相比，十年共增加 604.3 万人，增长 44.5%。平均每年增加 60.4 万人，年平均增长率为 3.8%。截至 2011 年 2

月，全市机动车保有量达到487.5万辆，能源资源消耗水平进一步增长。经济社会的快速发展，人口和机动车保有量的迅猛增长，污染“增量”持续增加，大大增加了环境压力，污染减排任务更加艰巨。

（二）群众反映强烈的环境热点问题依然比较突出

大气污染、交通噪声污染、垃圾污染依旧是群众反映强烈的环境热点问题，这些问题目前还未得到有效控制，局部地区的部分问题的形势还在恶化。

虽然北京市区域环境噪声、交通噪声平均值符合国家要求，但噪声污染对市民生活的影响不断凸显，逐渐成为群众特别关心的环境热点问题。“十一五”期间，全市市环保系统受理的噪声污染投诉举报45431件，占到各类投诉举报问题总数的41.6%。

经过多年努力，全市工业危险废物和医疗废物基本实现安全处置，但是社会生活领域的危险废物收集、运输、管理体系不健全，危险废物尚未全部得到有效安全处置。历史遗留的非正规垃圾填埋场仍有1000处以上，对城市的环境安全留下隐患，不仅直接影响了周边环境，还进一步威胁到地下水水质的安全。

随着城市信息化、现代化建设的需要，大量移动通信基站、高压输变电塔和广播电视发射塔需要增容、扩建，电磁辐射信访和投诉激增，日渐成为社会关注的新的环境热点问题。

（三）应对环境与健康问题的长效机制尚未建立

一是环境与健康工作涉及许多学科和许多部门，现行的很多环保管理标准、政策、法规缺乏与健康问题的衔接。相对于环境污染防治工作，我国的环境与健康工作起步较晚，现行的环境制度中尚未明确环境健康工作的要求，环境健康相关的标准、法律、法规、管理制度也比较缺乏。

二是环境问题多样复杂，由环境污染导致的健康问题也具有多样性和复杂性。由于没有进行过全市范围内环境与健康问题的相关调查，没有建立起长期连续的疾病与污染物关系的数据库，没有整合过全市的相关监测体系，致使环境与健康的基本市情还不清楚，应对环境与健康问题的机制、体系还没有建立，环境与健康管理工作的基础很薄弱。

第三节 北京环境保护推进健康城市建设的对策思路

国家层面上，《国家环境与健康行动计划（2007－2015）》提出了2010年～2015年的阶段目标，主要包括：完善环境与健康标准体系，基本建成环境与健康监测网络和信息共享系统，完善环境与健康风险评估和风险预测、预警工作，基本实现社会各方面参与环境与健康工作的良好局面。对于北京市环境与健康工作，总的对策思路是积极推进和落实《国家环境与健康行动计划》的相关要求，按照以人为本的宗旨，以污染减排为主线，统筹城乡、流域和区域，采取优化能源结构、调整产业结构、建设治污工程、推广环保技术、严格监督管理等措施，全面加强环境污染综合防治，努力实现环境质量的持续改善。

一、创新思路，努力实现环境与健康工作模式的积极转变

党的十七大报告提出科学发展观的核心就是坚持以人为本。要健全环境保护与经济社会发展的综合协调机制，确立“以人体健康为本”的指导思想，建立起一套“以人体健康”为基准的环境管理体系、控制目标、干预重点、监测体系、准入标准和绩效评估体系，并在此基础上调整和完善环境保护的政策、法规，实现环境保护工作以及与环境保护相关的政府工作的转型。

以科学发展观为指引，落实党的十七届五中全会精神，北京市在“十二五”规划中已经确定了以“绿色塑造未来”的绿色发展大局。这就要求我们按照生态文明建设的要求，必须坚持把环境保护摆放在发展全局中更加突出的战略位置上，与经济社会发展统筹考虑、统一安排、同时部署，以环境保护保障人体健康，以健康要求进一步推动环境保护。

二、完善“预防为主、风险管理”的环境与健康工作体系

建设健康城市，构建环境与健康管理体系，不仅要着眼于解决当前已经出现

的环境污染及其引发的健康问题，更重要的是要通过政策、制度、技术和方法的完善和管理能力的提高，预防未来可能出现的环境与健康风险。

（一）建立预防环境与健康风险的标准体系

环境与健康的标准是进行环境健康风险识别和进行环境干预的重要依据。要结合北京实际，基于健康影响，加强七个方面标准体系的建设：一是修订污染物排放控制标准；二是修订环境质量评价标准；三是修订环境监测标准；四是环境影响评价标准；五是环境污染导致的健康影响监测与风险评估；六是土壤污染、电磁辐射污染控制标准等；七是环境污染的损害评价与判定标准。

（二）建立和完善污染物优先控制名录

在《国家污染物环境健康风险名录》的基础上，有针对性、有重点地开展环境污染与健康风险的预防工作。目前，污染物控制重点还主要是化学需氧量（COD）和二氧化硫（SO_2）等传统污染物质的控制，缺少针对人体健康影响的污染物控制体系。为此，要针对全市环境保护与卫生工作的实际情况，从维护人体健康的角度，研究制定北京市污染物优先控制名录，并采取有效预防措施，防范重大健康风险。

（三）建立严格的环境准入制度

对于可能对人体健康导致严重损害的污染物质要采取禁止和严格限制生产、使用和排放等管理措施，制定严格的准入标准，通过制定有关产业政策、环境影响评价、实时监控和健康影响跟踪监测等手段，防止可能出现的环境污染及其造成的健康损害。

（四）建立环境与健康风险管理及预警机制

开展环境与健康风险的评估工作，合理确定可接受的危险度水平，提高对可控制环境有害因素和健康危害的预测及管理决策能力。在科学的评估工作的基础上，对可能发生的严重环境污染及其健康危害进行预警，提出管理与技术应对措施，实现科学决策与预防，尽量做到早分析、早预报、早干预，防止重大环境污染与健康损害事件的发生。

（五）完善环境与健康管理的应急机制

根据国家有关法律、法规的规定，制定突发事件应急处置工作制度及突发事件、重大事件通报机制和环境与健康突发事件处置规范。在突发事件发生之后，卫生部门和环保部门应密切协作，开展相应的应急处置工作，并对环境污染导致的健康损害给予及时有效的诊治，防止损害发展，切实维护受害人的健康权益。

（六）建立健全环境与健康损害赔偿机制

随着社会经济的迅速发展，人民群众的维权意识也在不断提升。当前亟需开展环境污染健康损害赔偿的法律制度研究工作，进一步强化环境污染的法律责任，完善环境污染健康损害赔偿的法律依据，并研究制订环境污染健康损害的程度鉴定、赔偿标准与程序等具体赔偿办法，按照“污染者承担”的原则建立环境健康损害赔偿机制。

三、继续强化污染治理，不断提升环境监管水平

全面实施《北京市“十二五”环境保护和建设规划》，继续把大气污染防治作为重中之重，认真落实《清洁空气行动计划（2011－2015年大气污染控制措施）》。将城六区建成为“基本无燃煤区”，全市燃煤消耗总量控制在2000万吨以下；调整和治理化工、建材、混凝土搅拌站、沥青防水卷材、冲天炉铸造等行业，退出一批重污染企业；淘汰40万辆老旧高排放车辆，上市新车执行机动车国Ⅴ排放标准；加强各类扬尘、餐饮单位、成品油储运系统的污染控制。

加快污水治理设施建设，到2015年市区和郊区分别新增污水日处理能力70万吨和40万吨以上，郊区重点小城镇“镇镇建有污水处理厂”。推进流域污染防治，完成永定河、北运河、潮白河水系环境治理。同时，加快郊区垃圾无害化处理、市区隔声设施建设，加强社会生活领域的危险废物全过程监管，推进农业面源污染和畜禽养殖业污染治理。

着眼于保障市民健康，维护环境安全，加强噪声污染防治和环境安全监管。扩大火车限鸣范围，分期分批对老道路两侧住宅更换隔声窗，在部分路段增设隔声屏障，减轻噪声污染。加强对医疗废物、工业危险废物、生活垃圾集中处理等

的监管，确保安全处置。加强重金属、有毒化学品、污染场地的污染防治。严格放射源、射线装置等的环境监管，做好辐射环境质量监测和预警。

进一步加强环保部门和卫生部门现有的监测网络和能力建设，特别是加强与暴露水平密切相关的污染和疾病监测，建立支持环境与健康预防体系的环境监测和疾病监控体系及信息平台建设，对危害健康的重点污染源和污染物进行长期监测，掌握主要污染物和人体健康的动态变化趋势，建立环境与健康监测数据库，为采取预防对策和干预措施提供重要依据。

四、进一步构建比较完备的环境管理体系

在环境保护压力持续加大的现阶段，应充分发挥社会主义制度的优越性，不断完善市委市政府统一领导、区县党委政府属地负责、市有关部门行业管理、环保部门统一监管、全社会共同参与的环境管理体系。健全环境保护的责任制和问责制，使各区县政府、市有关部门形成环保工作合力。加快建设先进的环境监测预警体系和完备的环境执法监督体系，提高环境管理科学化、信息化、现代化水平。

环境与健康事务是关系百姓切身利益的大事，要做好这项工作，仅靠政府的关注和努力还不够，还需要公众的理解、参与和支持。要通过建立环境与健康信息管理与发布机制，定期发布环境与健康信息，向社会公布环境污染信息和可能造成健康损害的信息。充分发挥广大市民关注健康、保护环境的主人翁意识，加强公众参与，接受公众监督，帮助社会公众规避健康风险。

第五章 北京园林绿化与健康城市建设研究

第一节　北京园林绿化与健康城市的关系

健康城市是世界卫生组织（WHO）为应对城市化问题给人类健康带来的挑战而倡导的一项全球性战略行动，是人类面向21世纪的全新城市发展模式。健康城市是一个不断发展自然和社会环境，并不断扩大社会资源，使人们在享受生命和充分发挥潜能方面能够相互支持的城市，对于现代城市的发展有着标志性的导向作用。北京建设健康城市符合首都的城市功能定位，符合建设世界城市的战略目标，符合人民群众对健康幸福生活的新期待。园林绿化是改善和提升城市健康环境的重要组成部分，发挥着改善生态环境、丰富人文环境、提高健康福祉等多种功能，对于建设生态良好、环境优美、幸福舒适的健康城市具有重大作用。

一、园林绿化是提升健康城市生态文明水平的首要任务

健康城市的最高形态必然是生态文明的城市。生态文明是继人类原始文明、农业文明、工业文明之后形成的新的文明形态，它的核心是确立人与自然和谐、平等的关系，反对人类破坏、征服和主宰自然，倡导尊重自然、保护自然、合理利用自然的理念和行动。从国际上看，随着气候变暖、土地沙化、湿地缩减、水土流失、干旱缺水和有些物种灭绝等生态危机日益严重，生态问题成为人类生存与发展的最大威胁，建设生态文明成为延续人类文明的必由之路；从国内看，我国森林稀少、土地沙化、水土流失、湿地破坏、干旱缺水、物种濒危等生态问题也日益严峻，生态问题成为制约经济社会可持续发展的最大瓶颈，建设生态文明成为实现科学发展的紧迫任务。大力植

树造林，增加林草植被，建立以森林植被为主体、乔灌草相结合的国土安全体系，是有效减缓温室效应，减少水土流失，保持生物多样性，维护生态平衡的治本之策。园林绿化建设作为重要的公益事业和城市唯一有生命的基础设施，发挥着生态保障、生活改善、生产促进的重要功能，肩负着优化环境、推动发展、促进和谐的重要使命，承担着建设森林生态系统、保护湿地生态系统、改善绿地生态系统，为社会提供生态产品、物质产品和生态文化产品的艰巨任务，是促进人与自然和谐的桥梁和纽带，也是推动首都生态文明建设的先锋队和主力军。

二、园林绿化是营造健康城市生态宜居环境的重要支撑

绿色是城市的底色和名片，是人类赖以生存的重要依托，也是健康城市内在功能的重要体现和文明进步的重要标志。人类失去了森林，就失去了未来、失去了一切。健康的城市环境，不仅包括健康舒适的居住环境、便捷发达的公共服务环境，更重要的还包括由公园绿地、森林植物和河流水系等基本要素构成的城市生态景观环境，这是维护公众健康和优化城市环境的重要载体。森林、湿地、绿地作为陆地生态系统的主体，是自然界功能最强大和最完善的资源库、生物库、蓄水库和能源库，具有调节气候、涵养水源、防风固沙、降低污染等多种功能。资料显示，森林是天然的调温器，它可以使夏季降温，冬季增温；是天然的减风器，夏季可使风速降低 55%，冬季降低 30%；是天然的加湿器，可以提高空气相对湿度 3% –6%，抑制水分蒸发 39%；是天然的防尘器，可降低大气浑浊度达 35%，降低周围灰尘 40%。研究表明，城市绿地具有减缓热岛效应的作用，每公顷绿地可以从周围环境中吸收 81.8 焦耳的热量，约相当于 189 台 1 千瓦的空调的作用；城市绿化覆盖率越大热岛强度越小，当覆盖率大于 30% 时热岛效应得到明显的削弱。同时，研究表明，绿化间接的社会经济价值是它本身直接经济价值的 18 ~20 倍。

三、园林绿化是增强健康城市应对气候能力的战略选择

应对气候变化是人类共同面临的严峻挑战，也是健康城市必须关注的重大问

题。森林、湿地、绿地作为陆地上最大的储碳库和最经济的吸碳器，在应对气候变化中具有固碳释氧、降温增湿、减排增汇、节能降耗和涵养水源、防风固沙等重要功能。研究表明，全球森林对碳的吸收和储量占全球每年大气和地表碳流动量的90%。联合国政府间气候变化专门委员会估算，全球陆地生态系统中约储存了2.48万亿吨碳，其中1.15万亿吨碳储存在森林生态系统中，约占全球植被的77%、占陆地生态系统碳储量的57%。目前国际社会对森林在应对气候变化中的作用已经达成高度共识，我国赋予了林业在应对气候变化中的特殊地位，市委、市政府提出了建设低碳城市的目标。这些都使发展园林绿化、增加森林碳汇成为应对气候变化、建设低碳社会的战略选择。目前，北京市活立木蓄积已达到1810万立方米，森林资产总价值达到6148亿元，生态服务总价值达到5539亿元，年固定二氧化碳992万吨，释放氧气724万吨；全市城镇绿地每年最高可固碳192.2万吨、年释放氧气约513.1万吨，森林绿地的生态服务功能显著提升。

四、园林绿化是建设世界水平绿色健康城市的基础条件

国际大都市的发展轨迹表明，世界城市同时也是一个“绿色之都”，森林、湿地、绿地与城市面积的比例和格局配置是世界城市的重要考核指标，也是反映一个城市国际化水平、时代性特征、宜居化程度的靓丽名片和生命符号，发挥着改善生态环境、美化景观环境、优化居住环境、丰富人文环境、提升投资环境的显著作用，是世界城市建设不可或缺的重要组成部分。回顾纽约、伦敦等典型世界城市的发展历程，均伴随着大规模的城市生态体系建设。19世纪初，由于对自然资源的无序性、掠夺式开发，纽约的森林覆盖率一度降低到20%，由此引发了水土流失、自然灾害频繁发生等一系列环境问题。《休依特法案》的颁布，把大片耕种的山地尤其是陡坡耕地变成了森林，使纽约州的森林覆盖率高达65%，城市绿化覆盖率达到70%，人均绿地面积达19.6平方米。20世纪50年代，伦敦尝到了工业化的恶果，英国政府从生态建设、能源结构、产业布局等方面综合考虑，经过半个多世纪的不懈努力，终于摘除了“雾都”的帽子，使伦敦市森林覆盖率达到34.8%，城市绿化覆盖率达到58%，人均公园绿地面积高达25.4平方米。世界城市的发展历程告诉我们，

园林绿化建设始终是构建城市绿色环境体系的核心要素，是经济社会发展的重要基础。

五、园林绿化是改善城乡人民健康福祉条件的有效途径

在健康城市建设中，园林绿化既是改善城市宜居环境的核心要素，也是构成城市幸福指数的重要指标；既是提升城市文化软实力的重要体现，也是提升市民精神文化生活品质的重要依托。首先，园林绿化促进身心健康。森林绿地植物种类繁多、形态色彩多样，为人们走进自然、亲近自然、人与人轻松交流提供了健康场所。研究表明，森林、绿地可以对人体心理和生理健康起到良好的保健作用。据测定，人在林区比在城市每分钟脉搏可减少跳动 4～8 次，皮肤温度降低 1℃～2℃；在人的视野中，绿色达到25%时，就能消除眼睛和心理的疲劳，使人的精神和心理最舒适；长期生活在城市环境中的人，在森林自然保护区生活 1 周后，其神经系统、呼吸系统、心血管系统功能都有明显的改善作用，机体非特异免疫能力有所提高，抗病能力明显增强。其次，园林绿化陶冶道德情操。园林绿化的文化内涵十分丰富，具有对人陶冶情操、健康身心、增长知识等多方面的显著作用。北京作为世界闻名的历史古都，拥有博大精深的皇家园林文化资源，特别是形成了异常丰富的自然景观资源和风景名胜资源，既改善了城市的人居环境，又提升了城市的文化品位，丰富了市民的精神文化生活品质。第三，园林绿化保障城市安全。公园绿地作为城市公共安全体系的重要组成部分，是紧急避难场所，是安全通道，是过渡安置地，是灾害隔离带，也是救灾基地，发挥着重要的防灾避险功能。资料显示，日本在 1923 年关东地区地震中，东京公园绿地挽救了在公园避难的70%以上的生命；2008 年我国汶川地震，成都市的公园内每天涌入避灾人员达20 万人次以上。

第二节 北京园林绿化推进健康城市建设的现状与面临的问题

一、发展现状

"十一五"时期是全市园林绿化实现城乡统筹大发展的五年。全系统紧紧围绕"办绿色奥运、创生态城市、迎六十大庆、建绿色北京"的目标，坚持科学发展，实施精品战略，大力推进"生态园林、科技园林、人文园林"建设，使首都园林绿化事业实现了历史性跨越。

（一）城乡生态体系功能大幅提升

按照"公园下乡、森林进城、城乡一体、科学发展"的思路，坚持以大工程带动大发展，启动实施了一大批生态建设和大型公园绿地建设工程，全面完成了 150 多项重点奥运绿化美化工程，兑现了向国际奥委会承诺的 7 项指标，建成了以奥林匹克森林公园、通州新城滨河森林公园、南海子郊野公园、北二环城市公园、昆玉河生态走廊等为代表的一大批精品公园，全市公园数量从"十五"末的 190 个增加到 339 个，使城市绿色空间大幅拓展，生态功能显著提升。经过五年大规模生态建设，全市形成了山区、平原、城市三道生态屏障，呈现出"城市青山环抱、市区森林环绕、郊区绿海田园"的优美景观。据统计，全市林地面积达到 104.6 万公顷，城市绿地面积达到 6.17 万公顷；森林覆盖率由"十五"末的 35.47% 提高到 37%，林木绿化率由 50.5% 提高到 53%；城市绿化覆盖率由 42% 提高到 45%，人均公共绿地由 12.66 平方米提高到 15 平方米。

（二）森林资源保护管理全面加强

通过完善航空护林、区域联防、长效保障和生态管护"四个机制"，加强预警监测、应急通讯、消防队伍和机具装备"四项建设"，森林火灾综合防控能力全面提升，森林火灾发生率和受害率均降到历史最低水平，创造了连续 5 年未发生重大森林火灾和人员伤亡的显著业绩。以美国白蛾为重点的危险性林木有害生物防控全面加强，全面实现了对主要林木有害生物发生情况的动态监测，无公害防治率和种苗产地检疫率达到100%，成灾率仅为0.03‰；严格征占用林地和林木采伐管理，累计减少占用林地265.2公顷、减少移伐林木31.15万株。

（三）绿色产业质量效益显著提高

始终把发展都市型现代绿色产业作为促进农民就业增收的重要途径、提升市民生活品质的重要载体、繁荣首都市场供应的重要支撑来抓，不断转变发展方式，调整产业结构，加快产业融合，推动绿色产业由数量规模型向质量效益型、一般普通型向精品特色型、粗放管理型向集约经营型转变，取得了显著的经济社会效益，解决农民就业100多万人。2010年花卉、果树、蜂业、种苗、林下经济等五大产业总产值81.1亿元，占全市种植业总产值的171亿元的47.4%。

（四）生态园林文化建设成果丰硕

生态文化建设内涵不断丰富、外延不断拓展、载体不断创新。城市公园总面积由6300公顷增加至10063公顷，免费开放比例达到85.6%。成功举办了一届高水平、有特点的花卉博览盛会，圆满完成了奥运会服务保障和新中国成立60周年大庆重点游园活动，成功获得第九届中国国际园林博览会的举办权，“月季节”、“菊花节”和“百万市民观光采摘游”等各种生态文化节蓬勃发展，生态科普宣传月等活动影响广泛，果品、花卉等生态文化主题园达到1000多个，全市生态文化大力弘扬，市民的健康伦理意识、生态道德观念显著提高。

（五）基础管理工作实现重大突破

全面理顺了市、区县、乡镇（街道）三级绿化管理体制，在全国率先形成绿化资源城乡统筹管理的发展格局。全面完成了基层林业站改革，在全国率先成立了林业碳汇工作机构。集体林权制度改革主体改革基本完成。政策法规支撑体系不断完善，制定颁布了《北京市绿化条例》、《北京市实施〈种子法〉条例》等一批重要法规规章，制定出台了山区公益林生态效益促进发展机制等一批重要政策，编制完成了《北京市绿地系统规划》等一批重点规划。同时实施了“宜居城市绿化体系建设关键技术研究与示范”等科技项目

40 多项、推广项目 56 项，制订和修订或建议制订和修订国家、行业和地方标准 78 项；网格化管理、资源动态监测和信息化建设等取得重大进展。

二、存在的问题

（一）城市绿量不足与建设健康城市还不适应

由于代征绿地收缴难、规划建绿不落实，造成城市绿地总量不足，发展不平衡、空间分布不合理，不能满足市民休闲游憩的多样化需求。据有关资料显示，2001 年～2006 年全市共审批代征绿地 8060 余公顷，但从实际落实情况看，各区县只收缴了 726 公顷进行绿化，占总量的 9.01%。由此造成目前核心区人均绿地面积只有 9 平方米、人均公共绿地 4.4 平方米；与居民生活密切相关的服务半径约 500 米的中小型公共绿地仅覆盖 64.6% 的居住区。加快推进规划绿地拆迁建绿，采取多种形式大幅度增加城市绿量，已成为提高城市健康水平的重要课题。

（二）森林质量不高与增强碳汇能力还不适应

全市山区森林质量还不高，结构不尽合理，生物多样性不够丰富，碳汇能力不够强，纯林占 80%，中幼林占 81.7%，亟待抚育的有 600 万亩，低质低效林达 300 万亩，每公顷森林蓄积量仅为 27.88 立方米，是全国平均水平的 40.1%，世界平均水平的 28.6%；平原林网还存在残网断带，防护效益较低；湿地面积缩减，生态功能下降，保护与恢复力度不够。提升森林碳汇和多种功能效益已成为山区绿色生态屏障建设的重要任务。

（三）基础管理不强与转变政府职能还不适应

全市园林绿化管理体制虽然初步实现了城乡统筹管理，但与国家提倡的大部门管理体制的要求相比，目前全市涉林、涉绿特别是涉园方面的职能还分散在不同的部门，没有完全形成合力，不利于政府职能部门对生态资源的集中统一管理。园林绿化基础管理工作还存在薄弱环节，政策法规还不够健全，人才队伍结构不够合理，行业的管理和服务能力亟须进一步加强。

（四）支撑保障不够与提升一流水平还不适应

郊区森林经营管理投资标准和城市公园绿地建设养护标准偏低，城区与郊区林木绿地资源建设管护标准还不统一，园林绿化的投入力度、发展水平与人民群众日益强烈的生态服务、健康服务需求之间还存在着较大距离。如何在保障持续稳定加大政府公共财政投入力度的基础上，建立政策支持、社会参与的多元化投融资机制是推进健康城市建设的重大任务。

第三节 北京园林绿化在建设健康城市中的主要任务

“十二五”时期，是首都加快推进经济发展方式转变，努力建设“人文北京、科技北京、绿色北京”和中国特色世界城市的关键时期，也是推进健康城市建设的重要时期。我们要牢固树立责任意识和大局意识，在世界城市的大背景中明确目标，在城乡统筹的大格局中突出特色，在生态文明的大发展中创新工作，在首善之区的大服务中提升价值，全力推动首都园林绿化实现新跨越。

总体思路是：以推动科学发展为主题，以转变发展方式为主线，以提升生态功能为核心，以打造健康环境为重点，坚持“城乡统筹、科学发展、以人为本、共建共享”的方针，把握“世界眼光、国际标准、全国一流、首都特色”的取向，树立“营绿增汇、扩绿添彩、亲绿惠民、固绿强基”的理念，大力实施“生态园林、科技园林、人文园林”行动计划，推动城乡绿化向景观美化、生态保障向宜居环境、区域突破向整体跨越、外延发展向集约经营升级，加快建设高标准生态、高水平安全、高效益产业、高品位文化和高效率服务体系，基本建成功能完备的“山区绿屏、平原绿网、城市绿景”三大生态系统，实现城市绿量明显增加，碳汇能力明显增强，生态价值明显提高，宜居环境明显提升，为建设生态良好、环境优美、人居和谐的健康城市奠定坚实基础，努力把北京建成“园林文化名城、绿色低碳典范、生态宜居城市”。

一、实施生态园林行动，着力完善健康城市生态环境体系

（一）生态园林的内涵

生态优先、健康为本是健康城市的核心理念，也是园林绿化建设的首要原则。建设生态园林，体现了健康城市注重生态优先发展的理念，要求把保护和提升生态环境作为园林绿化建设的首要任务，大力推进首都生态文明建设；体现了健康城市要求人与自然协调发展的理念，要求对森林、绿地、湿地和生物多样性保护进行统筹规划、合理配置、协同推进，实现人与自然的完美结合；体现了健康城市坚持全面持续发展的理念，要求营造观赏型、保健型、环保型、功能型的生态景观，实现园林绿化多种功能效益协调发挥。

（二）生态园林的建设重点

健全完善“三大屏障”即“城市绿景、平原绿网、山区绿屏”，优化提升“三大系统”即森林生态系统、绿地生态系统、湿地生态系统。形成“四大特色”即“山地景观林、田园防护网、居民休闲地、特色林荫城”。提升“五个水平”：

1. 提升城区宜居环境水平，努力建设森林环绕、绿岛相嵌、水清木华、鲜花吐艳的生态休闲空间。围绕缩小与世界绿色城市的绿量差距，大力完善市民绿色福利空间，在城市社区、老旧小区、屋顶阳台、停车场等场所大幅度增加绿量，加快推进城市立体绿化、精品休闲绿地建设，扩大居民出行500米见公共绿地服务半径，构建布局合理、绿量适宜、生物多样、景观优美、特色鲜明、功能完善的城市绿地系统。围绕缩小与欧洲滨河城市的水岸绿化差距，打造多功能滨河森林景观，加快城市“公园环”、四大郊野公园、11个新城滨河森林公园和42个重点小城镇园林绿化建设，推进永定河“五园一带”和雁栖湖生态示范区建设，在通惠河等城市河湖水系推进滨水绿线、楔形绿色通风走廊建设。围绕缩小与美洲花园城市的沿街景观差距，构建多彩立体景观绿道，在城市道路两侧增绿添彩，打造百条特色行道树大街，丰富城市秋冬季景观。

2. 提升平原绿网防护水平，努力建设绿道纵横、水系交织、林水互养、果

硕粮丰的优美碧海田园。按照“动脉贯通、多线辐射、点线联结”的格局，加快全市“绿道网”建设，对新建京台、京沪等16条重要道路实施绿化，对京平、京石等“五河十路”进行改造提升，对平原防护林实施更新改造，提高平原地区林网化率。力争通过绿道网建设，将河岸山水、森林幽径、田园风光、农家风情融为一体，使市民走进森林，走出健康。

3. 提升山区生态涵养水平，努力建设森林繁茂、山川灵秀、四时花香、万鳌鸟鸣的绿色丹青世界。坚持以调整森林结构、提高森林质量、增强森林碳汇功能为中心，全面推进森林健康经营、近自然经营，以国家“京津风沙源治理工程、三北防护林工程、太行山绿化工程”为骨架，加大人工造林、封山育林、低效林改造和中幼林抚育，加强废弃矿山生态修复，力争使现有宜林荒山、灌木林地、疏林地和未成林地演替为森林群落，着力提升和优化山区绿色屏障的生态功能。

4. 提升湿地保护恢复水平，努力建设生物多样、功能突出、景观优美、和谐发展的强大城市绿肾。湿地是“地球之肾”，在维持生态平衡、保持生物多样性和降解污染、调节气候等方面具有重要作用。要以恢复和提高湿地生态系统整体功能为目标，加强湿地保护、恢复和建设，加快推进湿地公园、湿地自然保护小区建设，加快推进退化湿地恢复示范，加快推进自然保护区建设和生物多样性保护，着力形成大小结合、块状与带状结合、山区与平原结合的湿地生态系统。

5. 提升区域生态合作水平，建设优势互补、资源共享、互利互惠、一体发展的环京绿色屏障。重点围绕打造首都经济圈和生态圈，推进京冀、京蒙生态建设合作，联手防沙治沙、防火防灾，维护森林安全，打造环京绿带。

二、实施科技园林行动，着力完善健康城市生态安全体系

（一）科技园林的内涵

建设科技园林，充分体现了创新的理念，要求把理论创新、技术创新和管理创新贯穿到园林绿化的全过程，不断发挥创新在园林绿化发展中的重要驱动作用；充分体现了效益的理念，要求必须着眼于转变发展方式、提升质量效益，加快从重建设向强管理、从重规模向创精品、从重质量向出效益转变；充分体现了

节约的理念，要求必须立足于建设节约型园林绿化，始终坚持高标准规划、高起点设计、高质量建设、高效能管理，着力向成本控制、工程管理、内部挖潜、资源节约要效益。

（二）科技园林的建设重点

围绕建设资源节约型、环境友好型社会，以提高改革创新能力和强化质量效益为中心，加快转变发展方式和管理模式，实现从重建设向强管理、重规模向创精品、重质量向出效益转变，处理好重点与常规、速度与质量、外延与内涵、粗放与集约的关系，着力提高自主创新、安全监管、现代管理和集约发展水平。重点是提升“五个能力”。

1. 打造森林绿盾，提升资源保护能力。森林资源安全是城市健康和谐的重要组成部分。加快推进防火道路、引水上山和航空护林站、物资储备库等重大防火基础设施和各级扑火队伍建设，着力完善预警监测、林火阻隔、应急通讯、防火指挥、火灾扑救五大系统，不断提升森林火灾综合防控能力，努力实现防控现代化、管理规范化、监测信息化；加强以监测预警、检疫御灾、应急防治和服务保障体系为主体的林木有害生物防控能力建设，保障森林资源安全；完善野生动物疫源疫病监测和沙尘暴预警监测系统，强化公共绿地应急避险设施建设，加强园林绿化资源的动态监测和综合管理。

2. 完善基础设施，提升装备保障能力。基础设施建设是保障园林绿化建设顺利开展的重要基础。要着力加强技术装备的现代化建设，大力推进“引水上山”工程，加强重点林区水电气路等基础设施建设，加强基层森林公安派出所和公园景区管理机构等建设，加强园林绿化机械化、信息化建设，以及数据中心、移动办公平台等信息服务硬件设施，着力夯实发展基础。

3. 强化科技攻关，提升技术支撑能力。加强科技创新体系建设，充分利用首都科技智力资源密集的优势，着力加强对园林绿化基础理论与先进理念、典型世界城市园林绿化格局与功能布局构建、林业碳汇与应对气候变化、生物技术与良种选育等重大课题研究攻关；加强技术成果集成与推广应用体系建设，着力加强节约型园林、森林碳汇、园林废弃物资源化利用等新技术、新成果的推广示范；加强标准化与质量监督体系建设，突破重点领域，支撑未来发展。

4. 扩大国际交流，提升对外合作能力。加强与世界城市和北京友好城市在园林绿化方面的交流合作，建立体现国际化水平的对外合作平台。进一步拓展国际合作领域，重点加强在林业碳汇、森林多功能经营、城市绿化生态景观系统和公众环境教育等领域的国际合作，积极引进项目、资金、技术和先进理念、管理方式。

5. 加强场圃建设，提升示范辐射能力。加强国有林场、苗圃基础设施建设，按照“生态优先、场园一体”的思路，加快推进国有林场改革，努力把国有场圃建设成为全市生态建设重要的研究实验基地、示范辐射窗口和科技成果转化平台。

三、实施人文园林行动，着力完善健康城市生态文化体系

（一）人文园林的内涵

建设人文园林，充分体现了以人为本发展的理念，要求园林绿化在制定政策、作出决策、推动发展的各个方面，都要从人民的根本利益出发，真正做到发展为了人民、发展依靠人民、发展成果由人民共享，切实关心人们的生态价值取向，满足人们的生态文化需求，更好地促进人与自然和谐；充分体现了彰显文化魅力的理念，要求充分发挥文化的引领和旗帜作用，深入挖掘和释放园林绿化丰富的文化内涵，大力繁荣和发展生态文化，不断把皇家园林、生态科普和康体健身等文化发扬光大，着力丰富、扩大和提升首都园林绿化的人文功能；充分体现了激发社会活力的理念，要求建立全社会参与园林绿化建设的新机制，营造有力的环境氛围，加快健康城市生态建设。

（二）人文园林的建设重点

以建设生态文明、传承园林文化为着眼点，以满足市民健康需求、促进共建共享为出发点，以发挥游憩功能、丰富文化内涵为侧重点，以推出文化产品、倡导生态道德为落脚点，大力推进绿色亲民、文化惠民、产业富民，着力提升文化凝聚、产业促进、绿色休闲、科普教育功能，努力打造园林文化之城、生态宜居之城、绿色幸福之城。重点是“打造四大品牌”。

1. 打造“京林名产”品牌。顺应都市发展特性，体现绿色精品特征，满足

高端消费特点，加快发展壮大果品、花卉、种苗、蜂业和森林旅游、林下经济及园林文化创意产业，不断延长产业链条，推动绿色休闲产业向更高层次迈进，着力打造“服务高效型、人文功能型、特色精品型”绿色产业，推动农村经济发展，促进农民就业增收。

2. 打造精品园林品牌。全面加强全市公园和风景名胜区的分级分类管理。立足“世界眼光、国际标准、全国一流、首都特色”，以颐和园、天坛、八达岭、十三陵等世界遗产为代表，以历史名园为核心，以“优美环境、优良秩序、优质服务、优秀文化”为着眼点，加强历史名园保护，对历史名园主要古建筑、标志性建筑进行保护和修缮，逐步建设一批体现世界一流水平的历史名园和风景名胜区，推进世界名园体系框架建设。

3. 打造生态文化品牌。完善生态文化协会等组织体系；加强现代园林建设，高标准、高质量举办好第九届中国国际园林博览会，努力建设一批生态文化示范区、试验园；以资源为载体、活动为支撑、文化为核心、创意为灵魂，深入挖掘皇家园林文化、历史名园文化和郊野田园文化、游园休闲文化、森林康体文化、绿色科普文化的丰富内涵，组织策划不同形式、各具特色的文化创作活动，大力发展园林文化创意产业。

4. 打造绿色低碳品牌。大力推进绿色健康创建模式，深入开展首都绿化美化花园式单位、花园式社区和园林小城镇、首都绿色村庄等群众性创建活动，积极推进林业碳汇行动计划，鼓励党政机关、企事业单位积极参与碳补偿；引导广大市民以购买碳汇的形式自觉履行植树义务，大力提倡绿色健康的生产、生活和消费方式。

第四节　北京园林绿化推进健康城市建设的保障措施

一、倡导绿色新政

站在建设世界城市和健康城市的高度，大力加强园林绿化建设，牢固树立“抓生态就是抓全局、抓根本，抓环境就是抓发展、抓长远”的思想，将园林绿化建设指标纳入各级领导干部的政绩考核评价体系、纳入经济社会发展总体规划、纳入健康城市指标，推动绿色发展、健康发展、低碳发展等绿色新政理念的全面树立和弘扬。加强园林绿化部门与有关部门之间、有关部门与区县之间的协同配合，不断完善分级管理、部门协调、上下联动的推进机制。

二、夯实制度保障

坚持依法治绿，建立健全法规体系，加快制定《北京市湿地保护条例》、《北京市森林防火办法》、《北京市风景名胜区条例》等重要法规规章，进一步强化法律法规的执行力度，建立权责明确、行为规范、监督有效、保障有力的行政执法体系。坚持规划建绿，加快编制新城、建制镇的绿地系统规划，构建完善的市、区县、乡镇三级绿地系统规划体系，加快城市绿线管理和划定。坚持生态用地、用水优先供给的原则，妥善处理好绿化建设、土地管理、节约水资源的关系，确保林地、绿地、湿地规划建设符合城市健康发展要求。

三、完善政策支撑

进一步加大对园林绿化事业的公共财政投入，提高和规范绿隔地区绿化带、屋顶绿化、滨河森林公园等项目的建设养护投资标准，加大财政对林业产业发展的政策扶持力度，完善生态公益林保护和管理机制，探索建立有利于城乡一体化发展的平原集体公益林、湿地等大生态补偿政策。完善园林绿化工程管护机制，规范项目建设管理，坚决改变重建轻养、重造轻育、建管脱节的现象，努力向科学管护要质量、向强化经营要效益。深入研究集体林权制度改革后的产业扶持、林权流转、抵押贷款和社会化服务等相关的配套政策，加快建立现代林业产权制度。建立多元化融资机制，大力开展碳汇融资和外援资金的引进，鼓励社会力量采取多种形式参与首都绿化美化建设，逐步建立渠道多元的投融资机制。

四、优化人才培养

强化人力资源优化配置，加快整合园林绿化科教资源，加强科技创新平台和教育培训基地建设，构建人才优先发展的资源开发体系，创新人才优先发展的制度支持体系，建设人才优先发展的环境保障体系。围绕用好、用活人才，建立不同学历层次与教育培养方式协调配套的灵活人才培养机制。加强园林绿化行业各类学会、协会、研究会的建设和管理，充分发挥社团组织在科学研究、学术交流、智力支持等方面的独特作用。

五、强化管理服务

加快转变政府职能，进一步强化园林绿化部门在政策研究、标准制定、执法监督、公共服务等方面的核心职能。按照“大园林、大绿化”的要求，积极探索所有涉林、涉绿、涉园事务统筹由一个部门监督管理的“大部门”体制，提高政府职能部门对公共事业的管理效能。理顺城市园林绿化执法机制，建立与规划、城管等有关部门协调有力、配合顺畅的联动机制，严厉查处侵占毁坏绿地、私自砍伐树木等重大违法违规案件，保护城市绿化成果。建立全市动员、全民动手、全社会参与绿化建设的体制机制，努力形成政府倡导、广泛宣传、社会参与、自觉自愿的良性发展机制。按照“政企分开、管办分离”的要求，积极推进园林绿地管理与作业分开，在保证绿化养护经费足额到位的基础上，大力培育园林绿化养护市场，建立绿化养护企业准入制度，逐步形成养护市场公平竞争、养护作业质优价廉的市场化、社会化管理机制。

第六章　北京社会保障与健康城市建设研究

健康城市建设是一项庞大的系统工程，不仅要求在城市规划建设、自然生存环境等方面，要以人的健康为中心，保障市民的生活品质和健康需求，同时也需要通过合理的社会制度安排，促进人的全面发展，从而达到增进公民福祉，提高公民健康水平的目的。社会保障制度作为保障社会成员基本生活的一项社会安全制度，通过对国民收入进行再分配，使公民在暂时或者永久丧失劳动能力，以及由于遭遇各种风险使生活发生困难的时候，能够得到经济援助和服务。因此，社会保障是社会运行的“安全网”、“稳定器”和收入分配的“调节器”，完善的社会保障体系是建设健康城市的内在要求和必备条件。

第一节　社会保障与健康城市的关系

社会保障的制度设计、覆盖范围以及待遇水平，直接影响到社会成员的生存与健康，关系到社会的公平正义与和谐发展，因此，社会保障对建设健康城市具有至关重要的作用。

一、社会保障作为改善民生的有效途径，已经成为健康城市建设的重要基石

社会保障由社会保险、社会救济、社会福利、优抚安置和社会互助等组成，它的核心是包括养老、医疗、失业、工伤和生育保险在内的社会保险制度。养老保险为公民的晚年生活提供基本的收入支持；医疗保险保证公民在患病的情况下能够享受基本的医疗和健康服务；失业保险为失业人员提供生活保障并提高其就

业能力；工伤保险使在工作中发生意外的劳动者获得医疗、康复以及生活等方面的补偿；生育保险可以保障妇女生育期间的健康和基本生活。由此不难看出，以社会保险为主要内容的社会保障制度可以通过解除劳动者后顾之忧、保障公民基本生活，促进公民的生存和发展，推动健康城市建设。

世界许多发达国家，比如德国、日本、英国等国都建立了覆盖全民的社会保障体系，进而为国民的生存与健康提供了基本的保障。尤其作为“福利国家”橱窗的瑞典，建立起了“从摇篮到坟墓”的囊括人生各个阶段的社会保障项目，为每个公民提供了高福利和高保障。发达国家的社会保障水平也比较高，保障支出一般都超过 GDP 的 15%。另外，社会保障占财政支出用的份额也比较大，普遍超过 30%，例如，2009 年瑞典、德国、日本、英国四国财政支出用于社会保障的比例分别达到 42%、46%、35% 和 35%①。发达国家覆盖全民的高水平的社会保障制度，为其建立健康城市奠定了很好的社会基础。

近年来，我国将完善社会保障制度作为促进经济社会协调发展的重要战略措施，提出了到 2020 年基本建立“覆盖城乡居民的社会保障体系、实现人人享有基本生活保障”的目标。北京市作为和谐社会的首善之区，不仅在全国范围内率先实现了社会保障制度的城乡全覆盖，而且保障水平也列居全国最高，为提高首都市民的生活质量和健康水平发挥了重要的作用，也为实现健康城市目标奠定了良好的基础。

二、社会保障作为满足公民基本医疗需求的必要条件，已经成为健康城市建设的客观需要

公民的健康水平是评价健康城市的首要指标。而提高公民的健康水平，离不开社会保障制度的护卫。2009 年中共中央、国务院在《关于深化医药卫生体制改革的意见》中提出要建立覆盖城乡居民的公共卫生服务体系、医疗服务体系、医疗保障体系和药品供应保障体系，形成四位一体的基本医疗卫生制度，逐步实现人人享有基本医疗卫生服务的目标。作为基本医疗卫生制度的重要内容之一，医疗保障通过社会统筹的方式为每个公民在患病情况下提供医疗费用支持，从而

① 数据来源于 OECD 网站（http://www.oecd.org/dataoecd/42/47/33784603.xls）

成为保障公民健康的重要手段。因此，在很大程度上可以认为，一个城市医疗保障水平的高低，直接影响着居民的健康水平。

医疗保障是覆盖人群最为广泛的一个制度，医疗需求随人口老龄化、医药技术进步而存在膨胀的趋势，这与医疗资源的有限性之间构成了一对难以克服的矛盾。选择什么样的医疗保障形式已经成为一个世界性的难题。在提供医疗保障方面，各国各有特色。比如，英国实行免费医疗制度；法国、德国、日本等国家实行医疗保险制度；美国则比较特殊，在职人员实行商业医疗保险制度、退休人员实行社会医疗保险制度、穷人则有医疗救助制度。总体而言，发达国家的医疗保障水平都比较高，基本做到了人人享有医疗保障，因此，公民的健康水平普遍比较高，平均寿命也比较长。

近年来，北京市把维护人民健康权益放在首位，将完善医疗保障体系作为一项重大民生工程，实现了基本医疗保障制度城乡全覆盖，居民医疗保障水平逐年提高。但是，现行的医疗保障制度与人民群众日益增长的医药卫生需求还不适应，还没有实现城乡制度统一，群众反映的“看病难、看病贵”的问题也没有完全得到解决，需要继续以促进人的健康为中心，创新管理体制、运行机制和服务模式，努力实现“推动卫生发展、减轻患者负担、提高医疗效率、促进群众健康”的目标，这也是建设健康城市的必由之路。

三、社会保障作为促进社会公平正义的重要手段，已经成为健康城市建设的坚实支撑

社会保障制度作为一项基本的社会制度，是调节收入分配的重要手段。它通过制度性的安排，将国民收入从年轻人向年老人，从健康人向患病的人，从在职的人向失业和发生工伤的人，从高收入者向低收入和无收入者进行转移支付和再分配，因此，在缩小收入差距、保护弱势群体，维护社会公平正义方面具有十分积极的作用。社会保障体系的健全，不仅能够直接促进公民的身体健康，也有利于公民的心理健康，增进城市居民的幸福感和满足感，从而达到提升公民健康水平的目的。

建设健康城市，要求政府必须从公民的最根本利益和需求出发，通过完善社会保障体系，不断缩小各类群体在生活质量和健康水平方面的不平等。世界上许

多国家都通过实施社会救助、建立全民普惠型的社会保障制度或财政补贴型社会保险制度，对社会财富进行收入再分配，承担对低收入和无收入的弱势群体的托底责任。

“公平正义”是人们不懈追求的目标之一，我国自古就有“不患寡而患不均、不患贫而患不安”的观念。党的十七大明确提出了“覆盖城乡居民的社会保障体系基本建立、人人享有基本生活保障”的目标任务，十七届五中全会强调，要更加注重保障和改善民生，标志着我国将进入加快改善民生、促进社会更加公平和谐的社会建设新阶段。市委、市政府把改善民生作为首都工作的出发点和立足点，将完善社会保障体系，列入了“十二五”时期推动首都科学发展的主要任务，充分体现了社会保障在推动社会经济发展中的战略地位。

未来五年，北京市将全力推动“人文北京、科技北京、绿色北京”战略，努力打造国际活动聚集之都、世界高端企业总部聚集之都、世界高端人才聚集之都、中国特色社会主义先进文化之都、和谐宜居之都。推进健康城市建设，是构建和谐宜居之都的必然要求。因此，必须围绕保障和改善民生，提高人民群众的生活质量和健康水平，加快健全城乡一体的社会保障体系，不断扩大制度覆盖范围，提高待遇水平，实现“人人享有社会保障”的目标，从而促进社会公平和谐，使首都成为最具人文关怀的城市，为实现健康城市目标创造良好的社会环境。

综上所述，社会保障制度是打造健康城市的基础，而健康城市建设，可以更好地推动社会保障体系的完善。因此，二者相辅相成，都是加快经济发展方式转变、建设中国特色世界城市的重要保证。

第二节　北京社会保障体系建设的现状

“十一五”期间，市委、市政府把社会保障体系建设放在突出重要的战略位置，以建立城乡一体的社会保障体系为目标，按照“广覆盖、保基本、多层次、可持续”的原则，加大财政投入、加快制度创新，实现了城乡居民社会保障制度全覆盖，保障范围逐步扩大，待遇水平大幅提高，基金运行安全平稳，在有效保障群众基本生活的同时，显著提高了人民群众的健康水平，为首都建设健康城市奠定了坚实的基础。

一、构建了比较完善的医疗保障体系，不断提高城乡居民医疗保障水平

长期以来，市委、市政府始终着眼于不同群体的医疗需求，坚持“保大病、解危困”的原则，加快推进制度建设，加大惠民政策力度，有效缓解了群众“看病难，看病贵”问题。

（一）加快制度创新，基本实现了“人人享有医疗保障”的目标

为了使城镇职工的基本医疗和服务得到有效保障，2001 年，北京市启动了基本医疗保险制度改革，逐步建立了以城镇职工基本医疗保险为基础、以大额医疗互助、企业补充医疗保险、社会医疗救助以及商业医疗保险为补充的多层次的医疗保险体系，覆盖了各类企业及其城镇职工、城镇个体工商户和灵活就业人员。新制度通过采用社会统筹和个人账户相结合的方式，实现了社会共济和自我保障的有机结合，有效满足了不同层次、不同人群的医疗需求。截至“十一五”期末，参加城镇职工基本医疗保险的人员达到 1063.7 万人，参保率达到 95.6% 以上。

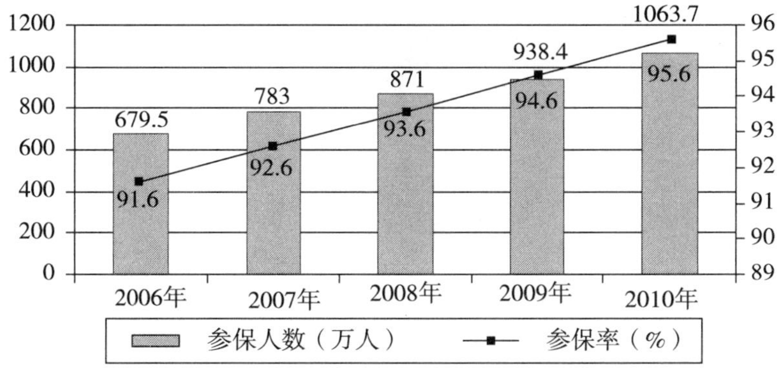

图 1 “十一五”时期北京市城镇职工基本医疗保险参保情况

在不断完善职工基本医疗保险的基础上，北京市逐步将参保人群向城镇居民延伸。2007 年在全国率先建立了城镇无医疗保障老年人和学生儿童大病医疗保

险制度，即“一老一小”大病医疗保险制度。在制度设计上，坚持政府补贴、政策引导、向困难群体倾斜，充分体现“大病有保障、政府补贴高、个人缴费少、覆盖范围广、操作与职工医保一致、制度衔接好”等特点，得到了群众的普遍欢迎。温家宝总理到北京市视察医疗保险工作时，对此给予了充分肯定。2008年，又出台无业居民大病医疗保险制度，为重障残疾人员和劳动年龄内无业人员建立了医疗保障。其中享受低保、生活困难补助和重度残疾人员个人无需缴费便可享受待遇。

为了推进医疗保障制度城乡一体化建设，北京市于2010年整合了“一老一小”和无业居民大病医疗保险制度，形成了全市统一的城镇居民基本医疗保险制度。截至“十一五”期末，城镇居民基本医疗保险参保人数为143.7万人，参保率达到90%以上。

为了解决区县公费医疗统筹层次低、待遇不平衡、就医不方便等问题，从2009年开始，北京市积极推进公费医疗制度改革，目前已将所有区县公费医疗人员全部纳入职工基本医疗保险制度。

近年来，以大病统筹为主的新型农村合作医疗制度也取得了突破性进展。通过建立筹资增长机制，有效提高了农民的参保积极性。2010年底，参合人数达到278.5万人，参合率为96.7%，逐步缓解了农民“因病致贫、因病返贫”问题。

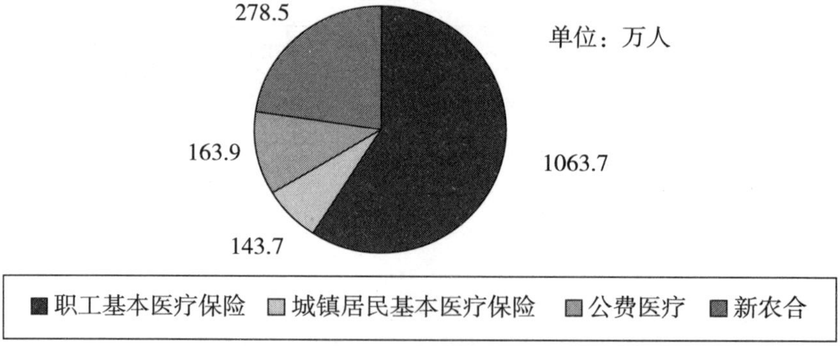

图2　2010年医疗保障制度城乡全覆盖情况

目前，北京市已经形成了包括职工基本医疗保险、城镇居民基本医疗保险、新型农村合作医疗在内的覆盖城乡全体居民的基本医疗保障制度框架，各类医疗保险参保人员累计达到1650万人。医疗保障体系的不断完善，在保障群众基本生活、改善群众身心健康，促进首都经济社会发展和健康城市建设等方面起到了至关重要的作用。

（二）加大惠民政策力度，有效地减轻了群众的医疗负担

近年来，为了进一步满足群众对医疗保障和健康的需求，北京市在确保基金平稳运行的基础上，不断完善政策，通过提高报销比例、扩大报销范围、加大医疗救助力度、促进社区就医等多种措施，提高医疗保障水平。比如，针对在职职工医疗费用报销比例偏低，个人负担较重的问题，降低了门（急）诊报销起付线，将在职职工由2000元调整为1800元，退休人员由1500元调整为1300元；为了解决患大病群众医疗费负担重的问题，将肝移植术后抗排异治疗和造血干细胞的治疗纳入基本医疗保险报销范围，将使用贵重医用材料及心脏起搏器、心脏瓣膜等人工器官的报销标准提高50%，有效避免了“因病致困”的情况。2010年，又出台一系列医保惠民政策，将城镇职工基本医疗保险报销封顶线由17万元提高到30万元，城镇居民报销封顶线由7万元提高到15万元。同时，将药品报销范围、诊疗项目范围和门诊特殊病报销范围逐步扩大；建立学生儿童和无业居民门诊报销制度；完善职工医疗救助办法等，当年共减轻群众医疗费负担25亿元。

（三）实施鼓励社区就医政策，使群众享受“方便”、“便宜”的医疗服务

近年来，为了充分发挥社区医疗机构在维护群众健康方面的作用，北京市配合社区医疗改革，出台了一系列政策，鼓励群众社区就医。比如，放宽了社区就医选择，在职职工和退休人员可选择一家社区医疗机构定点就医；扩大了社区用药目录，保证参保人员到社区就医时的用药；提高了在社区就医报销比例，将在职职工和70岁以下退休人员在社区卫生服务机构就医的报销比例分别由70%和85%统一提高到90%；在社区实行慢病和知己健康管理，社区慢病管理试点站由19家扩大到154家，从源头上控制慢性病、常见病的发展；实行在社区就医后根据病情双向转诊，初步实现了“小病进社区，大病进医院”。

（四）创新工作模式，强化医疗保险管理服务

为了提高医疗保险服务水平，对全市1800多家定点医疗机构实行了分级分类管理，并初步建立起按病种付费、按人头付费、总额预付等多元化的基本医疗保险付费方式，合理控制医疗费用。2007年，启动了社保卡工程建设，改变医疗保险手工结算方式，截至2010年底，全市1779家定点医疗机构实现了“持卡就医、即时结算”，持卡就医的范围覆盖所有参保人员，减轻了个人垫付款负担92亿元。门诊医疗费报销周期由过去的几个月缩短为几十秒，门诊费用实现了“零垫付”，彻底解决了医疗费报销周期长、群众垫付负担重的问题。

二、建立了城乡一体化的养老保障体系，基本实现了由“制度全覆盖”向“人群全覆盖”的转移

“十一五”时期，为适应城市化进程加快的要求，北京市按照“城乡统筹、整体设计、填补空白、有序推进”的思路，在继续完善城镇职工基本养老保险制度的同时，努力填补制度建设的空白，将养老保障制度由城乡劳动者延伸到城乡全体居民。目前，全市已经建立起包括职工基本养老保险、机关事业单位退休金制度、城乡居民养老保险以及城乡无保障老年人福利养老金制度在内的养老保障制度，形成了“职工＋居民”两大养老保障体系，基本实现了人人“老有所养”的目标。截至2010年末，养老保障制度已覆盖城乡居民1322.3万人。

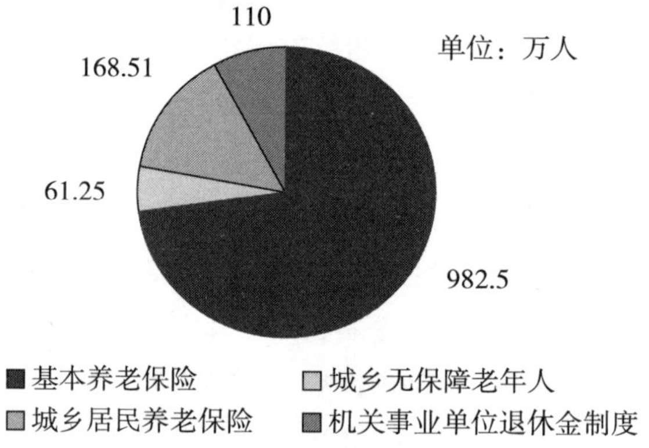

图3　2010年养老保障制度全覆盖情况

（一）在全国率先实现了养老保障制度城乡一体化

几年来，北京市不断完善企业职工基本养老保险制度。2006 年，颁布了《北京市基本养老保险规定》，通过改革基本养老金计发办法，使参保人员养老金水平与其缴费年限和缴费水平紧密挂钩，形成了参保缴费激励约束机制，有效提高了企业职工参保积极性。同时，将基本养老保险制度延伸到自收自支事业单位及其职工，并实现基本养老金计发办法和调整制度的统一。2010 年，又全面启动了企业职工跨省流动就业基本养老保险关系的转移接续工作，促进了人力资源的合理流动。企业职工基本养老保险参保人数从“十一五”初期的 604. 1 万人，增加到 2010 年末的 982. 5 万人。

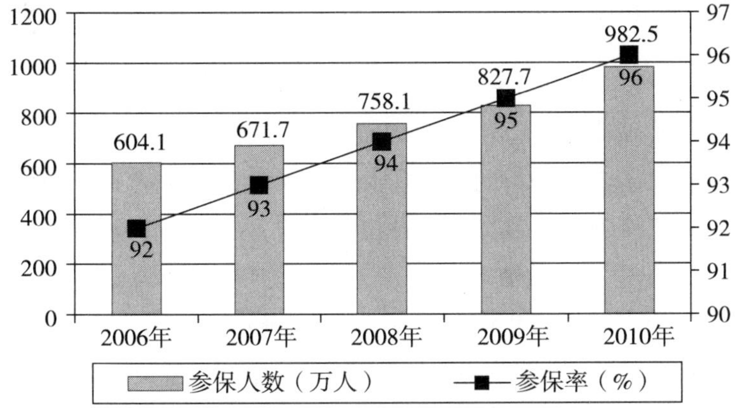

图 4 “十一五”时期北京市城镇职工基本养老保险参保情况

20 世纪 90 年代初，北京市开始全面推行农村社会养老保险制度，由于待遇水平偏低等多种因素，参保率一直较低。针对这个问题，2008 年建立了新型农村养老保险制度。“新农保”在制度设计上，确定了“个人账户 + 基础养老金”的模式，参保农民除享受个人账户养老金外，还享受由财政支付的 280 元基础养老金。同时，建立了与城保的衔接机制，农民转为城镇居民参加企业职工基本养老保险时，农保缴费可折算城保缴费年限。新制度实施后，人均养老金水平由 100 元左右提高到 400 元左右，参保率由 2007 年底的 37% 提高到 2008 年底的 85% 。

为了实现养老保障制度全覆盖和无缝衔接，北京市按照统筹城乡的原则，打破户籍界限，在“新农保”制度的基础上，建立了城乡居民养老保险制度。将符合参保条件的北京市居民，无论户籍在城镇还是农村，统一纳入到城乡居民养老保险制度中，实现了缴费、待遇等标准上的城乡一致，率先实现了养老保障制度城乡一体化。截至2010年底，全市参保的城乡居民达到168.5万人，其中农民有159.3万人参保，参保率达到92%以上。

为了进一步扩大养老保障覆盖范围，使城乡无社会养老保障老年人共享改革发展成果，北京市在全国首创了城乡一体、标准一致的老年保障制度，对全市60岁以上无社会养老保障老年居民每人每月发放200元福利养老金，从制度上解决了60岁以上城乡老年人的养老问题，深得百姓赞誉。截至2010年末，已有61.3万名老人领取了福利养老金，其中农村老年人45.4万人。

（二）妥善解决城市化进程中农民的社会保障和群众反映强烈的历史遗留问题

为了切实维护城市化进程中农民的社会保障权益，从2004年开始，北京市相继出台办法，将劳动年龄内的农转非人员、建设征地农转工自谋职业人员和整建制农转居劳动力全部纳入城镇职工社会保险覆盖范围，解决了失地农民的社会保障问题。2010年，又将城镇灵活就业人员的参保政策，延伸到城乡结合部50个重点村的劳动力，开辟了北京市农村劳动力参加城镇职工社会保险的新途径。

随着改革的日益深入，由于各种原因没有参加养老保险的群众，要求参保的呼声很高。为此，北京市针对参保人员不满缴费年限不能按月享受基本养老待遇问题，建立了延期缴费制度。同时，针对部分存档人员要求补缴社会保险费的问题，实施了基本养老保险补缴政策，解决了历史遗留问题，维护了劳动者的社会保障权益。

（三）养老保障待遇水平不断提高

近年来，北京市不断完善社会保障相关待遇标准调整机制，根据首都经济发展水平，逐年提高各项待遇标准。在调整过程中，注重向弱势群体倾斜，逐步缩小城乡、群体之间的待遇差距，有效保障了人民群众的基本生活，促进了社会和谐稳定。

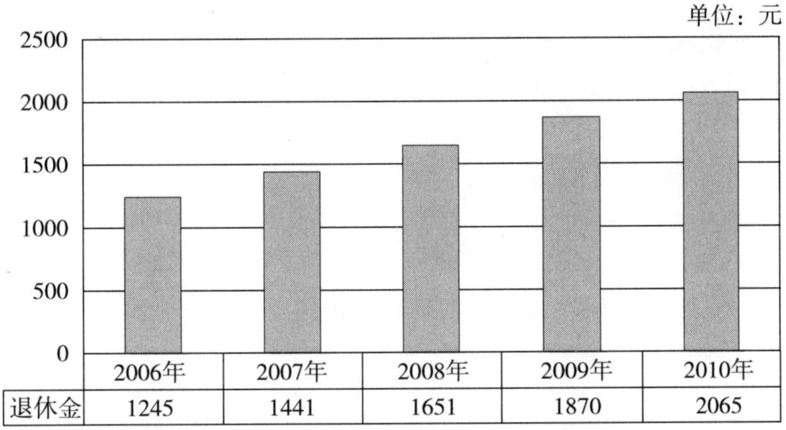

图 5　北京市企业离退休人员养老金增长情况

为了提高退休人员的生活质量，“十一五”期间，连续较大幅度提高了企业退休人员的养老保险待遇，月平均养老金水平由 2005 年的 1086 元增加到目前的 2313 元，在全国处于较高水平。在养老金调整中，既考虑按缴费年限普遍调整，又考虑向退休时间早、年龄较大、养老金水平偏低的人群倾斜；向高级专业技术人员、军队转业干部等人员的政策倾斜，取得了良好的社会反响。

在提高企业退休职工养老金水平的同时，北京市于 2010 年建立了城乡居民养老保险和福利养老金待遇调整机制，将城乡居民养老保险的基础养老金由 280 元提高到 310 元，福利养老金由 200 元提高到 230 元。

（四）不断完善企业年金制度

企业年金是在国家政策支持下，企业和职工自愿建立并自主管理的一项企业补充养老计划，它能够使退休职工在获得基本生活保障的同时，得到补充养老保障。北京市于 2006 年建立了企业年金制度，对建立年金制度的企业，单位缴费 4% 以内的部分给予税前列支，鼓励企业通过年金提高职工养老保障水平、增强自身的凝聚力。截至 2010 年底，北京市有 320 家企业建立了企业年金制度，覆盖职工 31 万人，初步建立起了多层次的养老保险体系。

三、失业保障制度不断完善，充分发挥了“保生活、促就业、预防失业”三位一体的功能

经过多年不断探索与实践，北京市失业保险制度逐渐完善，范围从小到大，作用从弱到强，为确保首都就业局势稳定提供了重要保障。

（一）失业保险制度覆盖范围不断扩大

自1986年制度建立以来，北京市失业保险的保障范围逐步扩大，目前，已从最初的国营企业职工，扩大到除国家公务员以外的所有城镇企事业单位及其职工、农民合同制职工。实现了城乡失业职工在待遇标准、享受促进就业政策等方面的统一。“十一五”时期，全市失业保险参保人数从482.2万人增加到774.2万人。

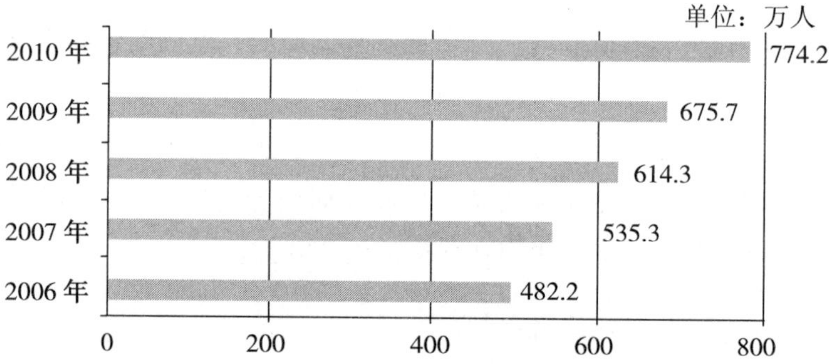

图6 “十一五”期间北京市失业保险参保人数情况

（二）失业人员基本生活保障水平不断提高

我市坚持失业保险待遇标准调整机制，“十一五”期间，北京市失业保险金平均水平由446元/月提高到686元/月，年均增幅达到9.5%。截至2011年9月，失业保险金平均水平达到836元/月。5年来，失业保险基金共为69.5万失业人员发放失业保险待遇29.8亿元，有效保障了失业人员失业期间的基本生活。

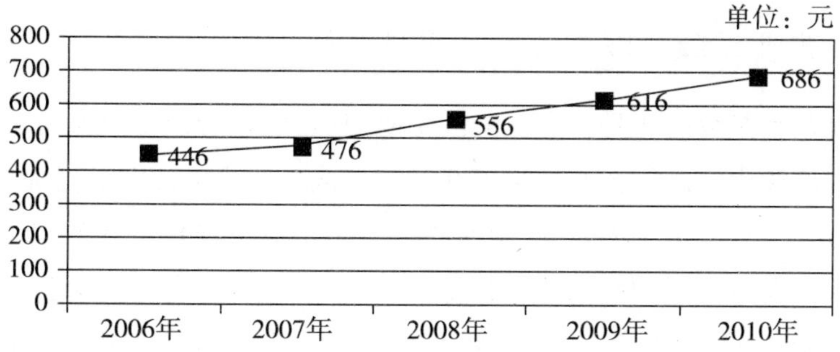

图7 北京市失业保险金各档水平情况

（三）促进就业功能得到充分发挥

“十一五”时期，北京市加大失业保险基金用于促进就业的投入，扩大享受政策范围，扩展促进就业项目。几年来，逐步将城乡“4050”人员、低保人员、残疾人员、“零就业家庭”劳动力、失业一年以上城镇失业人员以及绿化隔离、资源枯竭等地区的农村转移劳动力等人员纳入就业困难群体帮扶范围，使他们享受社会保险补贴、岗位补贴和培训补贴。同时，为了加大就业特困人员托底安置力度，进一步完善政策，提高由失业保险基金负担的公益性就业岗位专项补贴。

“十一五”期间，北京市失业保险基金用于促进就业的支出累计近60亿元，帮助100多万失业人员实现就业。社区公益性就业组织安置就业特困人员2.3万人，经认定的就业特困人员当年全部得到安置，基本实现了“无零就业家庭”目标。北京市城镇登记失业率一直控制在2.3%以内，保持了首都就业局势的持续稳定。

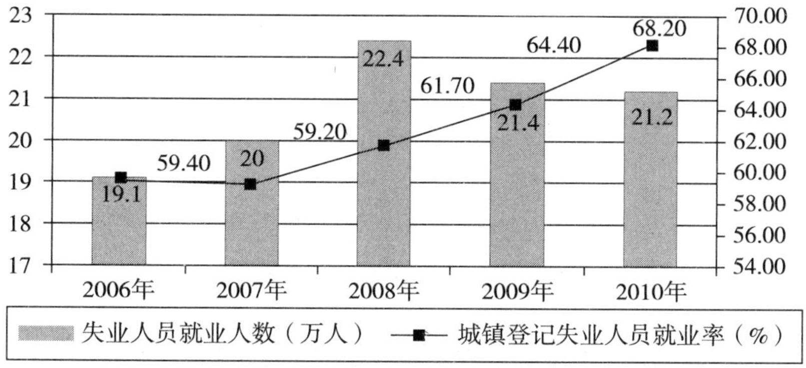

图8 北京市失业人员就业人数与城镇登记失业人员就业率情况

（四）失业保险预防失业的作用显著提高

稳定就业和减少失业是失业保险的主要职能之一。为了应对国际金融危机对就业工作的严峻挑战，使企业尽量不裁员、少裁员，北京市在加强失业监控的同时，2008 年出台了一系列稳定就业的政策措施，对生产经营困难的企业给予岗位补贴、社会保险补贴和培训补贴，仅 2009 年一年，就拨付补贴资金 5.5 亿元，有效稳定了 489 家企业的 7.3 万个就业岗位，在“保增长、保民生、保稳定”方面发挥了显著作用。

四、健全工伤保险制度，有效保障了工伤职工的基本生活和康复需要

北京市不断扩大工伤保险的保障功能，逐步实现由传统的重经济补偿向经济补偿和工伤康复并重转变，初步形成了工伤预防、工伤补偿、工伤康复三位一体的工伤保险体系，对工伤职工回归社会起到了积极作用。

近年来，北京市在不断完善工伤保险政策法规的基础上，不断扩大工伤保险制度覆盖范围，实现了从企业向事业单位、社会团体及民办非企业单位的拓展，基本涵盖了所有劳动者。截至 2010 年底，全市参加工伤保险的用人单位达到 25.8 万户、覆盖职工 823.8 万人，其中农民工 291.2 万人。

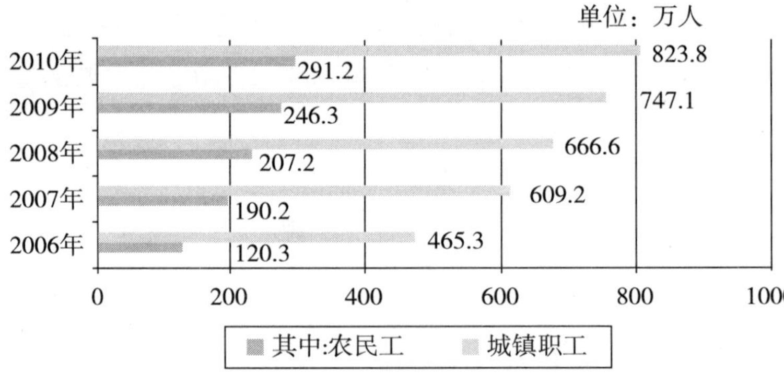

图 9　北京市工伤保险参保情况

与此同时，将调整工伤保险定期待遇标准纳入全市社会保障待遇标准调整机制，逐年提高工伤职工伤残津贴、护理费、供养亲属抚恤金水平。“十一五”期

间，三项待遇分别增长 95%、136.3%、98.5%，分别达到 2200 元/月、1445 元/月和 1308 元/月。

2010 年，北京市全面推进工伤康复工作，不断规范工伤康复管理服务形式，健全管理制度，研究完善相关政策和标准体系，大大提高了工伤康复工作的质量。目前，北京市已有近千名工伤职工接收了康复治疗。

五、生育保险制度不断完善，进一步扩大覆盖范围

北京市于 2005 年建立了生育保险制度，实行生育保险医疗费社会统筹。目前制度已覆盖了北京市城镇各类企业以及与之形成劳动关系的北京市户籍职工。截至 2010 年底，全市生育保险参保人数达到 372.2 万人，比制度建立之初的 2005 年增加 146.1 万人。5 年来，累计为 53.7 万名参保人员报销生育医疗费 6.3 亿元，发放生育津贴 22.4 亿元，有效保障了职工在生育期间的基本经济收入和医疗需求，解除了女职工的后顾之忧。

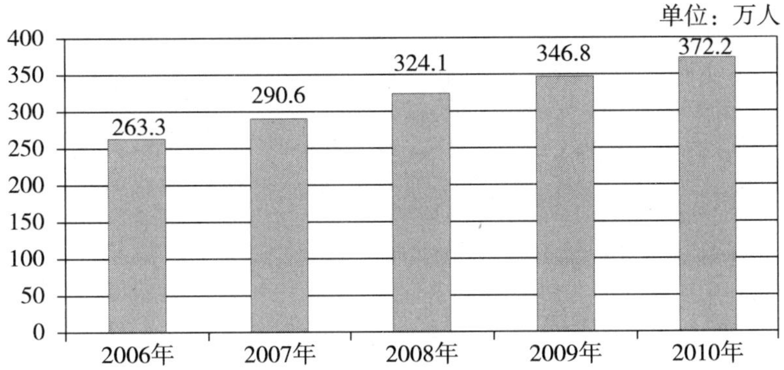

图 10　北京市生育保险参保情况

六、社会保障公共服务体系日益完善，服务群众的能力显著增强

建设服务型政府，实现基本公共服务均等化是构建和谐社会的重要内容。经过几年的发展，北京市已经基本形成了以社保经办机构、社保所为主，银行及各类定点服务机构为依托的社会保障公共服务体系。服务网络逐步由街道（乡镇）向社区（行政村）延伸，有 98% 以上的社区（行政村）建立了服务站，为企业

退休人员提供医药费报销、待遇领取、政策咨询等方面的社会化管理和服务。同时，还实现了社保业务网上申报、查询，为参保单位及个人提供了方便快捷的服务。

“十一五”时期，是首都社会保障事业发展最快、人民群众得实惠最多的五年，为推动首都科学发展，转变经济发展方式，建设中国特色世界城市的奠定了重要基础。

第三节　北京社会保障事业推进健康城市建设的对策思路

未来五年，北京市将以科学发展为主题，以加快转变经济发展方式为主线，全力推动“人文北京、科技北京、绿色北京”战略，努力打造“五个之都”，率先形成创新驱动和城乡经济社会发展一体化新格局。首都经济社会的加速发展，对社会保障体系建设提出了新的更高的要求。

十七届五中全会强调，要更加注重保障和改善民生，并将社会保障工作放在重要的战略位置；市委、市政府把提高民生水平作为首都工作的出发点和立足点，将社会保障工作列入了“十二五”时期推动科学发展的主要任务，凸显出了社会保障的重要作用。“十一五”期间，首都已经形成了比较完善的社会保障制度框架，保障项目逐步健全，待遇稳步增长，管理服务进一步加强，为社会保障事业发展奠定了稳固的基础；首都经济快速发展和社会保险基金的积累，为北京市社会保险事业实现可持续发展奠定了坚实的物质基础。

“十二五”时期，北京市社会保障事业在面临难得的发展机遇的同时，也面临着诸多严峻挑战：一是首都正处于中国特色世界城市建设的起飞阶段，要求打破地域间壁垒，尽快建立统一、开放、包容的社会保障体系；二是随着首都社会结构转型，经济社会城乡一体化发展，要求加快制度整合，健全城乡一体化的社会保障体系，不断提高保障水平、扩大保障范围，实现“人群全覆盖”；三是由于北京市老年人口的持续快速增长，增加了养老保险和医疗保险基金的支付压力，必须采取有效措施，应对老龄化进程加快带来的影响，实现人口、社会保障与经济增长之间的协调发展。另外，《社会保险法》的实施，要求北京市社会保险在制度设计、覆盖范围、转移接续、管理方式、经办服务等方面进行新的调整。

“十二五”期间，北京市社会保障体系建设的总体思路是：全面落实科学发展观，坚持以人为本、民生为重，紧紧围绕实施“人文北京、科技北京、绿色北京”和中国特色世界城市发展战略，以及建设健康城市的目标要求，坚持公平和适度普惠的原则，按照“全覆盖、保基本、多层次、可持续”的基本方针，以“统筹城乡、整合制度、完善功能、强化服务”为重点，加快建设与首都经济社会发展水平相适应的社会保障体系，使广大人民群众共享社会发展成果，促进人民群众生活质量和健康水平的提高。

一、加快健全城乡一体化的社会保障体系，为提高公民健康水平创造条件

按照党的十七大和十七届五中全会的要求，加快制度建设步伐，完善以养老、医疗、失业、工伤、生育保险为核心的社会保障体系。重点落实《社会保险法》的要求，继续完善“职工 + 居民”的城乡一体化养老保障格局；在国家政策指导下，稳妥推进机关、事业单位养老保险制度改革，逐步推进机关、事业单位退休金制度与职工基本养老保险制度的并轨。健全医疗保障制度，进一步减轻群众医疗负担；完善医药费用控制机制，抑制医药费用不合理上涨。建立健全功能完备的失业保险制度，调整失业保险促进就业、稳定就业支出项目，提高补贴标准，强化失业保险制度预防失业和调控失业的功能。加快完善工伤保险制度，建立健全预防、补偿、康复相结合的工伤保险体系。逐步提高生育保险的保障能力，通过制定科学合理的医疗费用结算办法，保障女职工的合法权益，促进妇女就业。

同时，加快建立多支柱的社会保障体系，提高社会保障水平。在养老保险领域，大力推行企业年金，研究建立机关、事业单位职业年金，提倡和引导职工参加个人储蓄性养老保险，形成完善的多层次养老保险体系；在医疗保险领域，引导企业建立企业补充医疗保险，鼓励商业健康保险发展，不断完善多支柱的医疗保障体系。总之，要通过积极发展企业补充保险、商业保险，形成不同层次的保险模式，为群众健康提供全方位的保障。

二、扩大社会保障范围，为提高全体居民的健康生活提供更加坚实的保障

在实现由职工保障向全民保障、由城乡二元向城乡一体转变的基础上，进一步打破区域壁垒，拓展覆盖范围。做好基本养老保险和基本医疗保险关系的转移接续工作，异地就医结算工作等，并将事业单位和在我国境内就业的外国人纳入社会保障范围，解决好城市化进程中农民的社会保障问题，推进养老保险由“制度全覆盖”向“人群全覆盖”转变。

三、稳步提高社保待遇水平，增进群众健康福祉

要不断完善与经济发展和物价变动挂钩的社会保障待遇调整机制，继续提高包括企业退休职工基本养老金、最低工资、失业保险金、工伤保险定期待遇以及城乡居民基础养老金、福利养老金在内的社会保障待遇标准，满足群众生活的基本需求。健全企业退休人员基本养老金调整制度，以及城乡居民基础养老金和福利养老金调整制度，完善机关、事业单位退休人员退休费调整机制，注重向弱势群体倾斜，逐步缩小城乡、区域、群体之间的待遇差距。继续扩大基本医疗保险报销范围，逐步缩小职工医疗保险、居民医疗保险和新型农村合作医疗制度报销差距。

四、健全社会保障服务体系，提供规范、均等、优质的公共服务

社会保障公共服务，是涉及劳动者底线生存的最重要和最基本的服务。当前，随着城乡统筹、保障项目增多、覆盖范围不断扩大以及个性化服务的日趋多样，社会保障公共服务，无论在范围还是质量上，都不能满足群众日益增长的需求。因此，必须以实现基本公共服务均等化为目标，建立起覆盖城乡的社会保障公共服务体系。要按照建设服务型政府的要求，不断加强社会保障经办能力建设，进一步完善市、区（县）、街（乡镇）三级管理和市、区（县）、街（乡镇）、社区（村）四级服务体系；进一步健全管理制度，规范业务流程，提高经

办效能，继续改进社保经办模式，大力推进社保业务网上申报和查询，方便企业和职工。

五、完善社会保险基金管理，确保社会保障基金安全稳健运行

社保基金是社会保障制度运行的物质基础。近年来，随着北京市社会保障体系建设的日益完善，社保基金收支规模不断扩大，因此，必须进一步完善行政监督、专门监督、社会监督和经办机构内部监督相结合的基金监督体系，确保社会保险基金安全。同时，要继续完善社会保险扩面征缴联动机制，依法征缴社会保险基金，努力实现应保尽保、应收尽收，确保社会保障体系平稳运行。

市委、市政府明确提出打造“健康城市”的目标，我们要落实好《全民健康十年行动规划》和健康北京“十二五”专项规划以促进人的健康为中心，继续加快改革创新步伐，全面推进社会保障体系建设，努力打造一个健康、和谐、宜居之都。

第七章 北京人口均衡发展与健康城市建设研究

建设健康城市是1986年以来世界卫生组织为应对城市化进程中出现的“城市病”对人类生存发展造成的严重危机，而提出的一项新的生存战略，它是由健康人群、健康环境和健康社会组成并协调发展的整体，是世界城市发展的内在要求和普遍趋势，也是保障和改善民生的重要内容。当前，北京在向中国特色世界城市迈进过程中，无疑也受到“城市病”的困扰，治理交通拥堵和环境污染以及提高市民健康素质和文化素质已经成为世界城市建设的重要任务，而要完成这些任务，必须要以调控人口规模，引导人口合理分布，提高人口素质，优化人口结构为基础。因此，实现人口均衡发展，对推进健康城市建设具有十分重要的意义。

第一节　人口均衡发展与健康城市的关系

人口长期均衡发展是指在相当长的一段时期内，人口的发展与经济社会发展水平相协调、与资源环境承载能力相适应，并且人口规模适度、人口素质优良、人口结构优化、人口分布合理及人口系统内部各个要素之间协调平衡发展。从人口均衡发展的概念、内涵和重点任务表明，人口均衡发展是健康城市建设的基础，建设健康城市又为人口均衡发展提供有利条件，两者互为补充，相得益彰。

一、人口均衡发展是建设健康城市的基础

人口是影响经济社会发展的关键因素，在经济社会发展中始终处于基础性地位。人口是城市的主体。实现人口均衡发展和人的全面发展既是城市发展的出发点和归宿，也是健康城市建设的最终目标。一个人口规模适度的城市，能够缓解

人口与资源环境的矛盾；一个人口结构优良的城市，能够缓解代际之间的矛盾，为城市可持续发展提供有利条件，也为健康城市建设提供良好氛围。一个人口分布合理的城市，减轻城市安全运行的压力，提高城市服务管理的效率；一个人口素质优良的城市，能够为创造、改善城市自然环境和社会环境提供智力支撑，成为建设健康城市的根本保障。因此，人口均衡发展既为健康城市建设奠定坚实的基础，又为健康城市建设提供强大的动力支持，推进人口均衡发展是建设健康城市的必由之路。

二、人口均衡发展反映了建设健康城市的内在要求

健康城市是对传统城市发展模式的重大变革，是根治人口膨胀、环境污染、交通拥堵、住房紧张、资源短缺等城市病蔓延和发展的最佳途径，是提升人类健康水平的根本出路，是现代城市发展的必然趋势。健康城市突出强调健康是人类的第一主题，着力建立丰富充足的物质环境、洁净良好的生态环境、和谐有序的社会环境，来提高人民群众的健康水平和生活质量。这必然要求转变发展方式，走新型工业化道路，加快人口均衡型、环境友好型、资源节约型社会建设，实现人与城市的和谐发展。

三、人口均衡发展与健康城市建设相辅相成、相得益彰

健康城市强调由健康的人群、健康的环境和健康的社会有机结合成一个整体，致力于提高市民的健康水平和生活质量。人口均衡发展强调人口的规模、素质、结构、分布相协调，致力于人口发展与经济社会发展相协调，与资源环境利用相适应。北京建设健康城市具有良好的基础，但是随着城市化进程的加快，推进健康城市建设面临治理人口膨胀、交通拥堵和环境污染，提高人口健康素质，缓解资源短缺等重点任务，为人口均衡发展提供有利条件。反之，推进人口均衡发展以解决人口数量、人口素质、人口结构和人口分布等问题为重点，这些问题的解决，是缓解日益突出的“大城市病”，提升城市的宜居水平和市民的健康水准的治本之策。因此，健康城市建设和人口均衡发展目标任务一致，两者互相促进、相辅相成、相得益彰。

第二节　北京推进人口均衡发展取得的成绩及存在的问题

“十一五”时期是北京发展史上极不平凡的五年。五年来，在党中央、国务院和中共北京市委的坚强领导下，在全国人民的大力支持下，成功举办了一届无与伦比的奥运盛会，圆满完成了新中国成立60周年庆祝活动筹办的任务，全面实现了“新北京、新奥运”战略构想，首都经济社会发展取得了历史性成就，为健康城市建设和人口长期均衡发展奠定了坚实的基础。

一、“十一五”时期推进人口均衡发展取得的主要成绩

（一）统筹人口发展格局初步形成

“十一五”时期是北京市全面贯彻落实科学发展观、推动经济社会协调发展的关键时期，也是统筹人口和谐发展，提高城市健康水平的重要时期。五年来，市委市政府始终坚持落实《中共中央国务院关于全面加强人口和计划生育工作统筹解决人口问题的决定》和《国家“十一五”人口规划》精神不动摇，坚持市委常委会、市政府常务会定期研究人口发展和计划生育工作，牢固树立“抓人口就是抓发展、抓人口就是保民生”意识，把《北京市“十一五”人口发展规划》的任务，纳入年度经济社会发展计划，大力推动人口领域各项工作，统筹解决人口问题的框架初步形成：一是研究出台《市委市政府关于深入贯彻落实科学发展观统筹解决人口问题的决定》，提出了统筹解决人口数量、素质、结构、分布及推动人口与经济社会资源环境全面协调可持续发展的思路，明确了区县和部门的职责和任务。二是加大对重大人口问题的工作力度。面对城市化快速推进带来的人口规模过快增长问题，市委市政府将探索建立人口规模调控机制列入折子工程，有关部门和区县开展专题调研，为决策提出意见建议，全市逐步形成了将“控制人口过快增长作为重要任务”的共识。部分区县勇于探索，形成了“以产

引人、以房管人、以证控人”的调控措施和经验，取得了明显效果。三是调整充实人口和计划生育领导小组，增加“大人口”的职能，以领导小组为平台，建立新的工作机制，组织落实统筹解决人口问题的各项任务。四是创新流动人口和出租房屋服务管理模式，建立市、区（县）、街（乡镇）、居（村）四级联动、条块结合、属地为主的服务管理新体制。基本形成了党委政府统一领导、人口职能部门分工负责、相关业务部门协调配合、综合治理人口问题的新格局。

（二）人口规模调控引起高度重视

人口规模过快增长，造成水、土地资源日趋紧张，是产生交通拥堵、垃圾污水处理难、入托难、入学难、就医难等“城市病”的主要原因，也是推进人口均衡发展的主要障碍。近年来，市委、市政府重视统筹解决人口问题，针对首都城市人口过快增长的严峻形势，市委书记刘淇、市长郭金龙多次在会议上专门强调首都人口调控问题，并作了重要指示，提出了明确要求。刘淇同志明确指出，在改革开放不断深化，城市化进程加速，流动人口急剧增长的大背景下，解决好人口无序增长问题，实现人口的有序管理，是对市委市政府领导能力、执政能力的重要检验。要本着对党和人民高度负责的态度，按照科学发展观的要求，综合施策，统筹治理。市长郭金龙在2011年的政府工作报告中也阐明，要加强人口调控管理，认真落实中央关于“大城市要加强和改进人口管理”的要求，抓紧研究制定人口有序管理的一揽子政策措施。《北京市国民经济和社会发展第十二个五年规划纲要》将“构建适应首都发展的人口格局”独立成章，明确了人口规模调控的基本思路、工作任务、政策措施，提出了“以加快转变发展方式和完善人口管理制度为重点，切实提高城市人口管理服务，努力遏制人口无序过快增长”要求。

（三）人口自然增长保持较低水平

人口和计划生育工作思路和方法不断转变，新型家庭人口文化建设得到加强，综合改革取得新进展。以改善民生为导向，以增强计划生育家庭发展能力为重点，在提高农村计划生育家庭奖励扶助、计划生育家庭特别扶助标准基础上，利用财政贴息贷款扶持农村低收入计划生育家庭发展生产增收致富。各区县积极探索，采取多种形式实施有利于计划生育家庭的优惠政策，具有首都特色的稳定低生育水平长效机制继续完善。妇女总和生育率保持在更替水平以下，计划生育率保持在95%以上，处于全国领先水平，常住人口自然增长率稳定在4‰以内，低于全国平均6‰。

（四）人口整体素质得到全面提升

努力使广大人民群众共享首都改革发展成果，是坚持以人为本的具体体现。近年来，牢固树立“大人口”理念，加快公共服务体系建设，扎实推进各项惠民工作，努力提高群众生活质量。广泛推动“人文奥运”、“人文北京”建设，市民文明素质全面提高。完善公共卫生服务体系，落实“健康北京人”行动计划，市民健康水平稳步提升，人均预期寿命达80.81岁、婴儿和孕产妇死亡率等指标达到发达国家水平。深入实施“北京市健康生育计划”，积极开展出生缺陷三级预防，出生人口素质得到改善。全市各级人口计生部门努力拓展服务范围，增强服务能力，形成了“政府主导、社区参与、计卫联手、共建共享、需求易得、融合拓展”，具有首都特点的优质服务模式，在全国率先实现了“国优”先进单位全覆盖。向全市已婚待孕和怀孕3个月内的准妈妈免费发放叶酸，将育龄群众提供免费健康体检和生殖健康服务，纳入基本公共卫生服务项目，使群众健康水平稳步提升。率先基本实现教育现代化，6岁及以上人口和新增劳动力平均受教育年限超过12年，受过高等教育的人口比例等指标全国领先。加强人才队伍建设和人力资源开发，与建设现代国际城市需要相适应的人才队伍不断壮大，对全国人才发展的辐射带动作用显著增强。

（五）流动人口服务管理不断加强

流动人口合法权益得到维护和发展。逐步解决流动人口劳动就业、社会保障、子女教育、居住环境、文化生活等方面的问题，实施农民工“特别培训计划”，来京务工子女教育得到有效保障，在公办学校接受义务教育比例已接近70%，公共卫生服务惠及全部常住人口。探索建立了社区化管理、集中管理、契约式管理、村企联管等流动人口服务管理新模式，强化以基层基础为重点的属地化管理，形成覆盖全市社区（村）的流动人口和出租房屋服务管理网络。

（六）社会保障体系不断健全

在全国率先建立了城乡无社会保障居民养老制度，实现了城乡居民养老、医疗、就业保障制度一体化，基本统一了城乡保障标准，实现了社会保障制度全覆盖，社会保障水平明显提高。以城乡最低生活保障为基础、专项救助相配套、临时救助和社会互助为补充的社会救助体系进一步完善。实施积极的就业政策，加大劳动力培训力度，城镇登记失业率控制在2.3%以内。积极应对人口老龄化、高龄化，以养老保障和养老服务为重点，建立广覆盖、多层次、可持续的社会养老保障制度，确立了“9064”的养老服务模式，出台居家养老（助残）服务“九养政策”，完善敬老优待办法，养老框架体系基本形成，老年人的生活质量得到切实提高。

二、推进人口均衡发展及健康城市建设存在的主要问题

（一）人口规模持续膨胀给健康城市建设带来巨大压力

“十一五”期末，全市常住人口已达1961万人，五年间共增长423万人，年平均增加80.4万人。人口流迁是城市化发展的必然产物，我国城市化率目前仅为47.5%，正处于城市化快速推进阶段，随着经济全球化、信息化、市场化的进一步推进，城市化将更加朝向集约化的大城市、城市带的方向发展，流迁从个人到家庭迁移的趋势也更加凸显，户籍改革等政策的制定实施也将增加户籍控制难度，“十二五”期间全市仍将面临人口持续上涨的巨大压力。

首都是自然资源匮乏的特大型城市，能源和资源几乎100%从外省市调入。从资源环境的短板看，首都的水资源的承载力已达到极限，目前人均年水资源占有量不足100立方米左右，远低于国际公认的人均1000立方米的重度缺水线，平均年缺水17.9亿立方米。在人口资源环境矛盾中，起主要作用的是人口过快增长。其中流动人口快速增加，是人口增长的主要原因。人口规模的过快增长，不仅造成了水、土地等不可替代资源日趋紧张，而且也是产生交通拥堵、垃圾处理等难题的根源，是实现建设健康城市目标的最大威胁。从近些年北京市人口与资源环境发展的简单比较看，每增加10万人，需要占用20平方公里的土地，用

水/污水排放每年要增加2200万立方米，能耗每年增加35.8万吨标准煤，垃圾清运每年增加7万吨，交通出行规模每天增加9.5万人。

（二）人口分布不合理的局面加大了健康城市建设的难度

由于疏解中心城区城市功能难度很大，近年来人口单中心过度聚集的状况还没有根本改变。“十一五”时期，虽然城市功能核心区人口数量与比例将有一定程度下降，但人口密度依然较高。城市发展新区和新城人口数量会有所增加，但主体是流动人口。人口职住分离、分布不合理，形成大量的城市“潮汐”流，加剧交通拥堵，增加社会成本。据2009年[①]福田指数报告最新的研究成果，每月北京居民由于道路拥堵产生的经济成本为335.6元，居参与调查的[②]7个城市之首。同时，北京居民上下班时间花费也居高位。道路畅通时平均花费时间40.1分钟，而道路拥堵时则达62.3分钟，这种由于土地资源紧缺引发的公共服务供需矛盾是最具“触怒”的风险，对建设健康城市带来隐忧。与此同时，人口高度密集，人口绝对数量大，特别是人口流动频繁，对北京市的传染病防控工作带来巨大挑战。促进区域均衡发展、加快人口合理分布，将是建设健康城市、促进人口均衡发展的一项重点工作。

（三）人口老龄化继续加快对健康城市建设造成不利影响

“十二五”期间，北京市人口老龄化将由稳步增长期进入快速增长期。2010年，全市户籍人口中60周岁及以上老年人口为235万，占户籍人口的18.7%。预计“十二五”时期，老年人口将以年均17万的数量增长，2015年，户籍人口中60周岁及以上老年人口将达到320万，占户籍人口上升至21.5%，养老保障和养老服务压力将更为沉重。北京人口老龄化呈现出老龄化程度高、增长速度快、老年人口高龄化趋势的明显特点，对建设健康城市、推进人口均衡发展主要产生以下影响：一是挑战养老制度保障能力和财政负担能力的可持续性。二是对老年服务体系带来挑战。三是促使医疗费用支出迅速增加，还对医疗保障制度与服务的理念、内容也提出了新的要求。积极应对人口老龄化，提高社会保障水

① 报告全称为《2009福田指数——中国居民生活机动性指数研究报告》，由零点研究咨询集团与北汽福田汽车股份有限公司共同编制。

② 7个城市分别为：北京、上海、武汉、广州、西安、哈尔滨、成都。

平，使老年人“老有所养、老有所医、老有所乐、老有所为”，是北京建设健康城市、推进人口均衡发展重大任务。

（四）人口健康、文化素质与健康城市建设目标还有差距

与世界城市比较，北京人口健康、文化素质仍有差距。2009 年，北京高等教育在校生数占总人口的比例为4.5%，而纽约、东京在21 世纪初就分别达到了6.4%和6.1%。医疗卫生方面，2008 年北京市每千人拥有执业医生数4.78 人，而巴黎在1999 年已达到9.1 人，北京平均预期寿命80.81 岁，而东京在1998 年即达到80.8 岁。在人才发展方面，虽然首都人才发展在全国处于领先地位，但与其他世界城市相比也有较大差距。人才资源总量不足、密度较低，高端人才、领军型人才缺乏，与世界一流“人才之都”相适应的创意、创新、创业环境需要进一步优化，人才发展体制机制也需要进一步完善。“十二五”时期，要着力解决这些问题，开拓人才发展的新局面。

（五）家庭发展能力与建设健康城市的要求还不适应

随着人口迁移流动性增加、老龄化加剧及生育政策和婚育观念等综合因素影响，家庭人口结构发生了显著变化，家庭规模不断缩小，呈现出结构多样化、居住离散化、关系松散化的趋势和特点。单人、单亲、空巢等家庭比例大幅提高，养老等传统家庭功能弱化，家庭应对社会风险的难度明显增大。家庭发展能力不足，将动摇健康城市建设的根基，也与推进人口均衡发展的方向相背离。

第三节　加强健康城市建设，推进北京人口均衡发展的对策思路

“十二五”时期，首都发展仍然处于可以大有作为的重要战略机遇期，也是推动人口均衡发展和建设健康城市的关键时期。面对中央提出全面做好人口工作的新要求，要坚持大城市人口发展和调控理念，从以人为本的高度关注人口均衡发展，从统筹协调、寓管理于服务的角度来促进人口均衡发展，以建立良好的经

济社会环境、城乡一体的制度环境、公平普惠的政策环境来保障人口均衡发展，最终实现人口的全面协调可持续发展。

一、指导思想

以邓小平理论和“三个代表”重要思想为指导，深入贯彻落实科学发展观，按照中央关于全面做好人口工作、大城市加强和改进人口管理的要求，以继承奥运健康遗产为重点，统筹解决人口数量、素质、结构、分布问题，逐步形成规模适度、结构优化、多元和谐、分布合理、服务有效、管理严格、与城市可持续发展和城市功能相适应的人口均衡发展格局，为建设“健康之都”打下良好的人口基础。

二、基本原则

（一）以人为本

树立和落实科学发展观，在发展思路上突出以人为本，体现群众的主体地位，坚持一切为了群众、一切依靠群众、一切成果由群众共享；在发展要求上突出公民的基本权利，千方百计地满足市民的计划生育/生殖健康基本需求；在发展内容上突出综合性的特点，为广大人民群众提供健康有益、丰富多彩的人口计生公共服务；在发展方式上突出广泛性要求，使社会各阶层人群公平均衡地享有人口公共服务。

（二）改革创新

进一步完善适应人口均衡发展要求的宏观调控体系，改革创新人口服务管理机制，综合运用法律、经济、行政、宣传等手段，全面推进人口均衡发展。

（三）齐头并进

把推进人口均衡发展和健康城市建设同安排、同部署、同考核，形成优势互补、齐头并进、相得益彰的工作局面。

三、重点任务

（一）科学调控人口规模，与资源环境承载规模均衡，为建设健康城市打下基础

把科学合理调控人口规模作为推进经济社会协调发展的重要节点。尊重人口流动规律和人的发展规律，处理好经济发展与人口发展、社会和谐的关系，既要发挥人口在推动经济发展中的重要作用，也要努力降低人口增速，控制人口无序过快增长，努力实现规模适度、结构优化、分布合理、管理有序的目标。

1. 从科学发展的高度，突出人口问题的显著位置。应充分认识人口在经济社会发展中的基础性作用，把推动人口资源环境协调发展作为科学发展的重要内容和实现首都功能的重要任务，把调控人口规模和优化人口结构的目标纳入市委市政府对区县党委、政府和各相关部门绩效考核内容，将人口评估环节纳入重大决策和相关政策的制定、出台过程中，建立健全责任制，充分发挥各级、各相关部门的积极性和主动性，总结推广“以业管人、以房管人、以证管人”经验，确保年度人口目标和规划人口目标的实现。

2. 创新人口调控体制，统筹人口服务管理。根据形势需要，适时调整人口和计划生育委员会职能定位，拓展人口数据整合、政策统筹、工作协调、规模调控、信息服务等人口服务管理方面的新职能。实施人口发展属地责任，落实区县政府人口服务管理责任制。建立“高级统筹、部门分管、属地负责、四级联动”的人口服务管理机制。尽快成立首都人口协调机构，集合国家有关部委、驻京部队和市政府有关部门，制定重大人口决策，督促检查人口政策措施落实情况。积极争取中央党政机关、驻京单位的支持和配合，建立户籍人口迁入协调机制，改变进京户口多头审批、缺乏统一协调的局面，根据“控制数量、优化结构”的原则，制定市属各部门和中央、部队进京户口指标分配方案，实施“政策加指标”的调控措施。

3. 加强人口规划制定的权威性和科学性，加大执行监管力度。北京市“十二五”规划的编制过程中，经济社会发展、产业发展、城市建设、土地利用等各项规划的制定，必须以人口规划为基础，确保各项规划的政策措施符合人口规模

调控的目标要求。进一步加强人口发展中长期规划的科学研究和制定，规划目标应由人口数量向数量与结构并重转变，规划对象应由户籍人口为主向常住人口为主转变，规划内容应由以往的粗线条管理为主向精细化服务转变，实现规划手段由行政、经济为主向行政、经济、法律、社会等综合途径方向转变。严格对人口规划的监督和评估，明确责任主体，将相关指标分解落实，确保人口规划执行力和严肃性。充分发挥各级人大、政协、社会团体和公众在人口规划实施过程中的监督作用，完善健全法律监督、舆论监督等对城市规划的监督检查制度。

（二）引导人口合理分布，与区县功能定位均衡，为建设健康城市疏通经络

按照城市空间战略构想，将旧城疏解、中心城优化调整、新城发展、城乡结合部整治、小城镇和新型农村社区建设以及周边区域发展有机结合起来，在更大区域范围内构建多中心、网络化、城镇群均衡发展的新格局，实现人口、城市功能和产业由中心城过度聚集向全市协调发展转变。

1. 有序疏解城市中心城人口。中心城建设要由外延拓展全面转向调整优化，限制一般性房地产、大型商业开发和其他高密度改扩建项目，合理控制中心城特别是城市功能核心区的建设规模和建设强度，加大部分行政办公、教育、文化、科研、医疗等城市功能向外围地区疏解力度。完成城乡结合部和城中村改造。制定中心城中央、市属单位和文物保护区人口外迁的优惠政策，加快以人口与功能疏解为主的区县定向安置进程，积极引导人口向新城转移。

2. 大幅度提升新城的吸引力。坚持高标准、高起点、高水平，把新城逐步建设成为相对独立、功能完善、城乡一体、宜居宜业的城市组团，为疏解中心城功能、产业和人口创造条件。加快引进重大功能性项目和产业项目，探索产业项目和住房建设的联动机制，提升公共服务、基础设施和生态环境质量，实现产业、居住与公共服务功能的整体优化，促进就业与居住相对均衡发展。健全吸引各种高端人才、吸收北京市技能型劳动力、疏解低附加值劳动密集型产业从业人员的长效机制，避免未来新城人口过度膨胀。

3. 合理规划城乡结合部人口。推进城乡结合部综合配套改革试点，鼓励和支持区县结合自身特点，在农民整建制转居、就业与社会保障、土地使用制度等重点领域取得重大突破。逐步健全城乡一体化的产业支撑、社会保障、就业服

务、公共服务和城市建设管理体系，推进城乡结合部城镇化进程。加大新城城乡结合部、棚户区改造力度，避免产生新的城中村、城边村。推动镇村产业优化升级，促进农村劳动力转移就业。将土地城镇化与人口城镇化密切结合，加快农民向城镇集中，提高城镇化水平。

4. 构建大区域人口疏解体系。将首都人口发展纳入首都经济圈发展框架，推动京津冀地区区域经济一体化发展，加强在产业发展、生态建设、环境保护、城市功能与基础设施布局等方面的协作配合，主动将部分制造业、大型物流和公共服务资源向周边城市转移，积极推动轨道交通、城市快速路向周边城市延伸，探索建立区域医疗、养老保险等服务体系的对接办法，促进人口、产业和城市功能向外疏散，在更大的区域范围内实现人口的合理分布。

（三）提高人口素质、优化人口结构，与经济社会发展均衡，为建设健康城市增添实力、活力

把提高人口素质摆到更加突出的位置，充分利用首都优势，优先投资于人的发展，为增强首都国际竞争力，为推动健康城市建设和推进人口均衡发展提供智力支持和人才储备。

1. 提高出生人口素质。深入实施“北京市健康生育计划”，做好健康教育、优生咨询、高危人群指导、孕前筛查、营养素补充等优生服务。加快推进免费孕前优生检查项目试点工作，“十二五”期间实现免费孕前优生健康检查全覆盖。推进新生儿疾病筛查、诊断和治疗工作。加强部门协作，积极落实出生缺陷三级预防措施。深入开展婴幼儿早期启蒙教育，启动0～3岁婴幼儿早期教育基地建设，为16区县培训200名儿童健康教育指导师。实施青少年健康人格工程，开展独生子女社会行为教育，启动青少年健康教育中心建设，在16区县重点打造16个青少年健康教育中心。

2. 增强人口健康素质。在“健康北京”大框架下，广泛开展健康教育与宣传，积极倡导健康文明的生活方式，落实全民健身行动计划。推进健康促进体系建设，建设“北京市人口与家庭健康服务中心”。强化社区卫生服务机构的健康“守门人”功能，提高居民健康保障能力。加强食品、药品监管和环境治理，营造健康的生活环境和工作环境。强化残疾预防，减少、减缓、推迟残疾的发生和发展。

3. 提升人口教育水平。实施《北京市中长期教育改革和发展规划纲要（2010－2020年）》，进一步提高人口平均受教育年限。结合新城建设、中心城区人口疏解、城乡结合部改造，新建一批优质中小学校。构建市民终身学习社区服务网络和社会服务网络。广泛开展老年教育、妇女教育和外来务工人员教育。把加快人才发展作为推动世界城市建设的关键环节。结合首都产业的区域转移，按照“人才＋产业”的发展模式输出人才资源，实现人才紧跟产业流动、人才流动带动产业群发展。

（四）加强流动人口服务管理，与城市化进程均衡，为建设健康城市增进和谐因素

按照“公平对待、服务至上、合理引导、完善管理”的要求，进一步完善流动人口服务与管理，保障流动人口的合法权益，使其更好地参与首都发展建设，促进社会和谐共融。

1. 强化劳动用工管理。强化企业用工管理，全面实施劳动合同制度，切实提高劳动合同签订率，严格执行最低工资标准，确保流动人口工资按时足额发放，严格要求企业按照《劳动合同法》和《社会保障法》为流动人口办理基本社会保险。完善多层次流动人口职业技能培训体系，启动家政、护理等行业特别培训计划，开展经常性的法律、法规及安全生产教育，提高流动人口就业能力。加大安全生产保护和职业病防治力度，加强劳动保障监察，确保用人单位不损害流动人口权益。

2. 规范流动人口出租房屋管理。修订房屋租赁管理办法，规范中介市场秩序。落实最低人均承租面积、环境卫生、房屋安全等基本标准，推行出租房屋租赁合同登记、治安、安全、计生等综合管理责任制。修订人防工程和普通地下室安全使用管理办法，严格禁止将人防工程和规划用途为非居住功能的地下室用于居住租赁。严格禁止违规建房出租。建立人口严重倒挂街乡镇重点监测机制，防止形成新的流动人口聚居村。推广实施人口和出租房屋管理新模式。强化出租房屋治安、消防、建筑结构等安全监督管理，消除各类安全隐患。

3. 改善流动人口居住环境。加大城乡结合部环境治理力度，改善流动人口居住环境和条件。鼓励企业和产业园区提供职工公寓。逐步关闭或升级位于“城中村”的各类商品交易市场。统一规划“城中村”周边地区，打击周边地区的

非法经济和无照经营。继续开展流动人口重点村三级挂账排查整治，大力引导流动人口有序流动。

4. 加强流动人口跨区域管理。加强与周边省市及流动人口输入大省间的工作协作，搞好劳务基地建设，及时沟通两地人力资源市场供求信息，采取按需培养、定向输入等方式引导外地劳动力有序来京就业。实现流动人口管理工作的有效对接。建立健全在京流动人口信息核查机制、不稳定因素协查通报机制、“三无”人员救助劝返机制以及劳务协作机制等一系列区域合作机制，实现双向协作管理。继续推进流动人口和人户分离人员“一盘棋”工作，不断完善环渤海“七省一区两市”流动人口服务管理区域协作机制。

5. 完善流动人口公共服务。确保流动人口子女在京平等接受义务教育。做好适龄儿童免疫和疾病防控工作。逐步实现流动人口计划生育、优生优育、生殖健康等基本公共服务均等化。强化流动人口婚育证明查验制度和出生人口登记制度，加大流动人口违法生育查处力度。在全社会形成关心、尊重流动人口的良好氛围，扩大社会参与，促进社会融入。依托人口和计划生育技术服务机构，免费为流动人口提供国家规定的计划生育基本项目服务，逐步实现计划生育免费技术服务覆盖所有有需求的流动人口。加强流动人口优生优育知识的宣传普及，将流动人口纳入出生缺陷一级预防和孕前优生健康检查等项目中，使流动人口在现居住地能够享有同等的计划生育优质服务。逐步加大流动人口计划生育利益导向工作力度，认真做好在京生育并采取长效避孕节育措施的流动已婚育龄妇女奖励工作，积极开展对实行计划生育的流动人口困难家庭的帮扶活动。

（五）积极应对人口老龄化，构建养老事业科学发展格局，为建设健康城市排解后顾之忧

根据老龄化快速发展的趋势和特点，提升老龄事业发展的战略地位，构建养老事业科学发展格局，积极主动科学应对人口老龄化。

1. 完善养老保障体系。逐步推进机关、事业单位退休金制度与职工基本养老保险制度并轨。研究建立机关、事业单位职业年金。加大对特殊困难老年群体的专项救助力度。逐步缩小城乡老年人社会救助水平的差距。扩大高龄津贴和老年人补助医疗制享受范围。建立失能老年人津贴。鼓励发展商业性老年保险。

2. 提高养老服务水平。围绕“9064”养老服务格局，进一步落实“九养政

策”。建立市、区（县）、街道（乡、镇）和社区（村）四级养老服务中心，建设6000个社区（村）托老（残）所、6万张床位，发展1万个养老（助残）餐桌。实现每万名老年人拥有专业护理员50人。完善社区空巢家庭老年人帮扶服务网络。

3. 提升老年人生活质量。实施老年健康促进工程，开展健康知识普及行动、合理膳食行动等健康促进行动。帮助老年人形成健康文明的生活方式，为老年人提供健康指导，普及老年心理健康知识，实施临终关怀教育。促进代际和谐。

（六）增强家庭发展能力，与城市可持续发展能力均衡，为建设健康城市提供保障

针对传统家庭功能不断弱化、应对社会风险能力降低的趋势，迫切需要采取综合政策稳定家庭功能，把提高家庭福利保障作为民生建设的切入点，把家庭作为促进社会和谐稳定的着力点，增强家庭的发展能力，稳定社会发展的基础。

1. 建立健全家庭发展政策。完善相关经济社会政策，从优生优育、子女成才、抵御风险、生殖健康、家庭致富等方面，加快建立和完善提高家庭发展能力的政策体系。建立健全家庭福利政策，以养老、助残、救孤、济困为重点，加大对老年人家庭、残疾人家庭、城乡低收入家庭、贫困家庭和单人、单亲、空巢家庭的支持力度，逐步拓展社会福利保障范围，增进家庭福祉。实现每个家庭至少有1名成员就业，提高每个家庭收入。提高家庭住房保障水平，发展公共租赁住房，增加保障性住房供给，“十二五”时期每年向市民提供20万套保障性住房。健全生育关怀制度，免费为符合条件的育龄妇女提供再生育技术服务。

2. 着力提高家庭服务能力。大力发展家庭服务业，依托全员人口信息系统，加强家庭信息采集和管理，为家庭发展政策的制定和实施提供依据。建立健全惠及全市城乡居民的家庭服务体系。依托社区建立家庭服务中心，构建以家庭为基本单位，以人的生命周期为主线，集计划生育、生殖健康、婚姻、户籍管理和妇女、儿童、流动人口、老年人、残疾人等各项工作为一体的社会管理和公共服务体系。开展初级家庭保健、新婚和计划怀孕的家庭指导、怀孕妇女及其家庭的跟踪联系、儿童早期发展、青少年及其父母的家庭教育指导、计划生育家庭老人的生理心理咨询、流动家庭关怀等服务。

3. 推进新型家庭人口文化建设。以“倡导婚育文明，构建和谐家庭”为核

心，以婚育新风进万家活动为载体，广泛宣传人口和计划生育政策，引导积极健康、负责任的婚育行为。加强人口文化宣传教育媒体体系、资源体系、环境体系、文化体系建设，加快构建人口文化“大宣教”格局。扎实推进关爱女孩行动，深入宣传男女平等、少生优生的观念。强化部门合作，加大工作力度，综合治理常住出生人口性别比偏高问题。强化家庭在社会建设中的作用。大力倡导低消耗、低污染的家庭文明生活方式。

第八章 北京城市交通发展与健康城市建设研究

交通是支撑经济社会发展的基础性、先导性的现代生产服务业，与人民群众的生产生活息息相关，在保障城市正常运转中具有重要作用。近年来北京市机动车保有量迅猛增长，特别是2010年底突破480万辆，在反映北京市经济社会快速发展的同时，也带来了交通拥堵、环境污染等一系列问题，影响了北京市建设健康城市的进程。奥运会后，市委、市政府明确提出建设“人文北京、科技北京、绿色北京”战略和建设中国特色世界城市的目标，同时要求采取综合措施缓解交通拥堵，确保交通安全顺畅，为首都经济社会发展提供有力支撑。因此，研究和探索适应健康城市建设形势的交通发展理念和模式已经成为当务之急。

第一节 “人文交通、科技交通、绿色交通”是健康城市的基本要求

一、“人文交通、科技交通、绿色交通”的提出

健康城市是20世纪80年代世界卫生组织提出的一种全新的城市发展战略，为饱受人口膨胀、环境污染、交通拥堵、资源短缺等“大城市病”困扰的世界各国城市提供了全新的发展理念和思路。

健康城市发展理念在城市交通领域的体现就是要建设以人的健康为中心的城市综合交通体系。2008年北京奥运会后，为实施“人文北京、科技北京、绿色北京”战略，应对机动车保有量持续快速增长，交通拥堵日益严峻的形势，2009年7月，市政府出台了《北京市建设人文交通科技交通绿色交通行动计划(2009－2015)》，提出以科学发展观为指导，加快转变交通发展方式，构建以

“人文交通、科技交通、绿色交通”为特征的新北京交通体系，实现北京交通全面协调可持续发展。

二、“人文交通、科技交通、绿色交通”的基本内涵

“人文交通、科技交通、绿色交通”是实现首都交通全面协调可持续发展的有机整体，也是北京建设健康城市的基本要求和重要保障。其中，“人文交通”突出“以人为本”，是构建综合交通体系的目的；“科技交通”突出“技术创新”，是构建综合交通体系的手段；“绿色交通”突出“节能减排”，是构建综合交通体系的保障。

具体而言，“人文交通”就是把“以人为本”的方针贯彻到交通规划、建设、运营、管理与服务之中，使交通改革发展的成果惠及全体市民，充分重视人的健康，不仅是身体健康，更是心理健康和道德健康；“科技交通”就是要始终坚持科技是第一生产力，推进交通科技创新，不断提高交通科技创新能力，真正成为促进交通科学发展的重要手段，是交通领域建设低消耗、低污染健康城市的技术保障；“绿色交通”是一种使用绿色能源或采用绿色交通工具，节约能源、节省交通费用、有利于城市健康发展的可持续交通运输系统，充分体现了对人与环境健康的重视。

三、“人文交通、科技交通、绿色交通”与健康城市建设目标高度统一

建设“人文交通、科技交通、绿色交通”，就是要体现“以人为本”，在城市交通规划、建设、运营、管理与服务过程中，处处以人的健康为中心。在交通规划方面，要体现人与自然、人与城市的和谐，体现交通设施与城市风貌的协调；在交通基础设施建设中，要以资源环境承载能力为基础，注重节约、集约利用土地等不可再生资源；在交通运营、管理和服务中，体现公平性和法制化，着力推进交通基本公共服务的均等化，为广大市民提供更加安全、便利、高效、快捷的交通服务。健康城市是对传统城市发展模式进行变革，旨在根治人口膨胀、交通拥堵、环境污染等“大城市病”，实现各个方面都以人的健康为中心，保障

广大人民群众健康的工作、学习和生活，使城市成为人类生存发展的健康乐园。正因为如此，建设“人文交通、科技交通、绿色交通”和建设健康城市在目标上高度统一。

第二节 建设健康城市，北京交通发展的成就及面临的形势

一、北京交通发展主要成就

在市委、市政府的坚强领导下，近年来首都交通取得了重大发展，在机动车保有量由2005年底约258万辆迅速增加到2010年底超过480万辆的过程中，通过采取加快交通基础设施建设、优先发展公共交通、实施交通需求管理政策等一系列措施，较好地维持了交通保障和服务能力，基本适应了首都经济社会持续发展和市民出行需求快速增长的需要，并圆满完成了北京奥运会、残奥会和中华人民共和国成立60周年庆祝活动的交通保障任务，应对了近5年净增200多万辆机动车的挑战，走过了发达国家特大城市几十年走过的机动化道路。

（一）城市道路网络基本形成

近年来，北京市加大投资力度，加快道路设施建设。2010年底，城市道路总里程达到6355公里，其中城市快速路263公里，主干路874公里，次干路652公里，支路及以下等级道路4566公里，形成了“环路 + 放射线”的城市道路骨架。市域公路总里程达到21113公里，其中高速公路903公里，干线公路3474公里，乡村公路13504公里，进一步完善了以国道、市道为骨干，县、乡、村道为支脉的放射状公路交通网络。

（二）公共交通服务水平显著提高

近年来，北京市积极落实优先发展公共交通战略，加快轨道交通建设，多次缩短既有轨道交通线路最小发车间隔，优化调整地面公交线路，不断完善公交线

网。截至2010年底，北京市轨道交通运营线路共14条，运营里程达到336公里，比“十五”末的112公里增加了224公里，增长了2倍。2007年5月以来，先后18次缩短轨道交通线路运营间隔，部分线路最小发车间隔缩短至2分钟，达到国际先进水平，大幅提高了轨道交通运输效率。不断优化地面公交线网，建成了南中轴、朝阳路、安立路等3条大容量快速公交线路，调整公交线路793条，覆盖范围进一步扩大，解决了720个小区居民出行问题。建成北京南站、东直门、西苑等5个综合客运枢纽。建成驻车换乘（P+R）停车场19个、停车位2726个，进一步方便了市民换乘公共交通出行，减少了中心区小汽车交通压力。实行公共交通低票价政策，刷卡乘坐公交线路享受普通卡4折、学生卡2折优惠，轨道交通实施全路网（不含机场线）单一票制、每人次2元的低票价政策，实现了全网无障碍换乘和“一票通”、“一卡通”。公共交通吸引力不断增强，日均客运量从2005年的1200万人次增加到2010年的1890万人次，增长了57%；公共交通出行比例由29.8%增加到40.1%，增长了10.3个百分点。

（三）交通需求管理措施取得初步成效

为改善大气环境质量和交通拥堵状况，同时为优先发展公共交通、加快轨道建设赢得时间。从2008年10月11日起，北京市开始实施工作日高峰时段区域限行交通管理措施，取得了较好的效果，路网通行能力和大气环境质量持续改善。2010年4月，市政府发布了《关于进一步完善错时上下班措施的通告》，市属各级党政机关、社会团体、事业单位、国有企业和城镇集体企业实施错时上下班。同月，北京市实施了差别化停车收费试点措施，调整了燕莎、西单、CBD等13个重点区域非居住区白天停车收费价格，取得初步成效。为合理调节机动车增长，2010年12月北京市出台了《北京市小客车数量调控暂行规定》及实施细则，对单位和个人新购本市牌照小客车实施数量调控管理，有效遏制了机动车迅猛增长势头。截至2011年5月底，北京市机动车总量490.9万辆，较2010年底483.6万辆仅增长7.3万辆，月均增长速度较去年同期下降60%以上。为进一步利用经济杠杆，引导机动车合理使用，2011年4月1日起，北京市全面调整非居住区停车场白天收费标准，对不同区域（全市划分三类区域）和不同类型停车场实行差别化收费，取得了较为明显的效果，中心城交通拥堵情况有了缓解，一类地区停车场周边小客车流量下降较为明显，14条监测路段小客车流量平均降幅10%，五环路内路网运行速度由24.9公里/小时提高到27公里/小时。从2011年1月1日起加强外埠车辆管理，对非北京市载客汽车进入五环路以内道路行驶的，须办理进京通行证件。持有进京通行证件的非北京市进京载客汽车，工作日7时至9时、17时至20时，禁止在五环路以内道路行驶。

（四）绿色交通理念深入人心

充分利用报刊、广播、电视和网络等媒体及户外公益广告，深入开展绿色出行和环保知识等方面的宣传，提高交通参与者的现代交通意识，引导交通消费方式的转变。将交通文明作为文明市民的重要指标，开展交通文明宣传进社区、进家庭、进学校、进单位、进农村活动，号召市民文明行车、乘车、停车、行路；深入开展排队日、让座日、交通志愿者服务活动和公交、轨道交通、出租汽车等窗口行业创建文明行业、文明单位活动，提升交通服务水平。通过开展“公交周”、“无车日”、“少开车”等活动，倡导乘坐公共交通工具、骑自行车和步行等绿色出行方式。通过大力优先发展公共交通、提高服务水平、加强宣传引导，绿色交通理念深入人心，广大群众愿意乘公交、更多乘公交，公共交通出行比例显著提高。

二、北京交通发展面临的形势

“十一五”期间北京交通发展所取得的成就，为“十二五”北京交通的发展奠定了坚实的基础。特别是2010年12月21日，北京市政府发布了《关于进一步推进首都交通科学发展加大力度缓解交通拥堵工作的意见》，从科学规划和“建、管、限”等方面提出28项措施，为“十二五”开局之年交通工作打开了良好局面。随着轨道交通新线开通、小客车保有量增量调控、非居住区停车价格调整以及公交专用道施划等措施的相继实施，北京缓解交通拥堵综合措施初见成效。据监测数据显示，五环内道路路网工作日平均交通指数由2010年第4季度的7.14降至2011年第1季度的4.48，降幅达37%；工作日平均拥堵持续时间减少，2011年第一季度工作日平均拥堵持续时间（包括严重拥堵、中度拥堵）共计1小时15分钟，较2010年同期2小时15分钟相比减少1小时；路网运行速度提高，早高峰（7:00－9:00），路网平均速度为27.5公里/小时，较2010年同期（25.2）提高了9.1%，晚高峰（17：00－19：00），路网平均速度为24.5公里/小时，较2010年同期（22.2）提高了10.4%。缓堵综合措施的提出和实施，对调控机动化进程起到了积极的作用，为北京交通发展赢得了时间，不仅是北京未来交通发展的重要机遇，同时也是建设健康城市的重要契机。

在缓堵综合措施的作用下，北京交通状况有所改善，但与此同时也应看到，随着首都经济社会持续快速发展，城市化、现代化、机动化进程进一步加快，人口、资源、环境之间的矛盾日益加剧，北京交通依然面临严峻挑战。具体体现在：

（一）城市人口规模超规划发展，给城市交通系统带来巨大压力

根据《北京城市总体规划（2004年－2020年）》，2020年北京市人口规模是1800万人，而2010年底北京市常住人口已经达到1961万人，提前10年突破总规的控制目标。人口突破规划控制导致交通需求超过城市总体规划预期，给依据总体规划进行建设的交通供给系统带来了巨大压力。此外，城市空间规模不断扩张，导致居民平均出行距离增长迅速，由2000年的8公里增长到2010年的10.1公里，预计2015年居民出行距离将增长到11公里。

（二）机动车发展呈“三高”特点，导致交通供需矛盾更加突出

与世界大城市机动化发展历程相比，北京的机动车特别是私人小汽车发展存在“三高”的特点——即“高速度增长、高强度使用、高密度聚集”。“十一五”期间，北京市机动车保有量净增222万辆，年均增长率高达13.2%。与此同时，小汽车使用强度较大，北京市私人小汽车年均行驶里程为1.5万公里，是伦敦的1.5倍，东京的2倍多。北京市480多万辆机动车70%以上集中在六环路范围内，人口最为稠密的东城区和西城区人均机动车保有量也最高。小汽车的不合理发展，导致交通供需矛盾激化，给城市道路系统带来巨大压力。

（三）城市公共交通吸引力不足，难以吸引小汽车出行方式短期内转变

首先，与世界城市相比，北京中心城轨道线网密度偏低。纽约、伦敦、东京三个大都市圈中心城区轨道线网密度分别为0.71公里/平方公里、0.78公里/平

方公里、1.12 公里/平方公里。而北京到 2015 年中心区轨道线网密度也仅为 0.63 公里/平方公里，与世界城市相比尚有不小的差距。其次，北京的公共交通服务体系仍然较为薄弱。一方面，公交专用道尚未成网，导致公共汽车运行速度较低。另一方面，公交出行步行距离长、换乘不方便、准点率低等因素又进一步降低了公共汽车对居民出行的吸引力，导致北京公共交通难以与“门到门”的小汽车方式抗衡，不利于吸引小汽车使用者向公共交通方式转移。

（四）自行车出行比例持续降低，城市交通系统的压力进一步加大

近年来，由于受到小汽车交通的冲击，我国许多大城市的步行和自行车交通环境日益恶化，在安全方面存在严重问题和隐患，很多城市的步行和自行车出行比例日益降低。北京市 2010 年自行车出行比例仅为 16.7%，与 1986 年相比下降了 46 个百分点。小汽车出行中 5 公里以下的出行比例高达 44%，而这恰恰是最适宜利用步行和自行车出行的距离。当这部分需求转向小汽车时，必然造成交通资源浪费，给道路交通带来压力。

在机遇与挑战并存的背景下，影响未来北京交通发展的“六大关键”是：有效调控人口和城市功能布局，从源头上抑制交通需求过快增长；强化交通的引导与支撑作用，协调城市开发建设与交通发展；控制机动车过快增长，引导小汽车合理使用；继续保持交通投入与经济同步增长，提高交通设施承载能力；进一步落实公共交通优先发展政策，大幅改善交通出行结构；进一步强化交通管理，提高路网运行效率。“十二五”时期必须在发展方式、途径和策略上有新的突破。

第三节　世界城市交通发展经验

在经济全球化的大背景下，由大城市组成的城市网络成为跨国界经济活动的主要组织框架。如纽约、伦敦、巴黎、东京，均以高人口密度，先后形成了——面积超过 1 万平方公里、人口达到千万数量级、人均 GDP 超过 5 万美元，辐射半径超过 50～70 公里的城市连绵带。随着经济全球化的推进，世界经济、政治和文化的交流日益紧密，国际资本日趋集中于“世界城市”。随着分工体系的不

断发展，“世界城市”同时成为全球性的政治和文化中心，在世界经济政治体系中发挥的控制和指挥作用得以不断增强。

由健康的居民、环境和社会构成的有机整体是城市经济社会持续发展的重要基础和现代城市文明的重要标志。“世界城市”的发展规律表明，城市可持续发展的先决条件是重视与坚持“以人为本”的城市建设理念。“世界城市”无一例外地在发展过程中不断摸索并确立了“以人为本、重视健康”的城市发展价值取向，并着重打造健康城市，保证人民健康而可持续的生活方式。只有在加快城市化进程的同时，不断完善城市公共服务设施的功能，着力加强生态建设，精心精细地改善人居环境，才能让人民群众更多更好地共享城市建设和发展成果。

而城市交通问题作为“世界城市”经济高速发展伴生的普遍现象，是现代化、城市化和机动化过程中一个不可避免的难题。纵观“世界城市”的发展历程，不难看出城市发展过程中都曾饱受交通拥堵之苦。作为特大城市运行、发展乃至生活质量的关键因素，城市交通问题受到各国的高度重视。世界城市在其发展过程中都纷纷采取了“公交优先”战略、改善出行环境和控制私人小汽车发展等一系列交通政策，有效改善了城市环境，营造了健康城市的氛围。

一、纽约

纽约市主要通过采取以下几个方面的措施，改善城市交通出行环境。

（一）公共交通便捷通畅

根据美国人口调查局的统计，纽约是美国公共交通利用率最高的城市。纽约市的公交车由纽约市捷运局经营管理。公交车车况较好，准时准点，且车内干净，拥有冷暖空调。纽约市的公交车站密布纽约市的各个地区，纵向行驶的公交车几乎每隔2~3个街区就设有一个车站，横向的公交车每一条街都有一站，便于市民出行。为了加快行车时间，有些线路专门设立了“快车”，在主要的交通干道和主要景点停车。

纽约目前有地铁线路28条，总长1140公里，490个车站遍及全市各地。地铁和公交以及连接周边地区的通勤火车为人们提供经济快捷的服务。纽约地铁各站均使用地铁卡，乘坐一次的票价为两美元，乘客可根据自己的需要选择不同面值、不同有效期限的地铁卡。地铁卡还可以在公共汽车上使用，划卡后两小时内可以免费乘坐一次公共汽车，极大地方便了地铁与公共汽车之间的换乘。据统计，在曼哈顿中央商业区工作的人中，有80%的人选择公共交通作为主要出行方式，以避开拥挤的交通和昂贵的停车费用。同时发达的公共交通体系也减少了由私人小汽车带来的碳排放，改善了城市空气质量。

（二）营造绿色交通氛围

近几年，为了改善自行车族的交通安全状况，减缓车辆堵塞和减少二氧化碳排放量，纽约市推出多项改善城市生活环境的新政策，取名为“纽约计划”（“PlanNY”）。该计划承诺要增加上百英里的自行车道，到2009年，纽约市新增300多公里的自行车专用道，相当于过去20年增加的总和。到2030年，实现自行车道与全部道路的比例由1∶15升至1∶10。同时，纽约市内在城镇周边安装6100个自行车停车架，重新设置交通灯时间，并对主要十字路口做出改造，以更好地适应自行车出行。此外，为保护骑车人的安全，纽约市还对骑车人做出了有关规定，如年龄在14岁以下的必须佩戴头盔；不得逆行骑车，不得闯红灯；不可载人（儿童除外，但要安装童椅并有安全带）等。

同时，纽约市曼哈顿的城市街道环境更为人性化，多个街道撤去了机动车道，还道路空间于自行车和行人，使原本枯燥的城市道路变得生机盎然，促进了城市的繁荣。此外，曼哈顿商业核心区的部分建筑拆除了配建停车场，改为休闲娱乐空间。通过恢复城市景观，营造良好的城市步行环境，鼓励并推广绿色出行方式，从而创造宜居、可持续发展的健康城市。

（三）合理利用现有空间

纽约的基础设施和城市布局早已定型，金融商业娱乐功能区布局早已形成且极难调整，许多道路狭窄，停车场地不足。对此，纽约市交通管理部门因地制宜，采取灵活的措施，最大限度地利用有限的道路资源，提高交通流量，减少交通瓶颈。纽约的街道大多为单行道，以局部的限制保障全局的畅通。纽约的街道布局以网格状为主，为实行单向交通提供了便利。纽约相临的两条单行线一般方向不同，隔若干街道就在主要街道上设置双行线，为驾车人提供多种选择，避免长时间等候。

纽约市的金融、商业、娱乐中心以及市政府的有关部门均集中在曼哈顿岛上，每天出入曼哈顿上下班、办事、旅游、购物的人构成了纽约交通的主体，而出入曼哈顿岛的几座桥梁和隧道也往往成为交通瓶颈。为了减少交通瓶颈，纽约交通管理部门采取了一系列措施确保出入曼哈顿的交通畅通。例如，为疏导早高峰期间大批进岛的车辆，将连结曼哈顿和周围几个区的桥梁和隧道的上下行车道都改为进岛的通道。同时，为鼓励市民搭车出行，减少车流量，规定这些通道仅供有两名或两名以上乘员的车辆使用，同时高峰时段禁止单人驾驶的车辆使用进岛的某些桥梁和隧道。

纽约交通管理部门还在一些主要路口限制车辆左右转弯，以减少车辆的等候时间，提高流通量，例如在交通繁忙的第五大道以东地区的许多路口都明确规定在高峰时段不得左转弯。为疏导穿城而过的车辆快速通过，交通管理部门还专门开辟出一些“通行大道”。这些街道上行驶的车辆在一定时段，一定区域内只许直行，不许转弯。为最大限度利用现有路面及交通设施，通过相应措施将其进行合理设置，以缓解城市交通拥堵的状况，提高城市居民出行效率，改善生活质量，使得城市更为宜居。

二、伦敦

伦敦提出的交通战略目标是将伦敦建设成为一个繁荣的城市、以人为本的城市、交通可达的城市、公平的城市和绿色的城市。伦敦解决交通问题的主要策略及措施包括：

（一）高效可靠的轨道交通

伦敦的轨道交通发展最早，于1863年修建了第一条地铁，也是世界上第一条地下铁道。1971年，伦敦地铁开始在维多利亚线区应用遥控和计算机技术操纵列车，提高了列车运营的可靠性。目前，伦敦已建成12条、总长度超过400公里的轨道交通线路网。随着城市的发展，伦敦开始重视市郊铁路的建设。伦敦都市圈的市郊铁路长达3650公里，铁路系统承担了大量的长距离通勤出行，其中近一半是前往伦敦中央区的客流。与此同时，伦敦还整合国家铁路与伦敦其他交通系统，形成了一个高效的覆盖全伦敦的轨道交通系统，以达到通勤便利、减少拥挤、提高安全性的目的，保障居民利用公共交通能够实现高效、舒适的出行，在改善公共交通出行环境的同时增强了城市吸引力，有利于城市的健康发展。

（二）实行“低排放区”环保计划

为缓解交通对伦敦造成的空气污染，伦敦市于 2008 年 2 月 4 日启动了“低排放区”计划，规定从当天起驶入低排放区的重型车辆尾气排放量需要达到欧盟规定的标准，否则每天将征收 200 英镑，如果逾期不交，还要加罚 1000 英镑。“低排放区”的范围大约有 980 平方公里，区内设置有固定或可移动的相机及检测装置，可对进入该区域的车辆进行监测。低排放区几乎涵盖整个伦敦，目的是最大限度地降低交通污染，控制空气质量，确保伦敦市民的生活质量与健康。

（三）提高机动化出行成本

为将城市交通向“通达、有序、安全、舒适、低能耗、低污染”的绿色交通模式转变，缓解城市因机动化带来的交通拥堵问题，伦敦市采取一系列交通需求管理措施提高小汽车使用成本。

20 世纪 80 年代，大伦敦交通委员会开始着手停车改革，降低了最低车位配建标准以限制停车泊位供给。同时提高停车价格和安装咪表，调控小汽车交通流量。在过去的 20 年里，与英国全国 64% 的小汽车出行量增长幅度相比，伦敦小汽车出行量仅增加了约 24% 。20 世纪 70 年代以来，英国公共交通客运量下降了 10% ，而伦敦却增加了 18% 。

2003 年 2 月 17 日伦敦正式实施道路拥挤收费措施。实施收费的区域为内环路以内，面积 21 平方公里。在工作日的早上 7 点到下午 6 点 30 分，凡进入东西约 5 公里、南北约 4 公里规定区域的机动车每天要缴纳 5 英镑费用。驾车进入规定区域的车辆可以通过因特网、电话或附近的杂货店等交费，登记汽车号码。如果未交费，将处以 2 至 16 倍罚款。伦敦实施拥堵收费后，收费区域交通量下降 25% ；出行时耗减少 50% ；50% ～60% 的人转向公共交通系统；平均出行时间缩短了约 15% ；拥堵水平下降 15% 。城市交通拥堵状况的改善有效地缓解了城市生活环境的恶化，在节约能源的同时也为城市居民创造了舒适宜居的生活条件。

三、巴黎

发展轨道交通、建设区域快线、推广自行车租赁服务，巴黎的“三管齐下”为环保型都市的建设做出了榜样。

（一）先行发展轨道交通，抑制小汽车发展

巴黎是通过先行发展轨道交通来抑制小汽车发展的典范，这一发展模式成功地控制了巴黎大都市小汽车拥有量的增长，使巴黎成为小汽车拥有量相对较低的世界大都市，同时对城市布局结构产生了较大的影响。

巴黎先于小汽车时代发展市区高密度的地铁系统。1900 年，巴黎第一条地铁建成，成为世界上第二个建设地铁的大都市。随着 1900 年第一条地铁建成后，巴黎加快地铁的建设速度，1900 至 1910 年的 10 年间，建成了由 6 条线路组成的地铁基本网络。20 世纪 50 年代，巴黎基本建成了市区地铁网，总长度达 200 多公里。地铁线网密度高，站间距短，吸引了巴黎中心市区的交通出行量，缓解了小汽车交通的增长。目前巴黎地铁已成为全世界最密集最方便的城市轨道交通系统。

（二）建设区域快线，疏解市区人口

随着 20 世纪 50 年代末城市人口的集中化和郊区的城市化，市郊人口上升。1965 年，巴黎市城市总体规划提出在距市区 25 ~ 30 公里外建设五个人口规模约 50 万左右的新城。郊区新城的建设必然会产生新的交通需求。为了进一步抑制郊区小汽车的增长，巴黎提出了建设穿越市中心、连接市与郊区新城的放射状轨道交通的设想，即区域快速地铁线，巴黎轨道交通的先行发展开始从市区转移至郊区，进入第二个大发展时期。20 世纪 80 年代末，区域快速地铁相继建成四条线并连接成网，线路长度达 400 多公里并以支线形式不断向远郊延伸，覆盖范围达 8000 多平方公里，几乎服务了整个巴黎大都市区，区域轨道交通线成为巴黎城市和城际之间的交通大动脉。区域铁路的发展及其网络的形成不仅减缓了郊区小汽车的增长步伐，而且随着城市的进一步发展，大量居民在巴黎郊区尤其是新

城居住和工作，有效疏散了巴黎市区的人口。

（三）提供自行车租赁服务，鼓励绿色出行

为缓解巴黎市内交通拥堵，减少城市温室气体排放量，巴黎市政府于2007年7月15日开始实施“自行车城市”计划，为居民和游客提供自行车自助租赁服务。巴黎市政府希望通过这项计划，让巴黎成为一个更加“绿色”、更适合生活、更健康的都市。人们租用智能卡后即可在自行车站随取随用，并且在市区内任一租车点都能还车。为了鼓励市民多使用这种“零排放”交通工具，租用的前半小时实行免费政策。截至2007年底，巴黎已拥有2.06万辆自行车、1450个自行车租赁站，租赁点的自行车使用量达到2700万次，骑自行车出行在公共交通中所占比例达70%。继自行车自助租赁服务之后，巴黎政府还计划推出电动汽车自助租赁服务，进一步推动绿色交通工具的使用。

四、东京

东京主要通过大力发展轨道交通、建设市郊铁路以及提高小汽车用车成本来限制小汽车的使用，鼓励人们选择绿色、环保的公共交通工具。

（一）坚持以轨道交通为主体的交通发展模式

东京是世界上人口最密集的城市之一，为解决交通拥挤问题，东京一直坚持以轨道交通为主体、其他公共交通方式为辅的模式，并采取政策限制私人小汽车出行。东京地铁的建设步骤主要以通过市中心区的贯通线为主，以放射和环行线为辅，向市郊延伸。1927年，东京开通第一条地铁线开始，东京基本保持了每增加100万辆机动车即建设100公里地铁的建设速度。目前，已建成13条地铁线路，全长286.2公里，仅次于纽约和伦敦，年均客流量达到26.6亿人次。纵横交错的东京地铁，把市区的主要部分紧密衔接起来，各线汇合点往往立体交叉，换乘方便，快速准时舒适。据东京有关部门的调查，在东京日均803万出行人次中，轨道交通为591万人次，占73.6%；小汽车为62.55万辆次，占7.8%。此外，东京轨道交通完全实现了售票自动化与检票自动化，乘客出行十分方便快捷。轨道交通及列车运行全部由计算机控制，交通事故大大减少。

（二）建设大规模的市郊铁路

东京都市圈轨道里程超过2300公里，其中包括超过2000公里的铁路系统，连接东京都周边神奈川、琦玉、千叶三县的大部分地区，主要承担三县到东京都内的通勤客流。

东京的铁路从1869年在英国的帮助下开始建造。1872年9月13日东京第一条铁路线（从新桥到横滨）开始营业。为了举办东京奥运会，东京于1959年开始建新干线，1964年新干线开通（东京－新大阪）。同年，开通了羽田（东京机场）到滨淞丁的单轨铁路。20世纪60～70年代，为提高东京都市圈的通勤速度，东京政府对原有的城市铁路进行了技术改造，使其与城市轨道线路连通成网，目前已形成超过2000公里的市郊铁路网络，每日承担近4千万人次通勤客流。

（三）实施区域差别化停车收费政策

针对私人小汽车的发展，东京采用区域差别化停车收费政策。东京城区的所有停车场都纳入停车收费管理，停车收费水平按照停车区域的不同而有所差别。在商业区，其收费标准一般为每小时500日元至700日元（约合人民币40元至55元）。停车收费方式基本都是计时收费，并辅以高科技的电子设施以及严格的执法手段。通过停车收费，控制东京私人小汽车的出行次数。虽然东京私人小汽车的拥有量很高，但并未成为市民日常出行的首选方式。

纽约、伦敦、巴黎、东京等“世界城市”发展的经验表明，健康城市的建设离不开畅通的城市公共交通系统以及有效的交通需求管理措施。畅通、高效的城市交通能够促进城市生态环境、社会环境的改善，同时保持城市居民身心健康发展。解决小汽车交通带来的城市健康问题，应从城市交通规划出发，合理发展公共交通系统，从根本上解决人车矛盾，并不断提高交通系统的科技含量，真正做到以人为本，鼓励和推广低碳的出行方式，改善城市步行环境质量，为人们创造一个宜居的、可持续发展的和充满生活趣味的健康城市。

第四节　建设健康城市，北京交通发展的目标与对策

一、思路与目标

（一）北京交通发展思路

以科学发展观为统领，借鉴国内外大城市交通发展经验，坚持科学发展、以人为本，加快交通基础设施建设，加大优先发展公共交通力度，加强机动车总量调控并引导合理使用，提高交通综合管理水平，为做好“四个服务”，实现首都功能，努力构建以“人文交通、科技交通、绿色交通”为特征的新北京交通体系，推进“人文北京、科技北京、绿色北京”和中国特色世界城市建设，将以人的健康为中心的理念纳入到交通发展的实际工作中，为促进首都经济社会全面协调可持续发展提供强有力的交通保障。即要实现“一个目标”（交通安全顺畅），坚持“两个原则”（公平＋效率），针对“三个问题”（中心城功能人口高度集聚＋机动车高速度增长高强度使用＋公共交通吸引力低），运用“四种手段”（科技＋经济＋必要的行政手段＋法律法规），突出科学规划和“建、管、限”，采取进一步完善城市规划、疏解中心城功能和人口，加快道路交通基础设施建设、提高承载能力，加大优先发展公共交通力度、鼓励公交出行，改善自行车、步行交通系统和驻车换乘条件、倡导绿色环保出行，进一步加强机动车管理、引导合理使用，加强科学管理、提高现代交通管理和运输服务水平等六大措施。

（二）发展目标

总体目标：建设“人文交通、科技交通、绿色交通”，将以人的健康为中心的理念贯彻到城市交通发展的各个方面，并确保交通安全顺畅。到2015年具体目标为：

1. 公共交通吸引力明显增强，出行结构得到进一步优化。中心城公共交通出行比例力争达到50%，小客车出行比例控制在25%以下，自行车出行比例保

持在18%左右。

2. 交通设施承载能力进一步提高，中心城交通拥堵状况得到缓解。城市快速路达到300公里，建设城市主干路300公里，建设城市次干路支路微循环系统400公里；轨道交通运营里程力争达到660公里；综合客运交通枢纽力争达到14个；建设5万个公共停车位、2.1万个驻车换乘停车位、5万辆规模的公共租赁自行车系统；力争交通设施承载能力提高20%，中心城路网拥堵指数控制在6左右。

3. 构建一体化综合运输服务体系，对外辐射能力显著提高。基本建成21500公里市域公路网，其中高速公路达1100公里；加快铁路枢纽建设，强化高速铁路的区域辐射能力；打造适应北京未来发展的世界级大型国际枢纽机场，航空旅客年吞吐量超过1亿人次，中转旅客比例达到20%以上，货邮吞吐量超过300万吨；加快出海通道建设。

4. 交通出行效率不断提升，交通安全水平进一步提高。形成“1—1—2”小时交通圈，即中心城内通勤出行时间平均不超过1小时，最远新城到中心城（五环路）出行时间平均不超过1小时，北京到环渤海经济圈（华北京津冀）中心城市出行时间平均不超过2小时；交通安全处于国内领先水平，年万车交通事故死亡率控制在1.7以下。

5. 交通科技水平进一步提升，交通节能减排效果显著。全行业核心业务实现信息化；大幅提高工程科研成果的推广使用率；通过管理、经济、技术手段降低全行业能耗水平，基础设施建设、轨道交通用能大幅降低；力争机动车氮氧化物排放量在“十一五”末的基础上削减10%左右。

二、对策及措施

（一）科学规划是交通发展适应健康城市建设的前提

通过进一步优化调整城市功能布局科学规划交通发展，从源头上为人们创造良好的生活环境和出行环境，并促使人们形成良好的生活理念和生活方式，努力提升和增进人的健康。

要进一步完善并认真落实《北京城市总体规划（2004年—2020年）》，严格控制中心城建设总量增量，加快新城建设。充分发挥交通引导和服务作用。编制实施《北京市交通运输综合规划》，确保公共交通枢纽场站、公共停车场等交通基础设施用地。全面落实配套交通基础设施规划。建立开发项目与配套代建道路、公交场站、人行过街设施等交通基础设施项目同步规划、同步建设、同步验收、同步移交接管、同步投入使用制度。

（二）加快交通建设是城市健康发展的基础

全面加快交通建设，努力改善市民出行的交通条件，从而提升城市服务功能和交通承载能力，保障城市交通健康运转，吸引更多人选择公交、自行车等健康出行方式。

1. 加快建设交通基础设施。推进城市路网建设特别是中心城道路微循环系统建设，提高路网密度。充分发挥市区两级积极性，加大微循环道路建设力度，打通一批中心城的断头路，实现一批次干路、支路，畅通道路微循环系统。全面建成国家高速公路网和市级干道公路网，加强城乡以及城际之间的沟通。以解决医院和老旧小区停车难为重点，加快中心城公共停车位和基本停车位建设。落实已规划的公共停车场用地并加快建设。将四环路以内的公共停车设施纳入交通基础设施范畴，加大投入，加快建设，实行特许经营。由区县政府负责，对老旧小区进行改造，增加停车设施，因地制宜建设简易式、机械式停车库。全面排查清退私自改作他用的停车场（库），并利用体育文化设施、绿地等建设地下停车场，增加基本停车位供给，缓解停车难。

2. 继续深化优先发展公共交通。加快中心城轨道交通建设，提高中心城线网密度。“十二五”期间新开通的轨道交通线中心城占80%，并按2至2.5分钟发车间隔配备车辆。改造既有轨道交通线路安全运营服务设施，提高既有设施承载能力。构建公交快速通勤网络，提高通勤出行效率。以中心城为重点，依托轨道交通、城市快速路网、公交专用道、大容量快速公交和常规地面公交线路，完善综合客运交通枢纽、地面公交中心站和首末站三级换乘体系，构建公交快速通勤网络。进一步优化调整地面公交线网，提高公交可达性。增设小区延伸线路和区域“袖珍线路”，完善与轨道交通、公交干线的衔接，方便出行。加快综合交通枢纽和公交场站建设，方便市民换乘。对线路多、客流量大的区域公交专用换乘设施进行改造。建设驻车换乘（P+R）停车场，鼓励换乘公共交通。

（三）加强交通管理是城市健康高效运行的关键

加大整顿交通秩序，依法加强管理，强化交通教育，努力提高交通管理水平，充分挖掘交通设施的潜力，保障交通安全、畅通，为百姓提供便利、多样、绿色的出行方式，保证健康城市的发展。

实施疏堵工程，提高既有道路通行能力。加大专项资金投入力度，在规划红线范围内，对既有道路设施进行改造和完善，提高通行能力和服务水平。

改善步行、自行车出行环境。建设公共自行车服务系统，改善自行车出行环境。“十二五”期间建成1000个站点、5万辆规模的公共自行车服务系统，接驳客运交通枢纽、地铁站和地面公交中心站。

建设新一代智能交通管理系统，提高交通管理科技水平。以全面提高对全市路网运行的调控和快速反应能力为目标，建设新一代智能交通运行协调指挥和管理系统。

加强交通秩序管理，提高交通通行效率。对重点区域、交通枢纽以及重大交通节点、堵点，开展区域性综合交通系统优化。完善道路交通安全设施，全面排查现有道路交通安全隐患，完善标志、标线、隔离护栏等安全设施，提高道路交通安全防护等级，确保交通安全。

大力倡导现代交通理念和开展文明交通活动。加强沟通，广泛听取社会各界意见和建议，集中智慧，解决交通拥堵难题。充分利用报刊、广播、电视和网络等媒体以及户外公益广告，深入开展绿色出行和环保知识等方面的宣传，提高交通参与者现代交通意识，引导交通消费方式的转变，倡导乘坐公共交通工具、骑自行车和步行等绿色出行方式。

（四）实施交通需求管理是建设绿色北京的保障

实施交通需求管理，利用经济、法律和行政等手段，合理引导交通需求，不仅能够为公共交通发展赢得宝贵的时间，也能够引导人们形成更加合理的出行习惯和交通消费观念，提高绿色出行意识，实现交通的顺畅运转和健康可持续化发展，为实现绿色北京提供保障。

实行小客车保有量增量调控，缓解机动车过快增长势头。按照公正、公开、公平和无偿的原则，对符合条件的企事业、社会团体法人和个人，以摇号方式无偿分配小客车配置指标，合理调控单位和个人年度小客车增长速度，抑制小客车过快增长。

继续实施和完善高峰时段区域交通限行措施。继续实施机动车工作日高峰时段区域限行措施和黄标车限行规定，加强外埠进京车辆管理，有效减少高峰时段中心城交通流量。

消减中心城交通流量，机动车拥有者合理承担使用成本。调整停车收费标准，加强停车秩序和经营管理。停车价格按区域和场所实行阶梯价格，按照“中心高于外围、路内高于路外、地上高于地下”和差别化的原则，进一步调整停车收费标准。加强停车泊位管理，整治停车秩序，加大违法占路停车处罚力度。推广使用停车电子收费系统，利用科技手段规范经营行为、提高服务效率。研究制定重点拥堵路段或区域交通拥堵收费方案，择机实施。

第九章 北京养老问题与健康城市建设研究

第一节　养老问题与健康城市的关系

近年来，北京市人口老龄化形势严峻，养老问题已经成为首都构建和谐社会首善之区，全面推进健康城市建设进程中必须积极、主动、科学应对的重大时代课题。

一、老年群体的健康是健康城市建设的重要标志

健康城市建设的核心是解决人的健康问题，老年人是社会成员的重要组成部分，老年群体是一类体质脆弱、经济条件相对较低的社会弱势群体，关爱老年人、提高老年群体的健康水平，是保障和改善民生的重要内容，是彰显首都文明进步、建设健康城市的重要标志。

一是老年人口规模较大。随着经济快速发展、生活水平大幅提高、生育率的逐年下降，北京市人口年龄结构正经历快速的改变，老年人口规模逐渐扩大。据统计，截至 2009 年底，全市 60 岁及以上户籍老年人口达到 226.6 万，占户籍人口的 18.2%，65 周岁及以上人口达到 166.8 万，占户籍人口的 13.6%。其中 80 周岁以上高龄老人 32.6 万，占老年人口的 14.4%；纯老年家庭人口 41.5 万人，占老年人口的 18.3%；低保老年人 49693 人，占全市老年人口的 2.2%；城市老年人口占 76 %，农村老年人口占 24 %。

二是老年群体健康状况相对较差。目前，北京市人口平均预期寿命达到 80.81 岁。但是，预期寿命的延长并不代表健康寿命的延长。随着年龄的增长，老年人生理机能不断衰退，免疫能力下降，患病率和发病率显著增多。据统计，全市失能和半失能老年人约占老年人口的 14%。老年人群中 60% ~70% 有慢性

病史，人均患有 2 到 3 种疾病。60 岁以上老年人慢性病患病率是全部人口的 3. 2 倍，伤残率是全部人口的 3. 6 倍，60 岁以上老年人余寿中 2/3 的时间处于带病生存。长期的病痛也易造成老年人心理上的疾病。

表 1　北京市户籍人口老龄化状况

	2006 年	2007 年	2008 年	2009 年
总人口（万人）	1197. 6	1213. 3	1229. 9	1245. 8
60 + 人口（万人）	202. 4	210. 2	218	226. 6
60 + 人口占总人口比例（%）	16. 9	17. 3	17. 7	18. 2
65 + 人口（万人）	152. 9	158. 8	162. 2	168. 8
65 + 人口占总人口比例（%）	12. 8	13. 1	13. 2	13. 6
80 + 人口（万人）	25. 8	27. 7	29. 4	32. 6
80 + 人口占 60 + 人口比例（%）	12. 7	13. 2	13. 5	14. 4

资料来源：北京市老龄工作委员会办公室

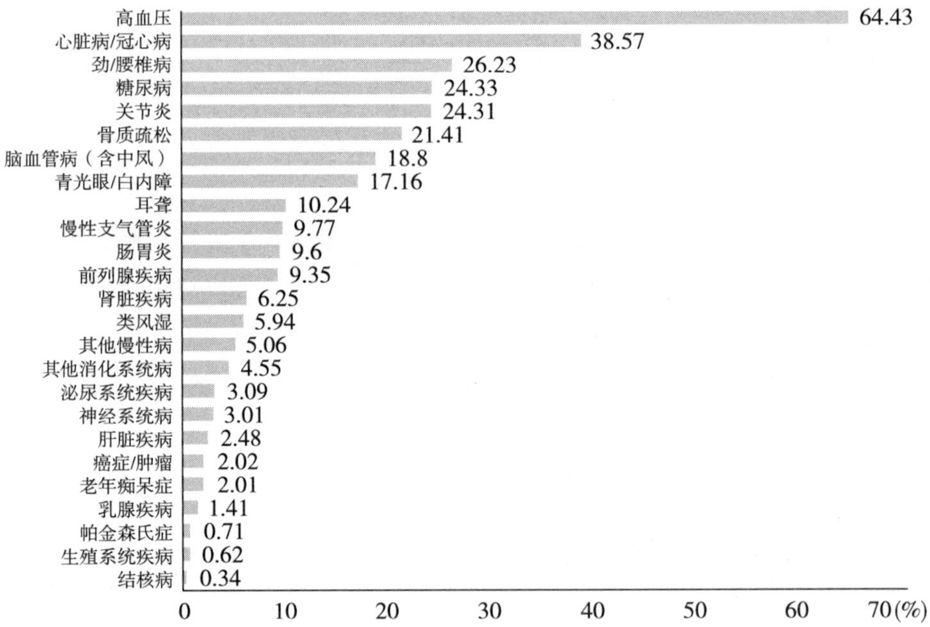

老年人慢性病患病状况图

资料来源：北京市老龄工作委员会办公室

三是老年群体经济条件相对较低。一方面绝大多数的老年人逐步退出劳动力市场，停止收入创造活动，主要依靠养老金、子女供养、政府补贴等方式获取经济保障，使老年人经济收入相对有所下降。另一方面，由于疾病增多，老年人医疗费用支出成为除日常生活支出外的第二大支出项，所占比重高达16.9%。尤其是高龄、失能老人对生活照料、日间看护、保健康复等服务的大量需求，使中低收入的老年人背负较大的经济负担。提高老年人的健康素质和生命质量，实现健康老龄化，是健康城市建设的现实需要。

表2　朝阳区老年人月平均日常消费支出

支出类型	平均月支出（元）	百分比（%）
饮食支出	718.8	45.09
医疗保健支出	269.4	16.90
代际人情支出	262.3	16.45
交通通讯支出	62.3	3.91
教育文化娱乐支出	33.5	2.10
服装支出	36.4	2.28
居住支出	24.5	1.54
家政服务支出	21.6	1.36
其他杂项支出	165.2	10.36
合计	1594.0	100

资料来源：北京市老龄工作委员会办公室抽样调查

二、人口老龄化对健康城市建设提出新要求

北京市自1990年进入人口老龄化社会，近几年全市老年人口更呈现出快速增长的态势，高龄化、空巢化趋势凸显，养老问题已成为当前首都经济社会发展的重大战略问题，对打造健康社会、建设健康城市带来一系列影响和挑战。

一是人口老龄化对经济发展的影响。从劳动力资源的角度看，虽然未来一段时间内，北京市不会因人口老龄化而出现劳动力资源短缺，但劳动适龄人口数量和结构会发生变化，导致劳动力年龄结构老化，青年劳动力比例下降，从而影响

劳动生产率的提高和产业结构的调整。从经济活动人口负担的角度看，人口老龄化使老年抚养比例持续上升，2009 年底北京市老年抚养系数达到 25.3%，每四名劳动力赡养一名老人，劳动年龄人口的负担日益加重。从全市整体经济结构角度看，人口老龄化将对产业结构、就业结构、消费和投资结构产生一定影响。最明显的，就是催生老龄产业的兴起和蓬勃发展。发达国家老龄产业已成功地走向市场，老年人的公共支出是年轻人的 3 倍，已成为占第三产业比重很大的产业。

表 3　2007 年～2009 年北京市人口抚养系数比较　（%）

不同年龄段	2007 年			2008 年			2009 年		
	少儿抚养系数	老年抚养系数	总抚养系数	少儿抚养系数	老年抚养系数	总抚养系数	少儿抚养系数	老年抚养系数	总抚养系数
（0－14，60＋）	12.3	23.6	35.9	12.4	24.3	36.7	12.6	25.3	37.9
（0－14，65＋）	11.6	16.8	28.4	11.7	17.1	28.8	11.9	17.5	29.4

注：少儿抚养系数为少年儿童人口数除以劳动年龄人口数；老年抚养系数为老年人口数除以劳动年龄人口数；总抚养系数为少儿抚养系数加老年抚养系数。

二是人口老龄化对社会发展的影响。人口老龄化是一个重大的社会问题，涉及千家万户，关系社会稳定、和谐与发展。首先老年人口数量大幅增加，需要社会赡养的老年人口持续增多，养老、医疗等社会保障和社会福利支出相应成倍增长，从而使社会负担日益加重，给政府财政带来巨大压力。其次随着生活水平显著提高，以及老年人口不断高龄化、空巢化，对社会养老服务的数量、质量和结构提出了更高的要求，加快培育发展养老服务事业和产业，构建社会化养老服务体系，才能有效满足老年人多样化、多层次的养老需求。

三是人口老龄化对家庭结构和养老模式的影响。伴随人口老龄化发展，北京市家庭规模正在不断缩小，“421”（一对夫妇赡养四位老人和一个孩子）家庭结构大量出现，空巢老年家庭和单身老年人数量不断增加，使得传统的家庭养老功能日益弱化，引起代际关系在供养方式、居住方式、照料方式、交往和沟通方式等方面的变化，传统家庭养老模式受到巨大的挑战，家庭养老功能部分向社区和社会养老转移成为必然。

积极应对人口老龄化，促进家庭和睦、代际和顺、社会稳定，是建设健康城市的内在要求。要实现城市的健康发展，就必须统筹解决养老问题，进一步提升老年人社会保障水平，让老年人生活得更健康、更幸福。

三、健康城市建设为养老事业发展创造良好环境

健康城市建设的最终目标是将城市打造成为广大人民群众生存发展的健康乐园。随着北京健康城市建设的深入推进，老年人生活的自然和社会环境将会不断得到改善，这为实现养老问题的有效解决，养老事业健康快速发展起到重要的推动作用。

一是为积极应对人口老龄化营造健康的社会氛围。人口老龄化是人类社会发展的必然趋势，是经济发展、社会进步和文化水平提高的必然产物。以建设健康城市为契机，积极引导全社会正视人口老龄化问题，用健康乐观的心态迎接老龄化挑战，大力倡导敬老、爱老、养老、助老的良好社会风尚，形成生活上关心老年人、精神上慰藉老年人、权益上维护老年人的良好氛围，使老年人在愉快、温暖、祥和的环境中安度晚年。

二是为养老事业发展注入强大动力。建设健康城市要求转变传统城市发展模式，以促进人的健康为中心，加强城市规划、建设、管理。这为推进养老事业健康发展带来新机遇、新动力。在北京城市总体规划中，应科学设置、合理布局养老院、康复中心、老年大学、老年活动中心等养老服务设施，落实建设用地，使老年人活动有场所；加强街道（乡镇）、社区（村）老年人生活服务配套设施建设，完善城市无障碍公共设施与服务体系，使老年人出行更方便；实施老年人健康促进战略，提升老年医疗卫生服务水平，使老年人身心更健康；大力发展养老服务产业，满足老年人多样化需求；完善与社会经济发展水平相适应的老年社会保障体系，全面提高老年人幸福指数。

三是老年人发挥余热，为建设健康城市做出贡献。老年人是社会的宝贵财富，也是可以创造出新价值的社会资源。老年人能够发挥自身的经验、知识、智慧的优势，力所能及地参与经济社会发展的各项活动，以家庭劳务、帮带下一代、公益服务等形式，体现老年人的社会价值，减轻由于老年人口增多给社会经济带来的压力。同时，老年人是稳定社会、促进民主政治建设的重要力量。在传递科学知识、弘扬先进文化、进行传统教育等方面，老年人也是一支特殊的队伍。要积极挖掘这一资源，给老年人发挥余热搭建适宜的平台，为北京建设健康城市聚智出力、做出贡献。

第二节　北京养老事业发展的主要成绩及存在的问题

一直以来，北京市高度重视养老问题。坚持把养老问题纳入经济社会发展大局，作为党和政府的一项重要工作，紧紧围绕实现“老有所养、老有所医、老有所教、老有所学、老有所为、老有所乐”的目标，全面推进养老服务工作，加快养老体系建设，使首都老龄事业实现跨越式发展。

一、北京市养老事业发展主要成绩

近年来，北京市老龄事业取得举世瞩目的成就。养老保障制度覆盖全体人口，社会敬老优待服务惠及城乡老年人，养老服务体系实现创新发展，养老体系基本框架初步形成，老年人生活水平和生活质量大幅提高。

一是社会养老保障制度覆盖城乡全体人口。以制度建设为重点，建立了广覆盖、多层次、可持续的社会养老保障制度，在制度上实现城乡居民人人享有基本养老保障的目标。建立了企业退休人员基本养老金科学调整机制，196.6 万名企业退休人员养老金逐年上调。建立了城乡居民养老保险制度，17.2 万名参保人员享受到保险待遇。建立了福利养老金制度，61.3 万名无社会保障城乡老年居民享受福利养老金待遇。建立了以最低生活保障制度为基础的城乡老年社会救助体系，4 万名老年人应保尽保。建立了新型农村五保供养制度，实现了五保人员供养模式从村民互助向公共财政供养的转变。建立了高龄津贴制度，2.2 万名 90 周岁及以上的老年人享受高龄津贴。完善了征地超转人员生活保障制度。实行了农村部分计划生育家庭老年父母奖励扶助制度。

二是老年人医疗保障和服务水平不断提高。建立了覆盖城乡全体居民的医疗保障制度，老年人医疗待遇水平不断提高，医疗费用负担逐步减轻。完善了城镇居民医疗保险制度，不断提高新型农村合作医疗参合率。制定了城镇无医疗保障老年人大病医疗保险制度，18 万名老年人每年享受参保费用补贴。提高了征地超转人员的医疗保障水平。进一步健全了覆盖老年人群的医疗卫生服务网络，以老年人为服务重点的康复医院、护理院正在试点，临终关怀院（或病区）已出现。大、中型医疗机构为老年人提供“六优先”（挂号、就诊、化验、检查、交费、取药）服务，社区卫生服务机构将老年医疗服务作为重点，大力推行社区首诊制并为老年人提供“三优先”（就诊、出诊、建立家庭病床）服务，为老年人免费建立健康档案，普及老年人健康知识，提高老年人健康水平。

三是敬老优待项目取得重大突破。充分利用现有公共服务资源，为老年人提供日常生活、文体娱乐等方面共 11 项优待措施。为 160 万 65 周岁及以上老年人办理优待卡，老年人持卡免费乘坐市域内 969 条线路公交车，部分公园、景区、文化活动中心、博物馆（院）、公共体育场馆、社区服务中心、老年活动中心等场所为老年人提供免费或优惠服务。市、区老年心理咨询热线（96156）为老年人提供免费心理咨询服务。社会法律服务机构为老年人免费或优惠提供法律咨询服务和法律援助服务。

四是养老服务体系实现创新发展。牢固树立大民政理念，提出了“9064”养老服务新模式和新目标（即：到 2020 年，90% 的老年人通过社会化服务在家庭养老，6% 的老年人通过政府购买服务在社区托老，4% 的老年人入住养老服务机构集中养老），制定实施了《北京市市民居家养老（助残）服务（“九养”）办法》，建立了居家养老（助残）券服务制度和百岁老年人补助医疗制度，大力发展社区服务，加快发展养老服务机构，养老床位总数达到 71589 张，基本形成以居家为基础、社区为依托、机构为补充，多元化投资、多层次发展、专业化服务的社会化养老服务格局。

五是老年人精神文化生活日益丰富。开辟适合老年人使用和活动的文化娱乐场所，配备相关设施，提供优质、便利的服务。实施“山区星光计划”，共投入资金近 3 亿元，城乡老年人福利服务设施初具规模，成为老年人养老服务、文化娱乐、健身休闲的场所。积极开展社区老年人文化娱乐和体育活动，配备适合老年人使用的体育器材。积极发展老年教育，整合教育资源，培育学习品牌，探索实践终身学习的实现形式和途径。积极组织有益于老年人科学养老和文化养老等方面的选题出版图书报刊。

六是老龄社会宣传力度不断加大。围绕各项老龄政策，开展全方位、立体式的宣传报道，增强老年人和社会各界对政策的知晓度，大力倡导和弘扬敬老风尚。建立了老年人口信息和老龄事业发展状况发布制度。认真做好老年人的信访接待工作。高度重视并积极配合市人大对落实老年法律法规开展的执法检查，认真办理市人大代表和市政协委员对发展老龄事业提出的建议、议案、提案。

二、北京市养老事业发展存在的主要问题

目前，北京市养老事业与人口老龄化、老年人口高龄化快速发展的形势和建设健康城市的要求相比，仍存在一定差距和问题。

一是社会老龄意识需要进一步增强。当前北京市老龄人口以年均17万的数量快速增长，到2015年，全市60周岁及以上户籍老年人口将达到320万，占总人口的23%。人口老龄化速度快、老年人口规模大，社会各界对老龄问题的严峻性和复杂性、对老龄工作的紧迫性认识都还不够充分，需要进一步提高全社会的老龄意识。

二是养老保障水平需要进一步提高。由于城乡发展不平衡，农村老年人保障水平还不高，老年人看病难、看病贵问题依然存在，需要进一步完善制度，提高老年人养老和医疗保障水平。

三是养老服务体系需要进一步完善。养老服务支撑体系还不健全，居家养老服务项目发展不平衡，整体服务水平还不高。养老床位与“9064”养老服务发展目标和群众的需求相比存在差距，养老服务机构空间分布不尽合理，养老床位存在空置现象，规范化、标准化管理水平有待进一步提升。

四是老龄工作力度需要进一步加大。基层老龄工作任务越来越重，机构设置、经费保障、人员队伍和工作机制等还不健全。老年人口动态信息管理和服务系统尚未建立。专业化的管理和服务队伍缺口大，服务质量不高。

第三节　建设健康城市，解决北京养老问题的对策思路

“十二五”时期，适应首都经济社会发展和人民群众新期待，积极、主动、科学应对人口老龄化，进一步提高老年人社会保障水平，优先发展社会养老服

务，加强老龄工作体制机制建设，努力构建养老保障城乡一体化发展格局，社会养老服务多层次、多样化发展格局，老龄工作政府主导、社会参与发展格局，基本形成养老理论、养老保障、养老服务、养老工作、养老科技、养老文化六大支撑体系，稳步提高老年人的生活质量和幸福指数，为实现积极老龄化和健康老龄化，加快建设健康城市创造良好的社会环境。

（一）加强老龄政策理论体系建设

认真贯彻党和政府关于加强老龄工作的指导思想、基本原则和工作方针，确立北京市老龄事业发展的基本思路、目标任务、政策措施，形成具有首都特色的养老政策理论体系。

一是加强战略研究。站在“人文北京、科技北京、绿色北京”和中国特色世界城市的高度，深入分析首都人口老龄化发展的形势、特点和规律，从物质、精神、制度和体制、机制等方面提出系统解决老龄问题的有效对策。

二是完善政策法规。围绕“9064”养老服务模式，整合现有法规制度，加快新政策、新法规的创制工作，制定养老机构设施建设、老龄产业发展等规划，完善生活照料、医疗护理、精神关怀等服务标准，抓好《北京市老年人权益保障条例》的修订工作，建立养老机构等级评定制度。

三是加强学科建设。充分发挥首都高校、科研院所的研究和技术优势，加强与兄弟省市及国际交流与合作，推进老年学学科建设和养老相关专业建设，探索建立老龄事业发展研究基地，培育老龄政策理论研究队伍。

（二）加强养老保障体系建设

以社会养老保险、老年社会救助和老年社会福利为基础，以慈善事业和商业保险为补充，建立起制度更加完备、政策相互衔接、保障水平逐步提高、城乡一体化、人群全覆盖的社会养老保障体系。

一是完善养老保险和医疗保险制度。建立居民养老保险和职工养老保险的衔接机制。整合新型农村合作医疗、无业居民医疗保险、“一老一小”医疗保险制度，形成城乡一体化的养老保险和医疗保险新格局。建立企业退休人员基本养老金、机关事业单位退休人员退休金、城乡居民养老保险基础养老金和福利养老金科学增长机制。

二是提高老年人社会救助水平。加大对城市“三无”、农村五保、城乡残疾老年人的救助力度，逐步建设起水平更高、城乡一体的老年人社会救助体系。建立困难老年人生活补助和“双节”（重阳节、春节）慰问制度。健全计划生育家庭老年父母奖励扶助制度。研究制定低收入家庭的失能老年人入住养老机构的补助办法。

三是继续推进老年福利向适度普惠转变。完善高龄津贴制度，将享受高龄津贴的老年人群扩展至80周岁及以上，建立高龄津贴正常调整机制。完善老年人医疗补助制度，将享受医疗补助人群范围扩展至90周岁及以上老年人。完善老年人优待办法，适时扩大优待人群、扩展优待内容、提高优待服务水平。

四是大力发展慈善事业和商业养老保险。积极引导社会慈善力量实施安老助养慈善服务项目。鼓励发展商业性养老保险，提倡个人参加储蓄性养老保险，探索研究长期护理保险、老年人意外伤害保险等制度。

（三）加强养老服务体系建设

按照“9064”养老服务模式，以规范化建设为切入点，以覆盖有需求的老年人为立足点，加强养老服务基础设施建设，提高养老服务水平，构建城乡一体化的养老服务体系。

一是继续实施“九养政策”。继续为高龄老年人和重度残疾老年人发放居家养老（助残）服务补贴，完善服务补贴的管理和使用办法；完善服务商扶持政策和准入退出机制，制定家政入户服务、老年餐饮服务、日间托老服务、精神关怀服务等行业服务标准，促进居家养老服务业健康发展，为老年人提供全方位的居家养老服务。

二是健全居家养老服务网络。建立市、区（县）、街（乡镇）、居（村）四级养老服务中心，市级建立综合性的养老管理服务中心，整合社区服务资源，将区（县）、街道（乡、镇）养老服务中心的功能和人员设置纳入社区服务中心中统筹安排，依托已建城乡星光老年福利服务设施，建设2000个社区（村）养老服务中心，发展6000个托老（残）所、6万张托老（残）床位和1万个养老（助残）餐桌，形成布局合理、规模适中的四级养老服务网络。

三是强化社区养老服务功能。加强社区老年护理院建设，解决占老年人口

6%的不能自理老年人、残疾人居家生活护理和临终关怀服务问题。依托社区服务平台和网络，应用“96156”热线电话、“小帮手”电子服务器、社区呼叫系统、有线电视网络等技术手段，构建社区养老服务信息网络。

四是继续加快养老机构建设。认真落实《北京市养老设施专项规划（2010－2020)》，统筹城乡养老机构布局，建设城南敬老院和老年社区二期工程，每个区县均建立1所400张以上床位的区县级养老服务机构，完善扶持政策吸引社会资本兴办养老机构，加大乡镇敬老院建设的资助力度，加快城乡养老服务设施建设步伐，到“十二五”期末，全市养老床位新增5万张，总量达到12万张，百名老年人拥有床位达3.8张，其中，护养型养老床位占50%，基本满足4%老年人机构养老的服务需求。

五是培育三支养老服务队伍。一支专业化养老护理员队伍，由市属中专卫校、护校和其他有条件的机构开设护理员培训课程，完善培训、取证、上岗的全过程管理，实现每万名老年人拥有护理员数50人。一支居家养老（助残）服务员队伍。一支助老敬老志愿服务队。

六是完善老年医疗卫生服务网络。基本建立以市级老年医院为龙头，以区县老年医院为骨干，以社区卫生服务机构为基础，以综合医院老年病科、康复院、护理院、临终关怀院为补充的老年医疗卫生服务网络。全市老年病床位达到6000张，老年中长期护理床位达到5000张。强化社区卫生为老服务功能，为老年人提供诊断治疗、慢病防控、预防保健和健康教育等卫生服务，促进老年人身体健康。

七是优化老年人生活环境。加强对居住小区、园林绿地、既有道路、建筑物等与老年人生活密切相关的公共服务设施和老年残疾人家庭无障碍设施改造，推进无障碍交通设施与服务体系建设。开展“老年友好型城市”和“老年宜居社区”创建活动，努力将首都建设成为“老年友好型城市”。

（四）加强养老科技体系建设

按照“科技北京”建设要求，加强养老科技和信息化建设，构建养老管理和服务平台，提高养老工作效率，提升老年人科技养老体验。

一是建设老年人口管理和服务平台。依托市人口基础信息数据库、社区信息系统管理平台和民政公共服务信息化建设项目，加强老年人口信息登记和管理服务平台建设，研究整合老年人优待卡、养老（助残）服务券、高龄津贴和老年人补助医疗领取证的功能，提高老年养老工作效率。

二是建立养老事业发展决策分析系统。建立养老事业发展监测指标体系和数据库，为制定老龄政策和开展养老工作提供有力的信息化支撑。

三是大力发展老龄产业。坚持科技应用和创新发展，大力发展老龄产业，引进、开发适合于老年人使用的新产品，提高老年服务用品科技含量和养老服务科技水平，促进老年人共享科技进步和经济发展成果。

（五）加强养老文化体系建设

按照党的十七大提出的关于增强文化软实力建设、构建社会主义核心价值体系的要求，用养老文化引领首都老龄事业创新发展，将养老文化和文化养老相结合，创新养老理念，丰富养老文化内涵，大力弘扬积极老龄化、健康老龄化。

一是加大老龄事业宣传力度。发挥老龄文化的激励、导向功能，发挥各类媒体的作用，坚持开展年度万名“孝星”和千家为老服务先进单位评选表彰活动，通过开设专栏、专题、专版、专刊，加大对老龄化发展形势、老龄政策、老龄工作和社会为老服务典型人物和事迹等宣传报道力度，提高社会各界对老龄问题的认识，增强老龄意识和社会责任感，营造良好的尊老、敬老、爱老、助老、孝老社会氛围。

二是丰富老年人精神文化生活。完善老年人文化、教育、健身设施和场所，推出更多的老年文化产品和文艺作品，引导、鼓励、帮助老年人积极参加文化体育活动。加强老年教育，完善教育设施，整合社区教育资源，开展丰富多彩的老年文化活动和精神关怀、健康指导服务，推进老年文化教育事业发展，促进老年人身心更健康。

三是加强老龄工作职业道德建设。加强学习型机关建设和老龄工作宗旨教育，牢固树立全心全意为老年人服务的观念，树立良好的老龄工作职业形象，提升履职能力和管理服务水平，积极努力地做好老龄工作，充分体现老龄工作的价值取向和文化内涵。

（六）加强养老工作体系建设

理顺老龄工作体制机制，加强老龄工作力量，加大老龄事业投入，形成政府主导、部门协作、社会参与、全民关怀的老年人社会管理格局。

一是健全老龄工作体制机制。坚持“党政主导、社会参与、全民关怀”的工作方针，充分发挥各相关部门的职能作用和各级老龄工作委员会协调决策、组织指导、督促落实作用，形成解决养老问题的合力，提高老年社会管理水平。

二是做强基层老龄工作机构。按照辖区老年人口数，适当配备区（县）和街（乡镇）老龄专职工作人员，落实工作经费和职责任务，改善办公条件，切实解决基层老龄工作部门设置不统一、关系不顺畅、职责不明确、工作不到位等瓶颈问题。

三是加强老年群众性团队建设。推进基层老年群众组织建设，引导老年群众组织规范发展，实现基层老年人协会城乡全覆盖。扶持建设十个市级老年社团组织，发挥示范引导作用，发掘和扶持百个区（县）、街道（乡、镇）组织建设较好、艺术水平较高、具有发展潜力的基层老年文教体专业团队和千个基层老年文教体活动基地，培育万名优秀基层老年文教体活动骨干。

第十章 北京医疗卫生与健康城市建设研究

健康城市是世界各国城市发展的内在要求和普遍趋势，也是保障和改善民生的重要内容。市委、市政府已明确把塑造健康城市确定为北京市“十二五”时期的重要任务。国内外实践经验表明，建设健康城市涉及的内容很多，但医疗卫生工作始终是建设健康城市的重要方面。

第一节　医疗卫生与健康城市的关系

一、医疗卫生是健康城市建设的重要手段

健康城市是世界卫生组织为摒弃源于西方国家的高消耗、高浪费、低经济效益、低生态效益、低社会效益这种传统生产方式对人类发展造成的严重危机而提出的一种新的生存战略。世界卫生组织指出，“健康城市是长期致力于创造和改善自然和社会环境，开拓并扩展其资源，使城市居民能够在生活的各个方面相互协助和支持，并发挥最大潜能，达到最佳状态的城市。”为对健康城市进行衡量，世界卫生组织提出了 12 大项 300 多小项的健康城市指标参考体系，其中 12 大项包括人群健康，城市基础设施，环境质量，家居与生活环境，社区作用及行动，生活方式及预防行为，保健、福利以及环境卫生服务，教育及授权，收入及家庭生活支出，就业及产业，地方经济，人口学统计等。从这些评价标准中可以看到，居民健康和各类健康指标是健康城市建设评价标准的核心内容，而医疗卫生工作正是实现居民健康与健康指标的重要手段。

二、医疗卫生是健康城市建设的重点和关键

建设健康城市离不开高效、优质的医疗卫生工作。这是由医疗卫生工作的内容和性质所决定的。一是通过加强医疗工作、积极救治患者，能够确保居民身体健康。医疗工作是居民健康的保障，通过向居民提供医疗服务，能够使得了疾病的患者得到及时、有效的治疗，从而恢复健康，提高居民个体的健康水平，从而为提升人群的健康水平打下良好的微观基础。二是通过加强公共卫生工作，确保城市的公共卫生安全和社会大局稳定。公共卫生是医疗卫生工作的一个重要方面，能够通过对传染病、慢性病等进行有效控制，加强卫生监督执法保证食品、饮用水安全，以及加强妇幼保健和精神卫生工作等具体工作内容，来提升城市的公共卫生安全水平，为社会发展提供基础保障。

三、医疗卫生是健康城市建设的重要保障

医疗卫生工作是健康城市建设和可持续发展的基础保障，离开医疗卫生工作，健康城市建设就将成为无源之水、无本之木。这是因为医疗卫生工作的核心目标和主要任务就是保障居民健康，为居民提供健康的生存环境，引导他们形成健康的生活方式，为城市建设和发展提供健康的人力资源。无论是医疗服务还是公共卫生服务，都是紧紧围绕这一目标和任务来开展的。可以说，医疗卫生工作是确保从个体到群体、从居民到城市的健康发展的基础性保障，必须在健康城市建设过程中得到高度重视和大力支持。

第二节　北京医疗卫生工作取得的主要成绩及存在的问题

一、北京医疗卫生事业发展取得的成绩

在市委、市政府的坚强领导下，“十一五”期间，全市卫生事业改革和发展

取得了新的重大进展和成效。

（一）居民健康水平显著提高

2010 年，全市人均期望寿命达到 80.81 岁，比 2009 年增加 0.34 岁，比“十一五”末的 2005 年增加 0.72 岁。孕产妇死亡率已从 2005 年的 15.91/10 万、2009 年的 14.55/10 万下降到 2010 年的 12.14/10 万。婴儿死亡率已从 2005 年的 4.35‰、2009 年的 3.49‰下降到 2010 年的 3.29‰。上述健康指标均已达到发达国家水平。

（二）卫生资源总量显著增加

到 2010 年底，全市卫生机构数达 6539 家，较 2005 年增加 35.7%。卫生技术人员 171093 人，较 2009 年增加 6.6%，较 2005 年增加 42.5%。执业（助理）医师 65954 人，较 2009 年增加 5.8%，较 2005 年增加 30.3%。注册护士 67308 人，较 2009 年增加 9.3%，较 2005 年增加 56.9%。全市医疗机构实有床位数达 92871 张，较 2009 年增加 3.0%，较 2005 年增加 17.5%。

（三）医疗服务能力显著增强

2010 年，全市医疗机构诊疗总量达 14606 万人次，较 2009 年增加 8.0%，较 2005 年增加 51.1%。出院人数 182.8 万人次，较 2009 年增加 6.7%，较 2005 年增加 51.2%。医疗机构平均住院日 13.7 天，较 2009 年减少 0.2 天，较 2005 年减少 1.9 天。医疗机构实有病床使用率为 82.2%，较 2005 年提高了 6.7 个百分点。健全了无偿献血服务网络，自愿无偿献血占临床用血的比例达到 100%。完成了北京地坛医院迁建、北京佑安医院改扩建一期、北京朝阳医院改扩建一期、北京老年医院门诊楼及附属用房建设、北京急救中心改造和潮白河骨伤科医院改造等重大医疗基础设施建设项目并投入使用。北京安贞医院门诊综合楼和积水潭医院回龙观院区建设也已基本完成。启动了安定医院门诊楼及附属用房建设、北京肿瘤医院地下车库及放射用房工程、北京儿童血液肿瘤中心建设、宣武医院改扩建一期等重点工程。天坛医院迁建、北京老年医院医疗综合楼、北京回龙观医院门急诊综合楼建设、北京积水潭医院门诊楼扩建及地下车库、北京口腔医院王府井部门诊楼、北京朝阳医院京西院区改扩建等 6 项工程，已批复立项正在积极推进前期准备工作。小汤山医院二部基础设施改造和北京朝阳医院京西院区改扩建等建设项目完成申报工作。完成了北京同仁医院经济开发区院区扩建工程、北京胸科医院改扩建工程、北京佑安医院儿科门诊和传染病筛查中心楼等建设项目的立项申请。10 个远郊区县的 11 个区域医疗中心建设全面启动。大兴区人民医院、房山良乡医院已经完成建设任务，其他 9 个区域医疗中心正在加紧建设之中。

（四）公共卫生服务水平明显提高、公共卫生安全环境显著改善

建立起以突发公共卫生应急机制、疾病预防控制体系、医疗救治体系、卫生执法监督体系和公共卫生信息系统等“一个机制、四个体系”为核心的较为完善的首都公共卫生体系，公共卫生突发事件处置、应急救治和大型活动保障能力显著提高。积极推进基本公共卫生服务逐步均等化，重点实施了为 0 ~6 岁户籍儿童免费进行健康检查、为 60 岁以上老年人和在校中小学生免费注射流感疫苗、为适龄妇女免费开展宫颈癌和乳腺癌筛查等 10 类 42 项基本公共卫生服务项目和 11 项重大公共卫生项目。积极开展卫生监督执法，有效保障了全市公共卫生和医疗安全。开展了“健康奥运、健康北京——全民健康活动”，启动实施了《健康北京人——全民健康促进十年行动规划（2009 -2018 年）》，首次发布了北京市年度卫生与人群健康状况报告。完成农村无害化户厕改造 67. 8 万户，无害化卫生厕所普及率 90. 9%，创建了一批国家和北京市的卫生区、卫生镇、卫生村，全市城乡居民生活工作环境得到进一步改善。2010 年，全市甲乙类传染病发病率为 268. 99/10 万，较 2009 年的 339. 89/10 万、2005 年的 445. 9/10 万都有了明显下降。抽样调查显示，自 1993 年至 2010 年，全市至少有约 45 万人因接种乙肝疫苗而免于乙肝病毒的感染，有约 11 万人避免成为乙型肝炎患者，由此所节约的直接医疗费用大约为 14 亿元。而自 2007 年北京市为 60 周岁及以上老年人和在校中小学生减免费（2007 年对在校中小学生减半收费，2008 年至 2010 年都是免费）接种流感疫苗以来，全市每年减少流感样病例的发病人数约 64 万人，累计节约直接医疗费用约 10 亿元。

（五）基层医疗卫生服务体系进一步完善、服务水平显著提升

到“十一五”末，全市共有由社区卫生服务中心（站）、村卫生室等各级各

类基层医疗卫生机构9183家单位、5.6万卫生工作者组成的基层卫生服务体系。其中，由政府规划设置的3304个社区卫生服务中心（站）（其中社区卫生服务中心351个，社区卫生服务站2953个），除极少数根据城市建设和发展需要进行了调整外，其他已全面完成了标准化建设和标准化设备配置，覆盖城乡的社区卫生服务网络已经形成。2010年全市规划设置的城乡社区卫生服务机构的诊疗量为3629.1万人次，比2009年增长15.07%，比2008年增长33.99%；占全市医疗机构诊疗总量的比重达到24.85%，比2009年提高1.53个百分点，比2008年提高2.98个百分点。与2009年相比，2010年公众对社区卫生服务机构的认知度、使用度、满意度评价结果有所上升，满意度提高9.5%。

（六）新型农村合作医疗制度及职工、居民基本医疗保险制度显著完善

全市参加新型农村合作医疗的人数由2005年的249万人增加到2010年的278.5万人，增加了29.5万人。新农合人均筹资水平由2005年的117元增加到2010年的520元，增加了403元；新农合政策范围内住院费用报销比例由2005年的28%提高到2010年的60.02%，提高了32.02个百分点；门诊报销比例由2005年的8%提高到2010年的41.05%，提高了33.05个百分点。全市参加基本医疗保险的人数从2005年的574.8万人增加到2010年的1063.7万人，增加了488.9万人。同时，随着医疗报销方式从事后报销发展为“即时结报”，进一步方便了群众就医。

（七）药品供应保障体系显著健全

在政府举办的基层医疗卫生机构全部实施国家基本药物制度，基本药物实现了政府集中采购、统一配送、零差率销售。搭建了全市统一的政府药品集中采购平台，对全市所有非营利性医疗机构和医疗保险定点医疗机构使用的除国家特殊管理药品、中药饮片、疫苗外的所有药品实行药品集中采购，实现了“同城同价”。药品安全监测网络覆盖到生产企业、经营企业、医疗机构以及公众用药等各领域，全市药品抽验合格率保持在97%以上。

（八）中医药事业开创了新局面

制定出台了《北京市人民政府关于促进首都中医药事业发展的意见》，实现

了中医药事业促进和扶持政策的重大突破。中医药事业发展规模进一步扩大，中医药服务全方位延伸，在全市二级及以上综合医院100%建立了中医科，社区卫生服务中心100%建立了中医科。启动了中医药防治首都十大危险疾病的“十病十方”科技攻关项目，建立了中医药传承与人才成长激励机制，推出一批首都国医名师、中青年名中医。

（九）重大活动医疗卫生保障和重大突发事件应急处置圆满完成

出色完成北京奥运会、残奥会和新中国成立六十周年庆典活动的医疗卫生保障任务，有效应对了手足口病、三聚氰胺污染奶粉、甲型H1N1流感等多起突发公共卫生事件，及时有效地开展了对四川汶川和青海玉树地震灾区的医疗卫生救援工作。

二、北京卫生事业发展存在的主要问题

一是卫生的服务能力和服务效率离首都城市功能发展和首都人民过上更好的新生活的期待仍然相对不足，医疗服务供需矛盾仍然较大。

二是卫生资源在区域、城乡之间的配置仍然处于不均衡的状态，多层次的卫生需求对多样化的服务模式、多元化的供给结构的发展要求有待满足。医疗资源的内部均衡问题也日益凸显。

三是医疗卫生管理体制复杂，全行业和属地化管理水平有待进一步提高。特别是公立医院管理体制和运行机制改革有待进一步深化等等。

第三节　建设健康城市，北京医疗卫生工作的主要任务和措施

“十二五”时期是北京卫生事业改革和发展承前启后、继往开来的重要时期。为推动健康城市建设，北京市的医疗卫生应做好以下几方面的工作：

一、转变卫生发展方式，努力推动卫生发展“五个转移”

“十二五”时期，卫生事业发展将坚持以人为本，以人的健康为中心，推动转变卫生发展方式，努力推动实现“五个转移”。一是加快将卫生工作中心从以疾病治疗为中心向以健康促进为中心转移，更加注重预防和康复；二是加快将医疗卫生服务供给模式从基本依靠政府提供向政府主导、全社会共同参与转移，更加注重引导和鼓励社会资源提供多样化医疗卫生服务；三是加快将卫生资源配置方向从偏重中心城区和大医院向资源均衡配置、大医院与基层社区并重转移，更加注重增加中心城以外地区和基层社区的资源；四是加快将医疗服务重心由大医院向基层社区转移，更加注重提升基层医疗卫生服务能力；五是加快将医院管理模式由传统事业型向现代医院管理制度转移，更加注重加强公立医院精细化、规范化管理。

二、优化卫生资源配置

科学编制首都区域卫生规划和医疗机构设置规划。在首都医药卫生协调委员会的框架下，对首都地区医疗卫生资源进行统一规划，科学制定卫生资源配置标准，建立制度、完善措施，促进医疗卫生机构属地化和全行业管理，进一步优化医疗卫生资源布局和结构。按照公平、高效、可及的原则合理增加卫生资源总量，严格控制公立医院的建设规模和中心城区内医院的新建扩建规模，逐步提高社会资本举办医疗机构的占有比例。根据医疗卫生机构的服务人群、功能定位和技术水平，合理确定和调整现有医疗卫生机构规模，明确区域医疗中心和医学中心。利用资源重组、资金配套、土地置换、土地划拨、办分院等措施，鼓励和引导中心城区优质医疗资源向郊区（县）扩展。新增医疗卫生资源优先向城市发展新区和城市生态涵养区布局，新增医疗资源重点向远郊区（县）区域医疗中心和基层医疗卫生机构倾斜。重点解决大型居住区、定向安置房地区、边远山区、重点功能区等地区医疗卫生资源配套问题。

三、完善政府主导的多元卫生投入机制，逐步形成多元办医格局

合理确定政府、社会和个人承担的卫生费用比例。加大市、区（县）两级政府卫生投入力度，政府卫生投入增长幅度要高于经常性财政支出的增长幅度，并逐步提高政府卫生投入占经常性财政支出的比重。公共卫生服务主要由政府负责筹资向全体市民均等化提供，提高公共卫生投入占政府卫生投入的比例。基本医疗服务由政府、社会和个人合理分担费用。特需医疗服务则个人或商业健康保险承担。政府提供必要的资金支持新型农村合作医疗、城镇居民医疗保险、城镇职工基本医疗保险和城乡医疗救助制度进一步完善。落实市、区（县）政府对同级卫生事业发展的资金负担责任，加大市级财政对生态涵养发展区等财政困难区（县）的转移支付力度。社会资本举办的基层医疗卫生服务机构承担的公共卫生、基本医疗等任务由政府和医疗保险机构采取购买服务的方式予以补偿。

积极引导和鼓励社会资本举办医疗机构，调整和新增医疗卫生资源优先考虑社会资本。明确营利性和非营利医疗机构的政策界定，按照营利和非营利分开管理的原则，加强对社会资本举办医疗机构的指导、管理和监督，逐步完善医疗机构准入退出机制。对社会资本举办非营利医疗机构给予适当政策补贴，落实社会资本举办非营利医疗机构税收减免政策。对社会资本举办的医疗机构在医保定点、人才引进、职称评定、科研立项和政府购买服务等方面实行与公立医疗机构一致的政策，营造社会举办医疗机构与公立医疗机构平等的政策环境。

四、积极推动公立医院改革试点

（一）推动公立医院建立现代医院管理制度

按照政事分开、管办分开、医药分开、营利和非营利分开的原则，加快公立医院改革。推进公立医院产权制度改革，成立市公立医院管理机构代表政府以出资人身份与医院建立明确、规范的产权关系，对市属医院进行精细化管理，逐步建立产权明晰、权责明确、运转高效、管理科学的现代医院管理制度。制定统一规范、公平高效的公立医院考核评估制度，围绕公益性核心指标，通过定量和定

性、纵向和横向等多角度多层次的综合评估，科学考核医院和院长的绩效，并将绩效考核结果与医院管理奖惩、院长聘任等挂钩，构建科学的医院管理者激励约束机制，确保公立医院公益性的完善和发挥。

（二）推动建立科学可持续的公立医院补偿机制

完善医疗服务收费和政府补助两个公立医院补偿渠道。建立合理的医药价格形成机制，调整医疗服务价格使其能够充分体现医务人员劳动的价值，强化医疗服务收费对公立医院的补偿作用，逐步取消药品加成，改变“以药养医”机制。实现城镇职工医疗保险等医保资金与定点医院的及时结算。对公立医院基本建设等国家规定的项目，政府予以全额补偿。

（三）推动建立严谨高效的公立医院运行机制

开展全成本核算、项目成本核算和病种成本核算，推广完善预算管理信息系统，提高运行效率和降低成本。试点开展总会计师制度。改革公立医院人员编制制度，完善公立医院聘用和岗位管理办法，建立以合同管理为基础的用人机制和公平竞争机制。建立公平高效的内部绩效考核和收入分配制度，研究建立公立医院绩效工资总额增长机制。

（四）探索建立公立医院法人治理结构

探索建立以理事会等为核心的多种形式的公立医院法人治理结构，合理界定投资者、决策者、经营者、监督者的基本权利和义务，明确在重大事项方面的职责，形成决策、执行、监督相互制衡的权力运行机制。落实公立医院独立法人地位，强化具体经营管理职能和责任，增强公立医院的生机活力。探索制定公立医院院长任职资格、选拔任用等方面的管理制度，推进公立医院院长职业化、专业化建设。

五、进一步完善公共卫生服务体系，促进基本公共卫生服务逐步均等化

（一）进一步提高卫生应急能力

编制首都卫生应急体系建设和发展规划，统筹规划布局全市卫生应急资源，推进区县卫生应急机构建设。建立健全卫生应急指挥决策平台与互联互通

网络，实现对卫生应急工作的统一指挥协调。加快综合预警系统建设，提高各类突发公共卫生事件的监测预警和综合分析能力。完善卫生应急物资储备目录，建立卫生应急物资的快速调用程序，健全区（县）间、部门间、军地间卫生应急物资调运机制。建立健全独立的院前急救机构，合理确定院前急救站点布局和人员编制。健全覆盖城乡的急救网络，重点增加边远农村地区急救站点建设和急救装备配置，提高市民急救呼叫满足率。全部120急救站点实现市级垂直管理，由市急救中心对全市120急救车辆实行统一调度。整合优化“120”和“999”急救资源，统一规划布局，建立统一的指挥调度平台。建立院前急救与公安交通管理、消防系统间的资源共享和协调联动机制。完善机制促进院前急救与院内救治的有效衔接。完善院前急救标准，提高院前急救的响应速度、能力水平和服务质量。

（二）增强人群预防疾病能力

进一步完善疾病预防控制网络，加强疾病预防控制机构基础设施建设。增加预防干预手段，推动预防关口前移，更加注重疾病的一级和二级预防工作。确定社会和环境致病因素的干预重点，整合利用公共卫生、医疗、医疗保险等资源和全社会力量，建立支持早发现、早诊断、早治疗的疾病预防干预体制机制，对疾病防治情况进行全过程监控和干预。继续加强艾滋病、结核病等传染性疾病的预防控制措施。做好扩大免疫规划工作，有效遏制乙肝、艾滋病、结核病等疾病的发生和流行。进一步完善职业病防治技术支撑体系，提升尘肺病、职业中毒和职业性放射性疾病等重点职业病的监测与预警能力。切实加强慢性病预防和管理。建立健全北京市主要慢性病及其危险因素的监测体系。加强高血压、糖尿病和恶性肿瘤等慢性非传染性疾病的早筛查、早诊断、早治疗工作，研究、试用和推广慢性病干预的适宜技术。加强高血压、糖尿病等慢性病患者的规范管理，引导患者及其家人提高疾病自我管理能力，提高患病居民生活质量。

（三）加强健康教育和健康促进工作

建立健全健康教育专业机构、公共卫生其他专业机构、医疗机构、教育机构和社会各界分工协作、共同参与的健康教育和健康促进体系和工作机制，建立基于健康危险因素评估与防范的早发现、早预防、早干预的健康促进工作新模式。

积极推进健康教育和健康促进相关设施建设。逐步扩大“12320”公共卫生公益热线电话服务领域，形成覆盖全市的提供卫生法律法规咨询、医疗卫生服务投诉、就医指导、健康咨询、健康教育和健康促进等服务的综合平台。充分利用各类传播媒介，加强健康教育和健康促进工作。建立健康教育市级和区县级专家库，规范健康知识传播。全面贯彻落实《健康北京人——全民健康促进十年行动规划（2009－2018）》和《健康北京“十二五”发展建设规划》，制定发布《北京人健康指引》。

（四）切实维护妇女儿童健康

进一步加强妇幼保健机构建设，规范妇幼保健服务内容。推进母婴健康行动，普及避孕节育、优生优育和生殖保健服务，提高出生人口素质。提高围产保健质量，畅通危重孕产妇抢救绿色通道。建立补偿和救助机制，减少因经济原因放弃抢救导致的孕产妇和儿童死亡。促进自然分娩，降低剖宫产率。完善出生缺陷监测，有效落实出生缺陷三级预防措施。提高艾滋病母婴阻断水平，有效控制母婴传播。加大宫颈癌、乳腺癌普查力度。为0～6岁儿童提供生长发育监测、早期综合发展、心理行为发育评估与指导、免疫规划等基本保健服务。加强农村地区儿童规范化门诊能力建设，优先向农村地区提供儿童保健服务包。

（五）加强精神卫生工作

大力加强精神卫生防治体系建设，完善精神卫生专业机构的防治和社区康复功能。加强精神卫生基础设施建设，实施好市属安定医院、回龙观医院和区（县）精神专科医院项目的建设。健全重性精神疾病管理治疗康复服务网络，建立重性精神病患者治疗康复管理档案，使患者获得有效管理、治疗和康复的比例逐步提高。开展精神疾病社区康复和心理健康咨询服务。强化重点人群心理行为问题干预力度。建立重大灾害及突发事件后心理危机干预网络，开展受灾人群心理应急救援工作。

（六）加强对老年人、青少年的健康保健服务

逐步建立健全老年医疗卫生服务网络。加快增加为老年人提供医疗卫生服务的资源数量和提高服务质量。从常见病、慢性病管理、康复护理、健康促进等方

面重点增强基层医疗卫生机构的老年人服务能力。为无保障老年居民提供年度免费体检。完善中小学健康教育课程设置，确保每周一课。保障中小学生体育锻炼时间。引导中小学生科学饮食、营养搭配，降低中小学生肥胖比例。加强对中小学生的心理辅导，及时关注和干预青少年心理健康问题。加强健康促进学校建设，不断提高中小学校达标率。

（七）加强对流动人口的公共卫生服务工作

针对流动人口地区分布和流动特点，增加流动人口集聚区的卫生机构、工作人员和经费投入等卫生资源，因地制宜地为流动人口提供均等化的公共卫生服务。改善“城中村”、城乡结合部等流动人口集聚区的公共环境卫生。将流动人口纳入基层卫生服务机构的服务范围，切实加强流动人口的健康教育、传染病防控、孕产妇保健和儿童免疫等公共卫生工作。

（八）加大卫生监督管理力度

加强卫生监督机构基础设施建设，健全公共卫生、医疗、食品、药品、医疗器械等监督执法体系，加强执法队伍建设。建立健全公共场所、工作场所和居住场所的空气、饮用水、空调等环境卫生监测监督机制，严格按照国家卫生标准和规范加强监督，提高市民生活和工作环境的卫生水平。深入开展以食品卫生、职业卫生、环境卫生、医疗服务、学校卫生、传染病防治及实验室生物安全为重点的卫生监督工作。加强对医疗、药品、医疗器械和保健食品等广告的监督管理，规范有关广告发布行为。完善餐饮服务量化分级管理标准，促进连锁餐饮企业卫生等级的提升。进一步规范学校食堂、工地食堂、民俗旅游接待户、送餐企业的管理。制定餐饮具集中消毒企业的生产标准，建立餐饮具集中消毒企业监管制度，促进餐饮具集中消毒企业的规范管理。

（九）深入开展爱国卫生运动

完善控烟工作政策法规，加强宣传教育和管理，努力降低人群吸烟率，力争在全市所有的室内公共场所、工作场所和公共交通工具实现无烟的目标。开展城乡综合环境整治行动，利用爱国卫生月、城市清洁日等开展群众性爱国卫生活动。建立健全健康城区、健康单位和健康社区建设工作机制，继续推进国家卫生区、卫生镇和北京市卫生村的创建。实施农民健康饮水行动，普及农村饮水消毒设备，加强农村水质监测，保障农村居民饮用水安全。实施农村户厕升级改造，进一步提高农村无害化卫生厕所普及率。

六、进一步完善医疗服务体系，更好地方便群众看病就医

（一）合理规划和配置医疗资源

建立起区域医疗中心（医学中心）、专科医院、康复医院、护理院和基层医疗卫生机构分工协作的医疗服务体系。建立以区域医疗中心为龙头、以基层医疗卫生机构为网络的区域医疗服务体系，加强区域医疗中心对基层医疗卫生机构的对口支援力度。推进郊区（县）区域医疗中心项目建设，加快提高远郊区（县）医院的医疗服务水平，提升远郊区（县）区域医疗中心设施条件和能力水平使之达到三级医院水平。加强康复医院、护理院建设，将部分二级医院转变为康复医院和护理院，合理分流三级医院康复后期患者，提高资源利用效率。加强二级及以上综合医院儿科、精神心理科的建设。推进天坛医院迁建、清华大学天通苑医院、北京大学国际医院等项目建设，加快朝阳望京、朝阳常营、房山长阳、顺义空港、海淀北部新区和石景山五里坨等区域医疗机构建设，完善大型居住区的配套医疗服务设施。

按照步行 15～30 分钟的可及标准，进一步完善社区卫生服务网络建设。在已建成社区进一步落实社区卫生服务机构配建要求；新建、改建居住区应按照《北京市居住公共服务设施规划设计指标》要求，预留社区卫生服务用房；村卫生室的设置、功能和工作与社区卫生服务机构进行统筹规划和管理，加强农村地区村卫生室建设。根据服务功能和任务调整，重新核定社区卫生服务机构编制标准。逐步充实基层卫生技术人员，引进适宜人才，适当增加返聘人员数量。通过多种措施引导患者首诊到社区，实施社区卫生服务机构与二、三级医院转诊预约机制，逐步建立“社区首诊、分级就诊、双向转诊”的有序就医格局。在社区卫生服务机构开展家庭医生式服务，为居民提供主动、连续、综合和稳定的健康责任制管理。适当延长社区卫生服务时间，探索全方位服务居民健康需求的新模式。提高社区慢性病规范管理水平。

（二）不断改善和创新医疗服务模式

加强医疗质量控制体系建设，健全医疗质量控制中心。利用 DRG 按疾病诊断分组指标体系，开展医疗质量绩效考核。完善医院评价标准，开展医院评价。推动疾病诊疗规范和病种质量管理，开展临床路径试点。实施医疗技术与手术分级管理。进一步缩短综合医院出院者平均住院日，提高病床使用率。进一步优化医院门急诊环境和流程，推动双向转诊、预约诊疗服务，缩短患者等候时间。继续深入开展优质护理服务、双休日及节假日门诊、远程会诊等工作，改善医疗服务。加快推进医疗机构建立电子病历系统，并以电子病历系统为基础改进服务流程、提高服务效率、保证医疗质量、规范诊疗行为、提高医院管理水平。

（三）完善血液供应保障机制

进一步探索血液供应保障新机制，完善《北京市献血管理办法》配套政策。进一步巩固扩大献血者队伍，着力提高单个采血点的日均血液采集能力，确保血液质量和数量。完善临床合理用血制度，促进临床科学用血，提高自体输血率。根据年用血增长比例和采血点采血量，适当增加采血点数量并优化布局。

（四）严格医疗器械监管

编制首都地区大型医用设备配置规划，确定大型医用设备的配置数量和规划布局，提高设备利用率和使用合理性。严格按照国家法律法规和规范标准，开展医疗器械的生产、经营、使用等过程的监督管理，组建医疗器械在用产品评价中心，完善高风险产品评价机制，增强医疗器械不良事件的监测预警能力。

七、进一步完善医疗保险制度，确保实现应保尽保

目前北京市的医疗保险制度分为城镇职工基本医疗保险、城市居民基本医疗保险、新型农村合作医疗制度、医疗救助制度和商业医疗保险等几个方面，分别由市人力社保局、市卫生局、市民政局、市保监局等部门负责。“十二五”期间，市卫生局将在继续加强与相关部门的协调配合，确保医疗保险与医疗服务顺畅衔接的基础上，充分发挥部门职责，进一步加强新型农村合作医疗制度建设。

建立健全新农合市、区县、乡镇三级经办管理网络，完善新农合管理体系。加强市级政策和相关资源的统筹协调力度，调整、充实、强化新型农村合作医疗服务管理中心职能。适应参合农民医疗需求释放的形势，均衡市、区县和个人出资比例，建立筹资动态增长机制，提高筹资水平。建立全市统一的筹资及补偿政策，提高保障水平，推进实施市级统筹。进一步提高新型农村合作医疗报销水平。探索开展新型农村合作医疗支付方式改革，引入商业保险机构参与新型农村合作医疗经办。加强基金监管，控制医疗费用不合理增长，提高资金的使用效率，减轻参合农民负担。

八、进一步完善药品供应保障体系，保障市民用药质量和安全

（一）落实国家基本药物制度

进一步完善基本药物目录，实现基本药物目录和指导价格的动态调整与管理。健全基本药物的生产和流通企业的招标和过程监管机制，保障基本药物的生产供应和配送及时到位。探索制定各级各类医疗机构基本药物的使用办法和监督管理措施。实施基本药物生产、流通和销售等环节全过程实施全品种电子监管。

（二）完善药品生产供应体系

加强药品生产和经营企业的监督管理，完善准入退出机制。建立专项资金，鼓励和引导具有自主知识产权的创新药品的研发和产业化。完善药品集中采购制度，加强药品集中采购监督管理。修订药品批发企业现代物流标准，促进医药现代物流发展，鼓励发展药品零售连锁的经营模式。减少药品经销流通的中间环节，严格控制药品流通环节差价率，促进药品价格理性回归。建立重大药害事件、公共卫生事件等突发事件的药物风险评估机制及快速反应机制，完善突发事件应急处理预案与药品储备。

（三）提高临床合理用药水平

加强国家已有的药事法律法规的执行与监督，健全北京市相关规章制度。积极推行卫生部制定的综合医院药学部门基本标准，加强药学部门内涵建设，促进

药学部门规范化管理。完善临床药师制度，确保合理的药师数量，加强药师在药物与治疗学委员会中的作用，建立监督队伍对药师进行监督。全面落实处方点评制度。建立合理用药监管平台、抗菌药物和细菌耐药监测网，抑制药物滥用，提高合理用药水平。加强控制药物联合应用的危害。

（四）加强药品监督管理

进一步推进药品监管地方立法进程，制定适合北京市实际的药品监管地方法规或规章，严厉打击制售假劣药品违法行为，培育有序的药品市场环境。建设药品监管数字化信息系统，实现药品全流程追溯。建立健全药品生产、流通和销售企业及其关键岗位工作人员的诚信管理系统。加强药品、生物制品、保健食品、化妆品、药品包装材料等监管检测检验能力建设，逐步实现药品检验报告国际互认。继续加强农村药品安全监督网建设，实现城市和郊区、居民和农民享受药品安全同质化保障。在全国率先着手创建药品安全放心城市。

九、弘扬国粹，进一步发展中医药事业

（一）完善中医服务体系

充分发挥各级各类中医医疗机构的作用，形成结构合理、分工明确、功能完善、覆盖城乡、方便可及的中医药多元化服务网络。加强中医药服务机构建设，改善中医药服务机构的环境和条件。加强国家级中医临床研究基地和东城区国家中医药发展综合改革试验区建设。

（二）积极促进中医药技术创新

筹建北京市中医药研究院，提升北京市中医药科技整体创新能力。加快中医药“十病十方”科技攻关进程。积极培育中医药高新技术，并引导其成果转化，推动优秀中医药技术产业化。建设首都中医药科技条件平台。

（三）大力推进中医药传承

建立北京中药经验性技术传承目录和中医药传承培养专项资金。加强中医药

人才培养。实施中医药回归扎根工程。建设中医全科医师培训基地和临床实践基地，加强中医类别全科医师临床实践能力培养。

十、进一步加强医疗卫生支撑条件建设，保障医疗卫生事业可持续发展

（一）加强对卫生工作的组织领导

促进卫生属地化和全行业管理，探索推进“大卫生”的行政管理体制。充分发挥首都医药卫生协调委员会的作用，实现对首都地区卫生事业改革发展的统一规划、统筹协调。充分发挥市公立医院管理机构职能，进一步加强对公立医院的监督管理。强化街道办事处和乡镇政府的卫生管理职能，使其能够加强对辖区内公共卫生、健康教育和健康促进等卫生工作的组织协调。充分发挥卫生领域的社会团体、民办非企业单位以及基金会等社会组织的作用，努力构建全社会共同参与卫生工作的新格局。

（二）加强卫生科技建设，保障卫生事业后继有力

大力推进卫生科技创新。加大医疗卫生科研投入，建立和完善卫生科技创新的投融资机制和激励体制，拓宽卫生科技投入渠道，鼓励技术创新，不断增强首都卫生科技自主创新能力。制定并实施医药卫生重大科技专项。推动首都十大危险疾病科技攻关。充分发挥北京地区中央、军队和地方等多方优质科研资源，建立强强联合、优势互补、多学科交叉、竞争开放的重大科技联合攻关管理机制，着力攻克目前威胁首都市民健康最重大、最紧迫的技术难关。加强医学重点学科和研究平台建设。加强实验室生物安全管理和质量建设。广泛面向基层社区推广卫生适宜技术。

（三）加强卫生人才队伍建设，充分调动卫生队伍积极性

完善卫生人才工作机制。建立和完善卫生人才评价指标体系。制定能上能下、动态管理的卫生岗位聘用管理办法。完善物质、精神、事业、感情等相结合的卫生人才激励机制。加大卫生人才培养力度。建设适应首都卫生事业发展的卫生专业学历教育体系。大力发展卫生职业教育。构建终身继续医学教育体

系，完善继续医学教育管理办法。完善住院医师规范化培训制度，加强住院医师规范化培训基地建设。实施“215 市卫生系统要培养 20 名学术领导人才、100 名学科带头人、500 多名学科骨干”高层次人才、基层卫生人才、公共卫生人才、护理人才、专科医师人才、中医药人才、首都卫生青年人才、卫生管理人才等八项卫生人才建设重点工程。推进卫生人才制度改革。制定卫生人才配置规划。实施并不断完善注册医师多点执业制度。完善卫生事业单位专业技术岗位、管理岗位、工勤技能岗位结构比例标准。加大政策引导，鼓励人才向基层流动。积极培育和依法管理卫生人才市场，完善准入和退出机制，促进卫生人才的合理流动。

（四）提高卫生信息化水平

为城乡居民建立电子健康档案和电子病历，统一规范医院信息系统数据接口和信息采集，加强信息标准化和公共服务信息平台建设，逐步实现卫生信息系统的统一高效、互联互通。以居民电子健康档案和电子病历为核心，整合北京地区公共卫生、医疗服务、药品器械以及医疗保险等卫生信息资源，构建满足互联互通、信息共享、标准统一、开放高效的市、区县两级区域卫生信息平台，提升居民自助健康管理、公共卫生、医疗、医疗保障、药品保障、综合卫生管理等信息化服务能力，实现区域卫生协同服务，提高卫生资源的利用效率，增强卫生管理和服务的能力和效率。加强卫生相关领域信息化工程建设。

（五）健全医药卫生法规制度

完善医药卫生法规。扎实推进北京市社区卫生服务条例、北京市急救医疗服务条例、北京市药品监督管理条例、北京市医疗纠纷处理办法等地方法规和政府规章的制定工作。积极推动北京市公共场所禁止吸烟管理规定、北京市中医发展条例、北京市实施《中华人民共和国母婴保健法》办法、北京市实施《中华人民共和国食品安全法》办法等地方法规和政府规章的修订工作。加强卫生法规普法宣传，在全市卫生系统全面开展“六五”法制宣传教育工作。健全卫生普法工作评价体系。继续深入开展卫生法规“进机关、进乡村、进社区、进学校、进企业、进单位”主题活动。

（六）营造良好舆论环境

积极开展卫生系统精神文明创建活动。加大宣传卫生工作中涌现出的道德模范、先进人物和感人事迹，充分展现广大辛勤劳动和刻苦钻研的医务人员和公共卫生队伍的真实面貌，重塑白衣使者正面形象，增强卫生工作人员的自豪感和使命感。加强对卫生队伍的职业道德教育和宣传，引导医务人员培养高尚的医德医风，学习先进模范，改善服务态度，提高服务水平。营造建立合理医疗卫生需求的舆论环境，引导市民树立合理预期，加强医疗信息公开，增强医患相互理解和信任，努力构建和谐的医患关系。

第十一章 北京食品安全与健康城市建设研究

食品是人类赖以生存的主要物质，健康的身体离不开安全的食品和合理的营养。食物既是人类生存的最基本需要，也是国家稳定和社会发展的永恒主题，因此食品安全与健康城市建设的关系十分密切。

第一节 食品安全与健康城市的关系

一、食品安全是建设健康城市的重要内容和基础

从“健康”二字的基本概念来解释，无疾病、身体状况良好应当是我们对健康的最基本要求。健康城市的居民需要有可靠、持久和安全的食品供应，才能做到防止“病从口入”，才能保证生命活动基本的营养要求。1996 年 4 月，世界卫生组织公布了健康城市的 10 项具体标准及内容，为各国开展健康城市建设提供了良好的借鉴和参考。这 10 条标准中，第 2 条标准直接涉及食品安全，即“为市民提供可靠和持久的食品、饮水、能源供应，具有有效的清除垃圾系统。”可见保障食品安全是建设健康城市的一条重要标准，占有非常重要的地位。

一个合乎标准的健康城市，必然是一个和谐安全的城市，食品安全事关人民群众的身体健康和生命安全，事关社会和谐稳定，是建设健康城市的重要基石。预防不安全食品给城市带来的危害，不仅仅是注意加工食物或食用中的卫生问题，而是应当将安全贯彻到“从农田到餐桌”的整个过程，从食物养殖种植、源头监管、检验检疫、质量监测到卫生防疫等等，是一个环环相扣的过程。只有将食品安全作为改善民生的重要任务来抓紧抓好，才能维护首都科学发展、和谐稳定的大局，达到建设健康城市，建设世界城市的远大目标。

二、食品安全影响城市健康的几大因素

人体从食品中汲取营养，维持人体的新陈代谢和生长。食品安全已成为所有国家面临的一个公共健康问题。俗话说“病从口入”，食品的生产条件、过程会使食品含有一些对人体健康不利的影响因素，这些因素可能会严重影响人类的健康。

（一）食品污染导致食源性疾病

食品的污染主要分为生物性污染和化学性污染两种。食品的营养成分不仅为人体所必需，也为其他生物所需要，因此食品经常受到其他生物的污染，例如食品储存不当造成腐败变质或食品加工不卫生造成的细菌污染，都可以导致食品污染，从而导致食源性疾病的发生。无论发展中国家还是发达国家，上述污染所导致的食源性疾病是对人体健康危害最大的食品安全问题，尤其是对儿童、孕妇和老人。化学污染则是由于为了促进农业生产而使用的化学物质，包括农药、化肥、兽药等这些具有一定毒性的农业投入品在使用过程中在食品中残留所造成的污染，也可能是由于土壤、水源等环境因素造成的重金属超标等污染。这种化学污染长期积聚也会对健康造成伤害。

（二）食用不当导致食物中毒

自然界有许多动植物含有天然毒素。常见的有毒植物有四季豆、鲜黄花菜、发芽马铃薯、毒蘑菇、含氰甙类的杏仁等。有毒动物有河豚、有毒贝类、热带鱼等。由此可见，天然食品不一定安全。这种由天然毒素引起的食物中毒屡见不鲜。

（三）非法食品添加剂的危害

为改善食品的感官品质、营养特性或满足生产工艺而加入到食品中的天然或合成物质称为食品添加剂。各国根据饮食结构规定了食品添加剂的品种、允许使用范围、使用量，在规定的范围和使用量下，一般来说是安全的。目前一些食品添加剂事件，往往不属于政府允许使用的非法添加物，多半是为掩盖食品缺陷、

或是降低原料成本。常见的非法添加物有瘦肉精、苏丹红、甲醛、吊白块、硼酸、硼砂等。

（四）新技术的应用给食品安全带来新的挑战

随着科学技术的进步，应用于食品生产的新技术层出不穷，例如基因工程技术、包装技术、生物酶技术，以及生长激素的应用等等。这些技术一方面能提高食品生产水平，有利于食品安全，另一方面也可能产生潜在的危害，在应用前必须得到严格的安全评价。然而，目前对新技术的潜在健康危害进行安全性评价存在一定技术难度。

（五）食品恐怖主义的危害

食品安全极易受到恐怖主义或犯罪分子的攻击。历史上不乏有利用食物供应故意实施破坏活动的实例。2003 年，南京发生利用鼠药投毒事件，造成数百人中毒，几十人死亡，这是一个典型的利用食物进行破坏活动的犯罪案例。近些年来，这类投毒案件在我国并非少见，直接危害社会安定和人民群众的健康。

第二节　北京食品安全现状及主要做法

食品安全从内涵看，主要包括三方面特征。首先，食品安全具有公共性。食品安全关乎人民群众身体健康和生命安全，已经被纳入国家公共安全的范畴，这决定了政府在食品安全监管中应该发挥重要的作用。其次，食品安全具有多元性。食品安全包括食品质量安全和食品卫生安全，而且食品安全覆盖生产、加工、流通和消费等环节，这决定了食品安全监管只能是多元监管主体而不能是单一监管主体。第三，食品安全具有风险性。食品安全不是食品与生俱来的固有属性，食品安全不存在零风险，这就决定了食品监管部门的任务是将食品安全危害的风险降低到尽可能低的程度。

一、北京市食品安全面临的主要形势

（一）食品自给程度低，食品安全的输入性风险将长期存在

北京是食品的特大销售地，市场需求巨大。截至2010年末，北京市食品年销售额达1251.5亿元，餐饮服务年销售额达477.7亿元。北京市规模以上农业年产值为167亿元，规模以上食品制造业年产值为315亿元。北京作为拥有近2000万人口的特大消费型城市，85%以上的食品靠外省市供应，这一特性决定了外埠和世界各地的食品安全风险可能随着食品流入北京，这无疑加大了食品安全的控制难度。在属地监管原则的要求下，源头管理的难度非常大，因此流通环节就成为监管首都食品安全最关键的一道关口。近年来发现的许多食品安全事件也证明，生产环节和加工环节产生的食品安全问题都是在流通环节被发现的。

（二）食品消费需求差异较大，城乡结合部地区和外来人口聚集区的食品安全风险较高

2010年北京市人均GDP突破10000美元，城市居民人均可支配收入达到29073元，农村人均纯收入达13262元，人民群众的消费需求发生了明显的变化，由需求型向质量型转变。但由于区域经济发展不平衡，城乡差异较大等原因，导致食品消费者层次众多，食品消费水平存在较大差异。一方面，北京市整体消费水平较高，人们开始追求健康、卫生、营养、时尚的食品消费，百姓对食品安全的要求也越来越高；另一方面，价格因素仍然是食品选择的主要因素，部分低收入者和外来务工人员成为某些低价劣质食品的固定消费人群。

（三）食品生产经营呈现多元化特点，食品流通渠道较为复杂

北京本市食品经营主体众多，既有大型国企、跨国公司、中华老字号企业，也有为数众多的个体经营者，这些个体经营者主要集中在批发市场、零售市场和个体食品加工及中小型餐饮行业。北京市食品生产经营业态多样，批发市场、超市、社区菜市场、早市、连锁店、便民店组成了北京市食品流通业态体系，多元的食品生产经营者和业态导致了食品流通渠道的多样性和复杂性。

（四）食品安全事件时有发生，社会各界对食品安全关注程度越来越高

近年来，通过有效监管，北京市食品安全状况总体向好，但面临的形势依然严峻，食品安全事件时有发生。北京市食品市场上先后发生了苏丹红、福寿螺、陈化粮、红心鸭蛋等多起食品安全事件，这些食品安全事件发生的原因涉及种养殖环节（如红心鸭蛋事件）、加工环节（如苏丹红事件）、流通环节（如陈化粮事件）和消费环节（如福寿螺事件），可以说，影响食品安全的因素贯穿于食品供应的整个过程。这些食品安全事件说明，一方面，由于食品行业具有产业链长、中间环节多的特点，某一环节内部或环节之间都可能产生食品安全危害。另一方面，由于食品安全关系到每个人的健康，因此全社会对食品安全的关注度越来越高。

二、近年来北京市食品安全监管思路

（一）确立政府在控制食品安全风险中的职能

对于食品安全，政府应该着力于风险预测和风险管理，风险管理的目标是将风险控制在公众可以接受的范围内。

1. 预防食品安全风险的职能。制定规则是实现公共管理的重要方式。政府通过制定政策法规，明确食品生产者、经营者的责任和义务。通过建立标准体系，为食品生产者、经营者的行为提供参照。立法与制定标准是政府进行日常监管的基础，有效的日常监管，能够有力地维护规则的实行，推进食品安全朝良好的方向发展。

2. 控制食品安全风险的职能。政府在食品安全风险的防控中，一项核心工作是做出评估报告、风险预警、提示告知，从而建立导向性预防措施。如果回避风险失败导致风险发生，政府要及时妥善地解决危机和突发事件，减轻和消除不良后果。处理突发性公共安全事件的能力，是政府执政能力的重要表现，政府需要建立应急处理体系，实施食品安全快速反应机制，有效控制风险。

3. 宣传教育的职能。实施宣传与教育，可以从根本上改善食品安全的状况。

充分发挥新闻媒体正确的舆论导向作用，积极宣传普及食品安全法律法规和基本知识，及时、客观、准确地发布食品安全信息，能够增强消费信心，使国民的食品安全意识逐步增强。

（二）借鉴国际社会食品安全监管经验，确立食品安全监管的现代化思路

鉴于食品安全问题的高风险性，国际组织和各国政府纷纷倡导预防性、科学性的监管理念，推行风险分析的新型管理模式，这些管理理念和模式为北京市食品安全监管提供了有益经验。由风险评估、风险管理、风险交流三部分组成的风险分析已全面渗透到国际组织和发达国家食品卫生标准、规范、准则的制定当中，并成为采取食品安全控制措施的主要依据。引入风险分析，是提升政府食品安全管理水平，合理控制食品安全风险的重要手段。

1. 以科学的评估结果指导管理决策。风险评估的含义，是利用现有的数据和资料，采用定量和定性的方法，对潜在的风险进行科学性评价，旨在确定与食品相关的风险程度，它是风险分析的基础。风险评估能够显著提高管理决策的合理性与有效性。传统的食品安全管理方式倾向于事后管理，即出现问题后进行责任追究，而风险评估制度将管理重心前移，做到事前防范、重点监控。高质量的监测数据，是进行风险评估的基础，应当通过覆盖食品生产、流通、消费各环节的食品安全监测网络，对食品的化学性、生物性等污染进行全面、系统、持续监测，在动态监测的基础上，建立风险评估和预警机制。

2. 以有效的管理措施控制食品风险。研究表明，相对于被动应对风险后果而言，从风险发生的源头进行处置更有利于资源配置和任务管理的优化。HACCP（Hazard Analysis Critical Control Point）即危害分析及关键点控制，是一种预防性策略，它的核心是制定一套方案来预计和防止在食品生产过程中出现影响食品安全的危害。食品产、销的各个环节都有潜在的食品安全隐患，要实行全程监管，严格控制关键点，以关键点控制提升整个食品安全水平。通过对进入市场环节，市场交易环节，市场退出环节进行有效管理，达到合理控制食品安全风险的目的。可追溯制度可以准确定位食品安全问题发生的环节，迅速切断问题食品的供应链，防止风险扩大。可追溯制度的建立有助于增强消费者对食品的信心，在突发性食品安全事件发生时有利于消除消费者的恐慌心理，同时也有利于追究违法

食品生产者和经营者的责任，有利于增强食品生产经营者的责任心，防止某些恶意违法行为。

3. 以充分的信息交流保证管理效果。风险交流涉及整个食品风险分析过程中的信息和观点的相互交流。通过风险沟通，实现告知、引导、解决冲突、营造正面关系的作用。在风险交流中，涉及“三边四方”，“三边”是指政府、专家、媒体；“四方”是指政府、专家、媒体、公众。“三边四方”之间如果信息沟通不畅，会使大部分的食品安全信息来源于媒体报道，就容易造成政府的反应与媒体报道强度不成比例，而不是根据风险的实际大小做出反应。此外，媒体的报道如果缺乏科学依据并以新闻炒作为目的，就容易散布“有毒”、“致癌”等信息，而不良炒作对社会造成的危害甚至可能比事件本身所造成的危害更大。

通过建立食品安全信息交流机制，树立政府的管理权威和良好的公共形象。政府提供充分的信息交流平台，以弥合食品安全各相关利益人之间的信息不对称。一方面，建设统一协调的食品安全信息平台，将信息进行有效整合和统一分析，实现互联互通和资源共享，形成统一、科学的食品安全信息评估和预警预指标体系。另一方面，政府应科学地运用公共关系学原理和方法应对危机，满足民众的知情权，策略地运用公共关系艺术，协调好政府风险管理的外部环境，减少政府的“交易成本”。

三、北京市在食品安全工作方面的做法

近年来，北京市委、市政府高度重视食品安全工作，将其作为实现“新北京、新奥运”战略构想以及和谐社会首善之区的重要基础性工作来抓，连续5年将食品安全工作列为为民办实事之一。坚持“以市场换安全、以安全拓市场”的战略思想，以食品市场准入制度为切入点，构建现代化的食品安全控制体系，食品安全水平稳步提高，重大突发事件得到有效防控。圆满完成了奥运会和国庆60周年等重大保障任务。到“十一五”期末，全市食品安全总体合格率达到了97.36%，其中列入北京市国民经济和社会发展指标的大米、小麦粉、食用植物油、蔬菜、猪肉、豆制品6类重点食品的总体合格率达到了98.22%。

（一）构建了食品安全三大监管体系

一是监管网络和责任体系。成立了市食品安全委员会和市政府食品安全监督协调办公室，强化了综合监督、组织协调职能。各区县和街乡成立了食品安全协调领导机制，在社区、行政村广泛设立了食品安全监督员。初步建立了食品安全部门监管责任、属地监管责任、综合监管责任、行业管理责任构成的责任体系。将监管责任的落实纳入市、区两级国民经济和社会发展指标、干部绩效考核指标。

二是检测体系。截止到2010年底，在全市243家食品批发市场、连锁商场、超市建立了食品检测室。构建了三级农产品质量安全检测体系和由市、区食品安全监控中心（实验室）和快速检测车、移动实验室组成的检测评估网络。每年统一监测抽检10万余个样本。初步形成了监督抽查、委托检验、企业自检相结合的三位一体的检测评估体系。

三是信用体系。初步建立了食品安全信用征集、评价、披露和奖惩制度，按照食品风险度和企业信誉度实行分级分类监管。

（二）“从农田到餐桌”的四个重点环节得到有效控制

一是农产品生产源头标准化体系建设初具规模。建设了1000多家市级农业标准化基地，初步实现了产前有环境质量标准、产中有生产技术标准、产后有卫生质量和包装标准、全过程有规范管理标准的标准化体系。

二是食品生产加工环节许可制度得到严格落实。截至2010年底，全市依法审核发放食品生产许可证1718家。关闭设施不达标、技术落后、不符合规划布局的57家中小型生猪屠宰厂，使我市屠宰行业水平达到国际先进标准水平。

三是流通领域食品的市场准入得到全面推行。在19家大型农副产品批发市场推行鲜肉、蔬菜、水产品销售“场厂挂钩”、“场地挂钩”、“协议准入”制度。先后对56家不合格食品生产企业、4919种不合格食品、7个产区的不合格食品实行退市，有效地推动了京外食品生产源头的规模化、组织化、规范化进程。

四是消费环节的餐饮卫生状况得到显著改善。全市纳入评定范围的38646户餐饮服务企业中，50%以上达到食品卫生监督量化分级A、B级标准。在中小型餐饮企业推行餐具统一消毒、蒸汽消毒制度和明厨亮灶制度，规范索证索票、进货查验制度和使用食品添加剂登记制度。大力推行高校标准化食堂建设，在供应全市23万中小学生营养餐企业中建立了HACCP预防食物中毒保障系统。

（三）五项重点工作的推进夯实了监管基础

一是构建了食品物流配送体系。在远郊区县建设了10个食品集中配送中心，食品连锁超市和社区便利店100%覆盖了乡镇和千人以上大村。通过建立安全猪肉、食盐、农药连锁经营配送站点，提高了优质合格食品对社区、偏远乡村的辐射能力，有效控制了高毒、高残留农药流入种植环节。

二是实施了市场升级改造工程。全市561家大中型农副产品市场和社区菜市场的仓储、物流配送设施和场地环境得到明显改善，食品安全管理水平有了较大提升。

三是建设了信息化工程。建立了首都食品安全监控系统，实现了市、区两级监管部门和各监管环节信息的互联互通、资源共享，提高了调度指挥、快速反应和市场控制能力。

四是提升了重大突发事件应急处置能力。以市食品安全监控中心为核心的风险评估和技术支撑体系日趋完善，时时掌握全球110家国际组织和政府发布的食品安全信息。通过主动监测，发现了“苏丹红”污染食品等重要线索，由市食品安全办在第一时间组织采取市场临时控制和集中抽检措施，通报有关部委和省市追查源头，制止了污染的扩散。

五是完善了食品安全法规。在全国率先制定了第一部食品安全地方法规《北京市食品安全条例》，为首都食品安全监控提供了有力的制度保障。

（四）完善了科学评估等六项机制，构建统一、权威、高效的首都食品安全控制体系

建立并完善了食品安全科学评估、市场准入、监测与监督抽查、突发事件应急处理、信息归集发布和日常监督协调六项机制，形成了市政府统一领导、属地政府负总责、部门各司其职、全社会共同参与的食品安全控制体系。

（五）圆满完成了重大食品安全保障任务

首都食品安全工作经受住了北京奥运会、国庆60周年等重大食品保障任务

的考验。在2008年奥运会期间，共监控各场馆供餐308万份，各类人群消费盒饭、热餐、茶点等298万人次，实现了确保食品安全万无一失的工作目标，特别是确保了未发生一起食源性兴奋剂事件和与食品有关的生物性、化学性、放射性人为恶意污染事件。奥运会等重大食品安全保障任务充分锻炼了首都食品安全监管队伍，提升了监管能力，使食品安全法规和标准体系得到了健全完善，各项监管机制制度得到了广泛落实，首都食品安全的总体水平有了显著提高，为“十一五”食品安全目标的完成奠定了良好基础。

第三节　保障食品安全，北京打造健康城市的工作思路与对策

保障首都食品安全，推进健康城市建设，需要以实现人文北京、科技北京、绿色北京和建设中国特色世界城市的战略构想为统领，以保障民生为主线。继续坚持“以市场换安全、以安全拓市场”的理念，以市场准入制度为切入点，科学有效地防控食品安全输入型风险，进一步完善现代化食品安全控制体系，全面提高首都食品安全水平，创造安全放心的食品消费环境。

一、保障食品安全，打造健康城市的原则

一是以人为本、服务大局。把保障和改善民生作为食品安全监管工作的出发点和落脚点，确保食品安全工作水平与首都市民的期待和消费需求相适应，与首都经济社会发展水平相适应，与建设世界城市的战略目标相适应。

二是科学监管、创新机制。探索健全符合首都实际的科学监管机制，整合监管资源，提高监管效能，强化技术支撑体系建设，运用现代科技信息手段提升监管水平和风险控制能力。

三是全程监管、依法行政。完善从食用农产品种植、养殖到食品生产加工、流通、消费各环节的监管链条，健全完善食品安全法规，严格执法，违法必究。

四是整建并举、标本兼治。将食品安全整治与长效机制建设结合起来，做到

整治一个领域、规范一个行业，促进食品安全状况和生产经营秩序的根本好转。

五是城乡统筹、同步推进。加大对城乡结合部和农村地区食品安全监管和整顿力度，同步推进城乡食品安全工作进展，同步提升食品安全水平。

六是加强基层、强化基础。加强食品安全设施、人员、经费和技术保障，提升基层一线监管执法能力，夯实食品安全监管基础。

二、保障食品安全，打造健康城市的主要途径

（一）实施食用农产品质量安全提升工程

一是开展食用农产品标准化基地建设。新建400个优级食用农产品标准化基地，实现基地建设规模化、产地环境无害化、生产过程标准化、质量控制制度化、产品流通品牌化、生产经营产业化。原料、投入品使用和生产环境、生产过程实施全程标准化控制，各生产环节标准覆盖率达到100%。“菜篮子”产品全面达到无公害标准，到“十二五”末，绿色食品、有机农产品的生产量比2009年翻一番。

二是推进产业化进程，打造优质安全品牌。以食用农产品龙头企业为依托，农民专业经济合作组织为纽带，引导种植、养殖和生产加工规模化、集约化、标准化。加快生猪、奶牛、肉禽、蛋禽等产业带建设。“十二五”期间，引导北京市龙头企业和基地在外埠建设生猪养殖基地50个、家禽生产基地30个、奶牛基地31个、牛羊生产基地10个，构建生猪、奶制品、肉禽和牛羊产品产销和服务网络。围绕饲料、畜禽产品加工、特色养殖等重点产业，建设5座具有国际水平的示范园区。鼓励优质食用农产品和农村地区有地域特色的传统食品注册商标、地理标志，申报著名商标、驰名商标。

三是加强对投入品使用的监控，坚决遏制源头污染。严格执行国家农药、兽药、渔药禁止使用规定和残留限量规定。在北京市种植业生产过程中杜绝使用甲胺磷、对硫磷、甲基对硫磷、久效磷和磷胺5种高毒禁用农药。在畜禽产品养殖和饲料生产过程中杜绝使用瘦肉精、苏丹红、三聚氰胺等禁用药物。在水产品养殖生产过程中杜绝使用硝基呋喃类、孔雀石绿等禁用渔药。稳步提升农药产品质量和标签合格率，农药产品质量和标签抽检合格率达到94%以上。继续淘汰和

禁用一批高毒农药，鼓励农民使用高效、低毒、安全的农药。在蔬菜优势区县推行高毒农药定点管理。加强对动物产品养殖环节的监控，严厉打击超剂量、超范围使用药物、不执行休药期和违规使用抗生素等违法行为。深入持续开展农资打假，坚决铲除无证照和假劣农资生产经营窝点。加快大型农资配送企业建设，使全市投入品连锁经营配送站点达到100家以上，实现主要投入品主渠道供应。

四是有效防控重大动物疫病，保障动物源性产品安全。严格执行动物防疫法律法规，建立更加完善的动物疫病风险防控体系。坚持预防为主，健全重大动物疫病的监测网络和应急反应机制。强化产地检疫和屠宰检疫监管，加快推进动物疫病标识追溯体系建设。加强防控重大动物疫病的基础设施建设。

五是加强奶源生产和收购环节监控，确保生鲜乳质量安全。加强标准化规模养殖场、养殖小区和奶农专业生产合作社建设，构建稳定的奶源生产基地。加快标准化生鲜乳收购站的推广建设，建设标准化生鲜乳收购站，配备必要的检测仪器设备，生鲜乳收购站100%实现持证收购和标准化管理。为养殖基地和奶站更新更换生鲜乳专用运输车，完善冷链系统建设。严厉打击生鲜乳收购环节添加违禁添加物的行为，坚决取缔未经许可的非法收购站点。

（二）实施食品产业升级和质量安全保障工程

一是打造食品产业聚集区，提升食品安全控制水平。在重点区县加快建设保健食品、肉禽、奶制品、饮品和新兴特色食品等安全食品产业聚集区，在东部、南部形成肉类屠宰、加工配套产业基地。积极吸引国内外知名品牌或企业集团在北京设立生产基地，形成食品优势行业总部集群。延伸食品制造业产业链，建立产供销配套的原料基地和现代市场营销网络。增强首都安全食品产业的辐射带动作用，扩大对首都市场的占有率和控制力，满足市民对食品品种、质量安全和营养多元化的消费需求。

二是严格规范食品生产加工行为，全面落实生产企业主体责任。在获生产许可证企业中广泛推行良好生产规范（GMP）和危害分析与关键控制点（HACCP）管理体系。企业全面落实食品原料、食品添加剂和食品相关产品进货查验记录制度、从业人员健康管理制度、生产过程质量安全控制制度、食品进出库管理制度、出厂检验记录和召回、无害化处理制度。对乳制品实行批批检验，严禁不合格食品出厂。持续加强对获生产许可证企业的监控力度，严厉打击和坚决遏制无证生产、制售假劣食品、在食品中添加非食用物质、滥用食品添加剂等严重违法行为，全面落实食品添加剂购买使用的备案管理制度。

三是全面提升食品小作坊的生产设施条件和质量安全控制水平。统筹考虑国家产业政策、区域经济、民族传统和产品风险，提升生产加工准入门槛，整合食品加工优势资源。对国家产业政策限制的白酒、碳酸饮料、乳制品等食品，不允许小作坊继续生产加工；物流配送能力较强的地区或城市建成区逐步限制小作坊发展，减少小作坊数量，城六区范围内不允许小作坊存在；生产民族或地方特色食品的小作坊，推动实现规模化、集中化生产和统一规范监管；限制发展高风险食品加工小作坊，不允许食品生产加工小作坊制售肉制品、乳制品、速冻食品、水产制品等高风险食品。

四是全面提升畜禽屠宰和肉制品加工业质量安全水平。大力发展符合首都市民安全健康消费需求的冷鲜肉、小包装分割肉类、调理肉制品和低温熟肉制品，提高优质安全牛羊禽肉的加工和消费比重，实现原料基地化、加工精细化、经营连锁化、管理现代化。重点培育牛羊禽肉大型现代化屠宰加工企业，屠宰加工和检验检疫设施、肉品质量安全和管理水平达到国际先进标准，对动物产品实现全程追溯。逐步淘汰不符合规划、环保和质量安全标准的小型牛羊禽类屠宰加工厂，推进禽类集中定点屠宰加工。坚决打击私屠乱宰、使用病害和未经检疫的畜禽加工肉制品等严重违法行为。

五是确保乳品质量安全。在大兴、怀柔区建成大型乳业集团，加快培育规模化奶源基地，发展优质安全的巴氏杀菌乳、酸乳、乳饮料、乳甜品等低温乳产品和干酪、功能性高端乳制品。全面提升乳品生产加工现代化和规范化管理水平，北京市乳品生产企业100%建立HACCP管理体系和电子化全程监控系统。坚持从严审批和控制乳品生产许可，加快乳制品产业结构调整，支持大型乳业集团实施兼并重组，对无奶源基地和无规模效益的小型乳制品企业逐步淘汰出首都乳品生产领域。加强乳制品出厂检验，全面落实企业对出厂产品按批次检验三聚氰胺、属地质检部门对企业出厂产品每周抽检三聚氰胺的制度，建立健全对京外奶源基地的异地抽检制度和婴幼儿配方乳粉生产企业驻厂监督制度。

六是严格规范食品添加剂和食品相关产品生产行业。全面落实食品添加剂和食品用包装、容器、工具、食用酒精、洗涤剂、消毒剂等相关产品生产许可制度，严厉打击无证生产行为。全面规范食品添加剂标签标识和食品添加剂、食品相关产品的研制管理。

（三）实施食品流通领域市场准入和规范化管理工程

一是严格落实食品经营主体的准入登记和日常监管制度。在食品批发市场和农村地区市场、集期市场广泛推行经营者身份及交易信息备案制度，确保主体责任的落实。完善各类经营主体的准入标准，健全并严格落实进货查验记录、检测、生鲜食品冷藏储运、从业人员健康管理、不合格食品召回和无害化处理等安全管理制度。强化对小食杂店、街头食品摊贩的监督管理，健全与其经营规模、条件相适应的食品安全要求，保障食品安全卫生。在全市创建食品安全百条示范街和千家示范店。基本消除利用违章建筑开展食品生产经营活动的现象。

二是全面推行食品市场准入制度，强化对高风险食品的监控。重点食品批发市场、连锁商场、超市实现按批次索取蔬菜、畜禽、水产品产地证明、质量安全证明和动物检疫证明。加强对乳品、肉制品、豆制品、调味品、酒类、保健食品销售和粮食收购、储存环节的质量安全监测，落实鲜冻食品全程冷链流通制度，严防化学性和生物性污染。落实乳品按名录入市销售和每周质量安全抽检制度，强化酒类流通备案管理，全面推行现场制售食品、散装食品标签标识管理制度。加强对食品添加剂、食品相关产品的流通监管，落实三聚氰胺等重点化工原料购买者实名登记制度，严防流向食品和饲料生产加工企业。

三是大力推动食品市场升级改造，全面提升规范化管理水平。整体规划、统筹建设食品市场，将重点农产品批发市场的改造和建设作为城市基础设施予以保障，强化其公益性作用。制定并严格实施食品市场升级改造规划和标准，政府引导、多方投入，全面提升市场的场地、环境和设施水平，健全食品安全管理制度，提升食品安全保障能力，满足市民的消费需求。完善市场基础设施以及分拣、初加工、包装、冷藏保鲜、检验检测等配套设施，促进入市农产品质量等级化、包装规格化。全面推动大型农副产品批发市场建立符合食品安全要求的现代化电子交易平台，建立标准化的食品检测室和垃圾集中处理设施。20 家中小型食品批发、350 零售市场全部建立完善符合食品安全保障要求的仓储、物流和经营设施，300 家市场全面推广使用电子化台账记录处理交易信息，400 家市场建立规范化的食品快速检测室。200 家农村地区市场和集期市场确立市场管理责任，建立固定的交易设施，健全食品安全管理制度，实现场地环境清洁卫生，管理规范有序，食品交易有安全保障，逐步向标准化市场转化。

四是加强对食品进出口环节的监控。切实加强口岸能力建设，完善进出口食品检验检疫监管长效机制，提高检验检疫和执法监督水平。全面落实食品进口销售记录制度、标签审核制度、风险信息通报预警和溯源召回制度，确保进口食品流向清晰，做到进口食品可追溯，缺陷食品可召回。加强对进口肉类、水产品、奶制品、水果、粮谷类等高风险食品的疫病疫情、微生物、药物残留、添加剂、非食用添加物质和重金属监控。坚决查堵和严厉打击疫区产品非法入境行为。全面落实出口食品原料基地注册备案制度，推动出口企业向规模化、集约化和标准化方向发展，推进北京地区出口示范区建设，打造首都食品优质安全的国际形象。

（四）实施餐饮业食品安全保障和规范化管理工程

一是深入推进量化分级管理制度。大力提升C级单位的餐饮卫生水平，全市A、B级餐饮单位达到55%以上。加大对基础薄弱学校食堂的新建改造力度，改善食堂硬件设施和加工、就餐环境，完善餐饮管理制度，寄宿制学校必须设有自办食堂，新建、改建学校应当尽量设置自办食堂，自办食堂餐饮服务量化分级全部达到B级以上。学生营养餐生产企业全部达到A级标准，坚决清退不符合标准的营养餐企业。

二是加强对餐饮业的监管。全面落实餐饮服务许可和餐饮食品安全监督管理办法，建立并落实严格的餐饮业食品、食品原料、添加剂、食品相关产品采购查验和索证索票制度，严禁在餐饮加工中添加非食用化学物质或采用非食品原料、回收食品做原料加工菜品。严厉打击无证经营餐饮业违法行为。按照“规范一批、提升一批、淘汰一批”的要求，整顿规范各类小餐饮单位，坚决取缔不具备基本食品卫生条件、存在严重食品安全隐患的小餐饮单位。贯彻餐饮具集中消毒生产企业卫生规范，健全行业管理制度，并在中小餐饮企业、民俗旅游村（户）广泛推行餐饮具集中消毒。

三是全面提升餐饮业规范化管理水平，打造安全放心餐饮品牌。建立健全餐饮业标准体系，加大餐饮业行业标准推广实施力度，全面提升行业标准化水平。鼓励餐饮业引进先进的食品加工、制作、包装技术，建设规模化原辅材料和食品加工基地，加快发展连锁经营、集中采购、统一配送、网络营销等现代流通方式，减少使用一次性餐具和用具，推动传统餐饮业升级改造。培育跨区域、全国性餐饮连锁示范企业，打造首都安全放心的餐饮品牌。

四是建立餐厨垃圾无害化处理制度。建立完善餐厨垃圾处理设施和餐厨垃圾排放、收集管理规范，试行对餐厨垃圾排放、处置的去向实行登记管理和餐厨垃圾接收、处理企业的资质管理。培育具备资质条件的专业化收运企业，建设小型餐厨垃圾处理站（点），实现餐厨垃圾密闭化、资源化和无害化处理。

（五）建立现代化的食品流通配送工程

一是构建食品物流标准体系。建立完善食品物流技术、信息、管理和服务类相关地方性标准。

二是推进食品物流配送网络建设。建设符合首都市民消费需求、布局合理、辐射城乡的物流配送体系。完成覆盖城乡的“一大、十中、千小”食用农产品供应网络建设。加强对蔬菜等重点食用农产品配送和销售终端的规划、建设和管理。重点完善农村食品配送和连锁经营网络，以现有郊区联合采购平台为支撑，扩大统一配送的食品种类，提升优质合格食品对农村地区、偏远山区的覆盖率。

三是提升物流配送基础设施水平。鼓励食品生产经营企业采用信息化、标准化手段改进和提升物流管理水平。积极支持现代化专业物流配送企业提升配送能力，完善配送网络。加快推进食用农产品冷链物流的发展，支持有条件的农民专业合作社、产业化龙头企业、批发市场发展冷链物流。在北京市食用农产品重点集散地和交通枢纽地建设中继性冷藏物流中心，与城区“菜篮子”产品销售网络的冷藏体系相对接。

四是积极推进产销对接，大力提升食品流通效率。培育以农业产业化龙头企业和大型物流配送企业、产销合作联合社、农村经纪人构成的农产品流通服务主体。完善鲜活农产品进京“绿色通道”网络，加大“绿色车队”建设力度。鼓励食品生产基地、企业延伸产业链，建立生产、储存、运输、销售一体化的流通网络。积极引导食品连锁超市、餐饮企业、学校等集体用餐单位与农产品基地对接。积极推行直销配送、连锁经营、电子商务等现代流通方式。建立完善大宗食用农产品和重点食品流通监测信息网络。

（六）实施食品追溯工程

在标准化龙头基地和食品生产加工企业中广泛推行IC卡、条形码、RFID无线射频识别技术，又称电子标鉴等物联网信息技术，建设覆盖畜、禽、水产品等重点食用农产品生产加工、流通各环节的食用农产品追溯网络。重点加强畜禽产品质量安全追溯体系建设，将全市所有畜禽规模养殖场、屠宰加工厂、饲料企业、动物产品进京路口和检查站纳入统一的数据管理平台。以婴幼儿配方乳粉和原料乳粉等高风险食品为重点，建设预包装食品追溯系统，实现从奶源、采购、生产、出厂、运输到销售终端的全程有效监管。在大型食品批发市场、连锁商场、超市广泛建立追溯信息验证、查询和记录系统。面向消费者提供食品追溯信息查询服务。逐步实现食品生产记录可存储、流向可跟踪、伪劣食品可召回、储运信息可查询。

（七）深入开展食品安全整治

以城乡结合部、流动人口聚集区、学校和建筑工地周边、旅游景区、民俗旅游村为重点区域，以食品加工小作坊、集贸市场、小食杂店、小餐饮店和学校、建筑工地食堂为重点单位，持续深入开展对食品添加剂使用和乳品、食用油、保健食品、肉制品、酒类等高风险食品安全整治。坚持属地管理和“谁主管、谁负责”，强化属地区县对食品安全负总责、监管部门各司其职、生产经营者作为第一责任人的责任意识，密切配合，上下联动，形成合力。通过整治研究建立长效监管机制，消除食品安全隐患，促进食品生产经营秩序和食品安全状况的根本好转。

三、强化食品安全，打造健康城市的保障措施

（一）完善组织网络和责任体系

一是建立完善食品安全考核评价体系。将群众满意度作为评价考核食品安全工作的出发点和落脚点，将食品安全总体水平的提高和食品生产经营秩序的改善作为衡量食品安全工作的客观标准。建立食品安全考核评价的约束性指标、指导

性指标和重点任务完成指标，对部门和区县食品安全工作实行一票否决。将主要评价考核指标纳入对政府工作绩效考核和领导班子的考核，强化监管部门责任和属地政府责任的落实。

二是进一步明确部门分工，强化部门监管责任。根据有关法律法规并结合首都食品安全工作的特点，进一步明确食品安全标准制定、修订和备案，保健食品、生猪屠宰等监管领域的部门职责，整合监管资源，减少职责交叉，消除监管盲点。

三是健全基层组织网络，强化属地责任。在各区县政府设立食品安全委员会，健全食品安全议事协调机制，统一领导辖区内的食品安全工作。进一步明确街道、乡镇政府的食品安全责任，设置食品安全专职岗位，将食品安全工作纳入街道、乡镇政府的经费预算。延伸食品安全监管工作的触角，有效动员居委会、村民委员会参与食品安全工作，全市培训上岗万名食品安全监督员、信息员，提供食品安全隐患和违法案件线索，形成横到边、纵到底的基层组织网络。

（二）完善检验和风险监测体系。

一是整合检测资源，强化实验室能力建设。充分发挥首都科技资源和社会检测资源优势，突破部门、学科、区域界限，统筹规划、合理布局、创新机制、协作共享，推动首都检测资源的整合利用。运用国际国内最新检测技术成果，解决食品安全领域的重大突发事件和关键技术问题。按照三个层次整合、培育、提升综合性重点实验室，具备对食品中未知污染物、转基因、重大动植物疫病等通用性、综合性技术鉴定能力；专业性、区域性重点实验室，具备对重点品种、监管领域或辖区内食品安全技术检测能力；监测实验站（点），具备一般性技术监测能力。加强市食品安全监控中心建设，形成以综合性重点实验室为龙头，专业性、区域性重点实验室为骨干，监测实验站（点）为延伸的食品安全检验和风险监测一体化布局。加强市动物卫生监督所和市饲料兽药监察所产品质量检测实验室建设，提升对畜禽产品质量安全的定量检测能力。

二是完善食品安全监测体系。全市设立3000个风险监测点，覆盖食品安全工作的各领域、区域、食品品种和经营业态。制定并实施市、区两级食品安全统一监测计划，建设全市统一的食品安全检测数据平台，实现食品安全监测工作统一组织实施，统一汇总分析，统一发布预警，统一经费保障，统一技术支撑。年监测抽检样本10万个以上。以风险监测和评估的结果确定食品安全监管重点，提升食品安全工作的针对性和前瞻性。

三是完善食品生产经营者自检体系。完善监督抽查、委托检验、企业自检相结合的检测评估体系。强化企业作为食品安全第一责任人的意识，指导企业建立完善与其生产经营规模相适应的食品自检制度，前移风险防控关口。积极投入专项资金，重点扶持大中型食品产业集团提升食品生产和检验设施，强化企业在原料采购、生产加工、成品出厂、储存运输等各个环节的自主检测能力。

（三）完善食品安全信用监管体系

一是构建统一的食品信用信息平台。依托北京市企业信用信息系统构建49个部门联网的食品信用信息平台，统一归集、公布食品生产经营者的身份信息、提示信息、警示信息、良好信息等信用记录并作永久保存。被依法纳入警示记录的，其直接负责的主管人员5年内不得从事食品生产经营活动。

二是大力推动诚信体系建设。充分发挥食品领域各行业协会的作用，加强食品行业自律，广泛开展宣传教育和质量承诺活动，推动食品生产经营者完善内部管理制度，提升从业人员业务素质和职业道德水平，树立诚实守信的行业风气，切实履行社会责任，保障公众食品安全。

（四）完善法规体系

根据食品安全监管形势的需要及时制定、修订《北京市食品安全条例》等地方法规，形成与国家《食品安全法》、《农产品质量安全法》、《乳品质量安全条例》等法律法规相配套、符合首都实际、覆盖食品安全各监管环节的法规体系，为食品安全工作提供有力的法制保障。

（五）完善标准体系

根据首都食品安全工作的需要积极借鉴适用的国际标准，加强食品安全地方标准的制定、修订。重点加强符合都市型现代农业发展和保障农产品质量安全需要的农业地方标准制定、修订，完善农产品质量安全标准体系。激励食品生产经营企业制定实施严于国家标准的产品和技术标准。形成以食品安全国家强制性标准为主导，以行业、地方标准为补充和完善，以企业标准为配套和提升，与首都食品产业和安全消费需求相适应的科学、合理、协调的食品安全标准体系。归集国内外食品安全相关标准，建立并开放食品安全标准数据库，覆盖国内、国外和国际组织8000余个食品标准。加大食品安全标准的社会宣传贯彻力度。

（六）完善供应保障体系

完善重要食品储备机制，建立食品定点采购供应平台，搭建农产品供应基地、食品生产加工企业、食品物流配送中心和餐饮服务单位的全程供餐网络，有效应对自然灾害等重大突发事件、紧急状态和人群聚集的重大活动对首都食品供应和食品安全的影响。加强对食品生物性、化学性、放射性和人为恶意污染事件的监测，确保食品储备、供应和集体用餐的安全。

（七）完善食品安全技术支撑保障体系

一是加强食用农产品生产领域重大科技攻关和成果的转化应用。重点支持畜禽健康养殖、果蔬病虫害综合防治、重大动植物疫病防控、农产品精深加工和质量安全检测、农业产地环境污染控制与修复治理等关键技术项目，取得一批拥有自主知识产权的重大科研成果。加快农药残留、兽药残留以及各类有毒有害物质的限量、转基因生物安全评价方法研究。加强高效现代农业技术的创新，推广高产、优质、高效、生态、安全的种植养殖模式。研发应用无公害、绿色、有机农产品生产技术，土壤中重金属、农药残留综合控制技术，高效、低毒、低残留投入品和生物农药、生物有机肥料、生物疫苗、健康高效饲料等安全农业生产资料。加快食用农产品产后处理、保鲜、包装、储运、加工与食品生物制造等技术创新与应用。重点对果蔬等食用农产品的产后冷链处理、保鲜储运等技术开展集成创新与示范推广。建立畜禽养殖生物安全隔离区及投入品监控系统、疫病净化与控制集成配套技术体系，使北京主要动物疫病综合防控体系与国际接轨。

二是加强食品质量安全检测评估技术的研究与转化应用。重点开展食品添加剂、食品接触材料和食品中非食用物质检测技术研究，推广应用食品中三聚氰胺、瘦肉精等非法添加物和苏丹红、罗丹明、酸性橙、碱性橙等工业染料的快速诊断试剂盒，病源微生物和有毒有害化学物质检测仪器和试剂。加快研发具有自主知识产权、高效、灵敏、便捷的快速检测装备和仪器，在食品安全监督执法中集成装备食品移动实验室、快速检测车、检测箱、毒物甄别鉴定箱。完善食品中添加剂和非法添加物数据库，将纳入分析鉴定的物质扩充到3000种。密切跟踪国际前沿进展，开展创新及转化应用技术、风险评估技术研究，实施专项研究项目每年不少于5项，转化国外食品安全先进技术每年不少于3项。密切跟踪国内外食品安全重大事件、前沿科技、污染物监测评价等动态信息和研究成果，强化信息归集、整合工作，建立完善专业评估模型，提高食品安全风险预警能力。

三是重大突发事件应急控制技术。加强对可能引发重大食品安全事件的生物、化学、放射性类和其他未知毒物的危险源辨识、危险性鉴别、危险性分析和风险评估技术以及生产、储存、运输等环节的检测和灾害事故控制技术研发。加强对相关疫苗及免疫佐剂、抗毒素与药物的研发。研究建设现代化的应急协同救援系统和救治体系。完善食品安全应急毒物数据库，将纳入鉴定的毒物种类扩充到1600种。

（八）健全食品安全监管工作机制

一是风险评估和预警机制。制定并实施食品安全风险监测、评估和预警办法。建立食品安全风险监测与评估数据平台，开展风险调查评价，建立危害分析预测模型和评价指数，根据风险评估的结果实施分级分类管理。完善由食品安全管理、食品检验、污染物分析鉴定、生物工程技术和食品反恐领域专家组成的专家库，为风险评估和预警工作提供智力支持。

二是信息统一归集与发布机制。制定并实施食品安全信息统一归集发布办法，规范信息发布主体、类别、归集、报送和发布程序。畅通市、区（县）、街（乡、镇）三级食品安全信息网络。

三是不合格食品退出、召回机制。规范食品退市、下架、恢复销售的管理流程和规范。制定食品召回管理办法，规范召回的范围、程序和措施方法。

四是沟通、协调机制。在国家食品安全监管部门的领导下，加强与各省市食品产地政府的协调，强化信息通报和案件协作，形成食品“产地要准出、销地要准入、产品有标识、质量可溯源、风险可控制”的全程监控链条，共同做好首都食品的风险防控工作。

五是突发事件应急处置机制。修订突发食品安全事件应急预案，加强突发事件监测、报告、决策指挥以及现场检测、救治、物资储备等后勤保障体系建设，提升快速反应和现场处置能力。

六是社会监督和举报奖励机制。修订举报奖励办法，提升食品安全举报奖励覆盖面。加强食品安全信息披露，引导鼓励社会各方参与食品安全工作的积极性。

七是宣传、教育和培训机制。加强对企业相关人员的法规培训，强化企业的第一责任人意识。继续深入推进食品安全进社区、村镇、学校、工地、军营等活动，广泛宣传食品安全法律法规和食品安全措施、成效，提高社会公众的消费信心。

八是责任追究机制。对食品安全事故频发、发生重大特大食品安全事故和区域性食品违法生产经营现象长期不能解决的地方，要依法追究主要负责人的责任。对监管部门不履行法定职责、玩忽职守、失职渎职或包庇纵容食品违法生产经营活动的，要依法严肃处理。对相关领导决策失误或涉嫌违法违纪的，在查明情况、分清责任的基础上，分别追究主要负责人、分管负责人和其他负责人的相应责任。

北京市食品安全工作不断完善和提升，已经形成了创建健康城市的有力保障，但面对“十二五”时期建设人文北京、科技北京、绿色北京和中国特色世界城市的战略目标，面对首都市民对食品安全的期待，食品安全工作仍然任重而道远。针对食品安全与健康城市的密切关系，要加强食品安全制度体系、监管体系和技术标准体系建设，筑牢首都食品安全防线，为首都城市健康发展提供积极有效的支持和保障。

第十二章 北京水安全与健康城市建设研究

水、空气、食物是人类生命和健康的三大要素。水安全是人类繁衍生息、文明进步、社会发展的基础条件。自 1972 年联合国第一次环境与发展大会开始，水安全问题一直都是国际水问题研讨会和海牙世界部长级会议的关注焦点。联合国前秘书长安南在世界水日的献词《水安全——人类的基本需要和权利》中指出："水安全是人类的基本需要。因此，也是人类的基本权利。"

城市是人类活动区域中最聚集和生态环境响应最强烈的地域，对水安全有着更加强烈和迫切的需求。2011 年中共中央、国务院发布一号文件《关于加快水利改革发展的决定》指出："水是生命之源、生产之要、生态之基，是支撑保障城乡发展的基础和命脉。"这是对水安全与健康城市关系的最精辟阐述。

第一节　水安全与健康城市的关系

城市居民的生产、生活和生态的发展等都离不开水安全的支撑。居民生产、生活需要供水安全做保障，主要包括水量充足、水质达标两个方面；水体、景观、园林绿化等城市生态环境的维护需要一定量的水资源用于生态用水，同时还需要完善排水设施排放雨污水和治理水污染。与健康城市相对应的水安全应该包括水源安全、供水安全和水环境安全，其中供水安全和水生态环境安全必须以水源安全为前提，保护和合理配置水资源，加大再生水的利用力度，实现水的健康循环。水安全对建设健康城市的作用主要体现在以下三个方面：

一、健康城市离不开供水安全

水作为第一食品是人体中须臾不可缺少的物质，具有输送、分解、化合营养，排泄毒素、废弃物的重要功能，对人的生命和健康至关重要。美国医学博士巴曼特所著的《水是最好的药》一书指出，身体缺水是许多慢性疾病的根源，科学的喝水能预防早衰、消除疼痛、治疗疾病。在现代城市中，最基础、最直接的就是供水安全。安全的饮用水和充足的卫生设施不仅对人体健康至关重要，而且是生产发展，市民收入提高的保障。

不合格饮用水会给人类的健康造成巨大危害。根据世界卫生组织调查发现，全世界80%的疾病是由于饮用水被污染造成的；全世界50%儿童的死亡是由于饮用水被污染造成的；全世界每年有2500万儿童，死于饮用被污染的水引发的疾病；全世界12亿人因饮用被污染的水而患上多种疾病；全世界每天约有2500人死于与饮水有关的疾病。

我国常见的与饮用水有关的疾病是地方性氟中毒、地方性甲状腺肿和地方性砷中毒。据调查，地方性氟中毒遍及我国28个省、自治区、直辖市（上海市除外），病区人口总数达8561万。为防止地方性氟中毒，我国饮用水卫生标准中规定了饮用水中氟的含量限值为1.0mg/L。地方性甲状腺肿在我国除上海市外的地区均有不同程度的流行，病区人口总数37864万人，患者约1984万人。地方性砷中毒在我国也有不少地方发生。而预防这些地方病的根本措施就是提供安全的饮用水。

此外，为了保障居民健康和生产安全，无论是工业用水、农业用水、渔业用水，还是景观娱乐用水，都必须满足一定的水质标准。

二、健康城市离不开排水和水生态环境安全

良好的环境和生态系统是维持健康城市的基础，是衡量城市宜居指标，提升公众生活质量，保障身心健康的重要条件。生态系统离开人仍可以发展下去，而人类离开生态系统则无法生存。城市每天用水量的约80%最后都要以废水的方式排放，污水横流，必然危及公众健康。

近代的排水系统是为了控制城市内伤寒、霍乱、痢疾等传染病的流行而发展起来的。1831年，欧洲爆发霍乱。这次霍乱夺去约32000名英国人的生命。为此，英国于1848年制定了“公共健康法案（Public Health Actof 1848）”，通过改善排水、垃圾收集、鼠害和蚊蝇防治等手段提高城市卫生水平。19世纪中期以

后，由于对城市卫生的重视和慑于霍乱病的流行，法国巴黎、英国伦敦才开始把粪便污水排入原来的雨水道，因而出现了合流制的下水道系统。随着城市的不断发展，污水量越来越大，如果不进行处理直接排入河流和海洋，超过水环境承载力的极限，就会导致城市水环境的破坏，同样影响了公共健康。

20 世纪 80 年代，北京常住人口达到 1000 多万人，居民生活用水和污水排放大幅度增长。市区集中了全市 55% 的工厂，工业废水直排入河，水污染负荷已经超过水环境承载能力。1999 年，北京城市河湖总长 520 公里，严重污染的河段占 90%。北部清河、南部凉水河、东部通惠河黑臭无比，蚊蝇大量滋生，夏天河旁居民不敢开窗，河中水生物无一存活，统统变成了死河。20 世纪 90 年代末，北京通州发生了用污水浇地造成数万亩粮食绝收的恶性水污染事件。严酷事实揭示了水环境破坏对公众生活、生产造成的巨大影响。

被污染恶臭的河湖不仅对人构成直接伤害，还污染地下水对后代形成潜在损害。某省一个城市因污水排放造成大面积地下水污染，附近一个村因长期饮用受污染的地下水多数人患上特殊病症，造成 160 多人死亡。这种状况在许多城市和工业区都有不同程度发生。

此外，城市雨水排除不畅会引起城市积水，甚至引发局部的洪涝灾害，严重影响居民生活和健康。2004 年 7 月，北京市遭遇暴雨，由于城市排水系统的调蓄能力较差，莲花桥下大量积水造成交通瘫痪，对城市交通和市民生活造成严重影响。2007 年 7 月，某省会及其周边地区遭受特大暴雨袭击，由于排水不畅暴雨造成省城低洼地区积水，部分地区受灾，大部分路段交通瘫痪，造成人员财产严重损失，26 名市民不幸遇难，6 人失踪，142 人受伤。

可见，没有完善的排水和污水处理设施来支撑，就不可能有健康的城市环境。

三、健康城市离不开水源安全

没有安全的水源供给，就不会有供水安全，也就不会有公众的健康。水源安全是保障城市安全供水的前提，也是健康城市的保障。城市的用水需求是连贯的、相对稳定的，受自然和人为因素的影响小，持续的、不间断的供给是城市水安全的重要内容。水资源的“断炊”会使城市的发展陷入瘫痪，造成的后果将是无法估量的。做好饮用水水源地安全保障工作，是确保饮水安全和健康生活质量的首要条件。只有对饮用水水源进行合理配置、节约和保护，切实保护水源地，实现饮用水水源可持续利用，才能推动社会、经济不断发展。

近几年来，因水源短缺和污染影响城市安全运行事件时有发生，饮用水源地的保护与管理受到全社会的普遍关注。

一是水资源短缺会对城市的可持续发展造成严重影响。70 年代至 90 年代前后 20 年，北京上游官厅水库几度污染、几经治理，但最终于 1997 年退出北京供水系统。京城数千年的饮用水源就此中断，水资源保障格局发生改变。从 70 年代开始，北京市地下水开采量不断加大，加上连年干旱，到 2010 年底，地下水位埋深已降至 25 米。

二是水源污染会严重影响城市的正常运行。2005 年 11 月 13 日，吉林石化公司双苯厂一车间发生爆炸。爆炸发生后，约 100 吨苯类物质（苯、硝基苯等）流入松花江，形成了长达 80 公里的污染带，致使松花江下游沿岸的哈尔滨、佳木斯，以及松花江注入黑龙江后俄罗斯的哈巴罗夫斯克市等面临严重的城市生态危机，沿岸数百万居民的生活受到影响。2005 年 11 月 21 日，哈尔滨市政府向社会发布公告称全市停水 4 天，沿岸地区人民的生活和生产受到严重影响。

第二节　北京水安全取得的成绩及存在的问题

一、北京水安全的发展历程

北京是一座因水而建、因水而兴的文明古城。新中国成立以来，保护居民健康，打造良好的生活环境，保障水安全一直是中央和北京市各届政府孜孜以求的目标。

新中国建立时，北京城市河湖年久失修、淤塞污秽，污水横流，垃圾充斥，臭气四溢，蚊蝇孳生，水环境极度脏乱差，加之供水设施严重缺乏，居民大多靠苦涩的井水生活，市民的健康受到严重威胁。为改善城市环境，发展生产、维护人民健康，政府发动群众开展了一系列大规模的水利建设活动。

一是掀起全民大规模治理河湖环境、卫生的高潮。在恢复、改造与发展生产的同时，迅速整修了下水道，疏挖了河湖水系，整治了龙须沟等8条大的臭水沟，先后组织了护城河、三海、四海等清挖工程，并将陶然亭、紫竹院等一些洼淀、窑坑扩挖成湖，既改善了城区水环境，又给群众增添了新的休闲场所，同时，修建引水渠道，增大对城区河湖的供水量，用以改善河湖水质，使城市水环境面貌有了较大改观。

二是相继建成官厅水库、密云水库、怀柔水库、永定河引水、京密引水渠等供水工程及城市自来水供水设施。到20世纪末，城市供水地表水水源有官厅、密云、怀柔、白河堡等大中型水库82座，以及由永定河引水渠、京密引水渠等供水渠道形成的供水网络系统，并实现了4座水库的地表水联合调度。城市供水水源系统的形成，对促进城市发展、经济增长、人民生活提高和环境改善起到了重要作用。

三是保证了城乡供水安全。解放初期北京城区只有一处水源厂，日供水能力仅5万立方米。到1985年，先后新建、扩建水源厂9处，日供水能力高峰时达到近140万立方米。为解决城市用水矛盾，在远郊区县另辟水源，建起自来水厂两处，日供水能力达6万立方米。到1995年，市区地下水自来水厂有7座，水源井202口，地表水厂5座，日供水能力达247万立方米。在自来水管网供不到的地区，发展了一批自备井和一次公共供水设施。

在农村饮水安全方面，经历了普及简易自来水阶段、解决山区人畜饮水困难阶段、安全饮水工程建设阶段和推进供水计量化、集约化阶段。1949年－1990年为普及简易自来水阶段。期间全市累计兴建农村饮用水水源工程6682处，输配水工程6389处，使全市3583个村庄、347.3万人吃上了自来水。1991年－2004年为解决山区人畜饮水困难阶段。为解决北京市山区农村人畜饮水困难，尤其是深山区水源条件和工程条件差、居住分散、严重缺水等问题，共解决山区47万人、12万头大牲畜的饮水困难。2005年－2008年为安全饮水工程建设阶段，经过4年的不懈努力，解决了高氟、高砷、高盐、高氨氮“四高水”以及毒理学和理化指标超标的饮水问题，北京郊区300万农民在全国率先实现安全饮水，其中包括饮水水质问题严重的96万人，水源保证率低、管网及工程老化失修严重的103万人。新打水源井735眼，新改建管网1.6万公里，安装水表近25万块。2009年至今，随着城乡统筹步伐加快，村镇供水进入计量化、集约化阶段。

四是加大了排水和污水治理的力度。北京市污水治理经历了公共卫生整治、无害化和资源化三个阶段。从1950年开始，为保护河湖水质，控制城市内伤寒、霍乱、痢疾等传染病的流行，提出了城区实行雨污分流的原则，大规模建设下水道，先后在城区主要河湖沿岸修建了污水截留设施，保障了居民的公共卫生环境。90年代，以举办亚运会为契机，北京城市排水设施得到了快速发展，也是从传统排水向现代排水的跨越。1990年建成第一座二级处理污水处理厂——北小河污水处理厂，1993年高碑店污水处理厂一期工程建成并投入使用，标志着北京开始污水规模化处理的进程，实现污水的无害化处理，为保障居民生产生活环境提供了重要基础。近年来，北京市污水治理工作已经从单纯的削减污染走上了循环利用的资源化道路。污水处理已经由稳定达标排放转向提高水质、扩大利用。

二、“十一五”期间北京市水安全取得的成绩

“十一五”期间，是北京水务实现跨越式发展的特殊时期。建设“民生水务、生态水务、科技水务”理念的提出，充分体现了健康城市水安全的理念。五年来，北京在水源安全、供水安全、水生态环境安全等方面取得了重大成就，为健康城市的建设奠定了坚实的水安全基础。

（一）水源安全保障体系初步形成

一是强化水源保护，建成密云、怀柔、官厅3座水库上游一、二级保护区，永定河、京密引水渠等16条河道两侧各1公里的地表水保护区和南水北调总干渠两侧各200米的保护带。建成6个重要地下水水源地、10个新城集中地下水源保护区和多个村镇集约化供水水源保护区。水源地保护区面积总计6552平方公里。

二是在全国率先探索出“构筑水土保持生态修复、生态治理、生态保护三道防线，建设生态清洁小流域”的新思路。治理小流域401条，治理水土流失面积5428平方公里，水土流失治理率达到82%，其中建设生态清洁小流域150条，治理水土流失面积1902平方公里，生态清洁小流域建设率达到27%。有效保护了首都饮用水源地，完善了流域基础设施，提升了环境品质。

三是实施水源调度配置。开展上游集中输水，山西册田、河北云州、壶流河、友谊等水库累计向官厅水库、白河堡水库输水5亿立方米，建立全市境内大中型水库的水源统一调度机制，累计增加密云水库水源6.5亿立方米。建成南水北调京石段应急输水工程，利用南水北调管线从河北调水7.5亿立方米，大大缓解了首都的水资源短缺状况，改善了城区供水水质。

（二）供水安全保障体系初步形成

一是在城区供水方面。到“十一五”末，市区共有自来水厂20座，自来水日供水能力提高到341立方米，自来水年售水量稳定在7亿立方米左右。有自备一次供水井6838眼，年供水量2.6亿立方米。北京城区供水管网11000公里，供水服务人口达到1190余万，水质检测能力增至205项，率先达到新的国家标准。通过挖潜和改造相结合，北京改扩建了多项供水工程，建设的“三厂一线”，即第九水厂、第三水厂、田村山净水厂和团城湖至第九水厂输水管线，为接收外流域进京水提高了基础条件，确保首都供水安全。

北京市供水设施水处理工艺水平已达到国际先进水平。地表水厂中田村山水厂和第九水厂都采用了活性炭处理工艺，田村山水厂还采用了臭氧处理。在“十一五”期间实施的田村山水厂、第三、九水厂改扩建工程中，广泛引进和综合利用了高密度澄清、加砂沉淀、臭氧氧化、炭吸附以及高锰酸钾、臭氧预加等多项国内外的先进技术，确保了供水水质安全、可靠。

二是在村镇供水方面，以农村饮水安全为目标，初步建立了北京郊区村镇供水社会化服务框架。供水开始由政府提供，成为公共服务产品。全市先后建成供水工程1547处，其中集中及联村供水93处、水厂扩户166处、单村供水1288处。针对部分未实施饮水安全工程村庄存在的老化管网压力不足、“跑冒滴漏”、缺少计量设施等问题，实施了新农村供水“一户一表”及管网改造等工程，完成老化供水管网改造3122公里，安装入户水表10.7万块，郊区41个日供水5000立方米以上的集中供水厂实现了水质实时监测和预警。村镇供水进一步向计量化、集约化、精细化迈进。

（三）水生态环境安全保障体系初步形成

一是在污水处理方面，北京市以水污染治理为重点，加快污水处理及配套管线建设，不断提高污水处理能力，改善水环境。全市现有大中型污水处理厂39座，小型城镇污水处理厂38座，村级污水处理设施770座，日污水处理能力达到378万立方米。在加快污水处理厂建设的同时，大力推进污水管网建设和更新改造步伐。截至2010年底，全市共有污水管线4478公里，全市污水处理率达到81%，城区污水处理率达到95%。

二是在再生水利用方面，北京市加大污水处理高新技术的应用，将膜处理等技术应用到污水深度处理中，加快了再生水设施建设，进一步提升再生水品质。全市再生水厂17座，日生产能力合计81万立方米。再生水配置和输送能力大幅度提高，全市共有再生水管线809公里。

三是在污泥无害化处理处置方面，按照“因地制宜、技术多元、协同处置、循环利用”的原则，推进污泥无害化、资源化利用。随着全市污水处理量快速增长，污泥年产量持续增加，2010年全市已达110万吨。全市现有污泥处理设施6座，日总处理能力达到1710吨。2010年经无害化处理污泥42万吨，占污泥产生总量的38%。

四是在水环境治理方面，先后治理了长河、清河、坝河、北土城沟、小月河、莲花河、凉水河、北护城河、马草河、亮马河，治理河道总长400公里。完成以永定河绿色生态发展带和北运河流域水系综合治理为重点的水环境建设。莲石湖、门城湖、宛平湖、晓月湖和循环管线“四湖一线”工程总体进展顺利，增加水面122万平方米，永定河城市段环境明显改善，为西南五区发展创造了良好的条件。完成北运河流域年度治理任务，为流域发展特别是通州建设现代化国际新城提供清洁优美的水环境。全市城乡水环境明显改善，全市Ⅱ－Ⅲ类水质标准河道长度比例达到47.2%，Ⅱ－Ⅲ类水质标准湖泊面积比例达到76%。

三、北京水安全面临的形势和机遇

目前，水安全问题已经成为影响我国社会经济发展、人民生活的严重隐患，已上升为事关国家安全的战略性问题。《中共中央国务院关于加快水利改革发展的决定》明确了水利的重要地位和作用，指出：“水利是现代农业建设不可或缺的首要条件，是经济社会发展不可替代的基础支撑，是生态环境改善不可分割的保障系统，具有很强的公益性、基础性、战略性。加快水利改革发展，不仅事关农业农村发展，而且事关经济社会发展全局；不仅关系到防洪安全、供水安全、粮食安全，而且关系到经济安全、生态安全、国家安全。要把水利工作摆上党和国家事业发展更加突出的位置，着力加快农田水利建设，推动水利实现跨越式发展。”并从“全面加快水利基础设施建设、建立水利投入稳定增长机制、实行最严格的水资源管理制度、不断创新水利发展体制机制”等方面提出 20 项对策措施。

为落实中共中央、国务院一号文件精神，市委、市政府出台的《关于进一步加强水务改革发展的意见》，明确了北京水务改革的基本思路、目标和重点任务，对于推进北京水务改革创新，保障全市经济社会可持续发展，有着极其重要的意义。

这两个文件的出台，中央和国务院的关怀、市委市政府的高度重视、全社会的高度关注和积极支持，为健康城市水安全提供了良好的发展机遇。

一是水资源极端紧缺是北京长期面对的基本市情。北京近 12 年来持续干旱，可利用水资源量大幅衰减；近年人均水资源量衰减到 100 立方米左右。缺水是制约首都健康城市建设和经济社会发展的首要瓶颈。北京的水资源由本地区降雨形成的水量和上游入境水量两部分构成。与多年平均相比，近 12 年降水量仅为 470 毫米，水资源总量减少 44%，入境水量减少 77%，密云、官厅两大水库来水减少 79%，可用水资源急剧减少。近 12 年密云水库年均来水 2.7 亿立方米，为多年平均的 28%；官厅水库年均来水 1.3 亿立方米，为多年平均的 14%。

二是城乡供水水源硬缺口逐年加大，水资源战略储备恢复困难。城市应急水源地开采以来，地下水埋深年均下降 3－5 米，目前埋深均超过 40 米，已接近开采极限；周边农用机井 50% 以上出水不足，影响当地居民用水，城乡水矛盾突出。同时，作为首都第二大水源，再生水缓解水资源紧缺的效能还未充分发挥，北京市再生水厂生产能力不足，用户比较分散，管道系统不完善，影响再生水在绿化、冲厕、道路浇洒等方面的使用。按 2009 年和 2010 年形成的年均可利用水资源量 20 亿立方米预测，通过继续超采地下水、动用密云水库库存水量、扩大再生水利用等综合措施后，2011 年～2015 年城区仍存在 4.5 亿立方米的年均供水硬缺口。

三是供水设施能力尚有差距，供水安全隐患较大。在持续干旱的同时，人口增长、社会发展和生活水平的提高，使得城市用水刚性需求持续增长。占全市面积6%的中心城用水量占到全市的44%，水资源需求高度集中，供需矛盾难于平衡；供水设施保障能力较低，全市供水安全系数仅为1.12，其中城区供水安全系数仅为1.06。2010年7月6日，城区日供水量达288.4万立方米，创历史最高记录，接近城区日供水能力极限。供水能力与需求基本饱和，没有安全系数可言。城市供水安全已跟不上首都经济快速发展的要求。

郊区各新城的供水主要由自来水和自备井共同供给。由于地下水持续超采以及自备井本身特点所限，自备井供水状况亟须改善，主要表现为供水保证率低，水质得不到保证、设备老化和开采效能不足。同时易造成重复建设和浪费，不利于节约用水，更重要的是会引起地下水开采与管理上的无序，必须逐步对自备井予以取代，发展自来水集中供水。

四是排水和再生水设施不足，对水环境的维持和改善仍然存在威胁。北京城区污水处理率达到95%，河湖水质有很大改善，但郊区污水处理率仅为53%，仍有部分污水未经处理直接排入环境，水环境体系脆弱。北京市排水管道及泵站有待改造和完善，现状旧沟及部分排水管道因使用年限长，结构老化严重，容易发生断管塌陷，对社会公共安全造成极大隐患。北京污泥处理处置能力严重不足，目前全市日产污泥约3000吨，无害化处理能力仅为每日1310吨，污泥无害化处理率仅为44%，大量污泥简易堆置，存在着严重的疾病传播和环境污染风险。

第三节　建设健康城市，北京保障水安全的对策思路

一、健康城市水安全的思路

健康城市水安全发展的指导思想是：全面落实《中共中央国务院关于加快水利改革发展的决定》和市委、市政府出台的《关于进一步加强水务改革发展的意见》，把水资源保障作为支撑经济社会可持续发展的首要任务，把严格水资源管理作为加快经济和社会发展方式转变的战略要求，把水源保护、供水、排水等水务基础设施建设作为城乡一体化发展的优先领域，把水环境建设和生态保护作为构建健康和谐宜居城市的基础条件，把进一步理顺水务体制机制，不断深化水务改革发展

作为提高城市现代化管理水平的重要举措，努力建设“民生水务、科技水务、生态水务”，不断提高健康城市水安全保障能力，为首都经济社会和“人文北京、科技北京、绿色北京”的可持续发展及世界城市建设提供支撑和保障。

健康城市水安全发展遵循的原则是：

一要坚持民生优先，着力解决事关人民群众健康与安全、事关首都社会稳定和发展的水务问题，推动民生水务新发展。

二要坚持城乡统筹，按照“兴利除害结合，防灾减灾并重，治标治本兼顾”的方针，改变水安全基础设施建设滞后、水务管理和服务保障水平低的局面，促进城乡协调发展。

三要坚持创新驱动，加大观念创新、体制机制创新、科技创新的力度。加快水务重点领域和关键环节的改革攻坚，破解制约水务发展的体制机制障碍。

四要坚持政府主导，强化水务公益性、基础性和战略性地位，发挥公共财政对水务发展的保障作用，完善以政府投资为主导、社会投资为补充的投入新机制，形成政府、社会协同治水兴水的合力。

五要坚持科学发展，顺应自然和社会发展规律，坚持人与自然和谐相处的理念，合理开发、优化配置、全面节约、有效保护水资源，增强水生态服务功能，促进可持续发展。

二、今后五年的发展目标

（一）建成水资源来源安全保障体系

建成合理配置、高效利用的水资源保障体系，实现多水源联调，建设高标准的节水型社会，实现水资源可持续利用。建成安全清洁、健康自然的水源保护及水环境保障体系，主要水功能区水质达标，水源保护区生态良好、水质优良。2014 年前年市外调水 4 – 6 亿立方米，2015 年南水北调 10 亿立方米水进京，再生水利用 10 亿立方米，保障水源安全。

（二）建成供水、排水和再生水利用安全保障体系

一是城区供水安全系数达到 1.25，水质符合国家《生活饮用水卫生标准》，

城区供水漏损率控制在14%以下。在郊区加快推进村镇集约化供水，升级改造现有村镇供水设施，提高供水设施运行水平，到2015年，设施达标率100%，村镇地区40%以上人口实现集约化供水，全面提升村镇地区供水水平，实现水质达标，供应稳定，使用节约。

二是基本建成雨污分流的城市排水系统，全市污水处理率达到90%以上。中心城污水处理率达到97%；新城建成区污水处理率达到90%以上；乡镇中心区污水处理率达到80%以上；水资源保护区内的乡镇和村均建有污水处理设施。2015年全市再生水利用量不低于10亿立方米，再生水利用率达到70%以上。2015年全市污泥无害化处理率达到100%；污泥循环利用率中心城达到95%以上，新城达到90%以上。

三是结合城乡一体化建设和流域治理，大力推动村镇污水治理。加快生态河道建设，打造流域生态水网，提升郊区村镇防洪减灾标准，建立完善监督管理体系。到2015年，村镇生活污水处理率达到60%以上，重点镇污水处理率100%，重点流域规模化畜禽养殖、工业污水处理率达到100%，郊区50%河流实现治理。

（三）完善水务管理、运行的制度和法规体系

建成有利于科学发展的水务管理体系，水务法规进一步完善，水务社会化服务格局基本形成，水务投入的稳定增长机制基本建立，水务设施良性运行机制基本健全；建成互惠互利、合作共赢的区域水务合作体系，区域间涉水事务合作与协调水平进一步提高。加强郊区水务管理体制建设，围绕北京水务中心工作，继续完善四级水务建设，着力加强基层水务和农村管水员队伍能力建设，构建完善基层水务服务管理平台，健全管理制度，面向郊区村镇提供全面、高效的水务服务。到2015年，基层水务社会服务覆盖率达到100%。队伍能力得到全面提升，每名管水员至少获得一项技能证书。

三、保障措施

（一）完善首都水资源统一调配体制

建立外部开源、内部挖掘、并行节约的循环利用工作方案，通过集、蓄、

拦、调多路并举，统筹调配，努力实现地表水、地下水、外调水、再生水联合调度，加快构建多路水源互联互调、安全可靠的首都用水保障机制。要按照先节水、后调水的要求，筹备建设季节性地下蓄水设施，向水库和地下转移，要建立应急调水的长效机制，提高水资源保护能力。

（二）改革创新水务投入机制

落实中央有关要求，进一步加大对城乡水务的投入力度，将其作为公共财政投入的重点，要调整投资重点，在保障用水安全的条件下，将水务建设资金向水源保护、供水和排水设施等方面适当倾斜。要加强对水务建设的金融支持，积极发挥市场机制作用，广泛吸引社会资金参与水务建设。

（三）积极推进水务管理体制改革

完善市区两级水务管理行政体制，全面实行水资源的统一管理，不断提高管理服务水平。针对水资源具有流域性的特点，建成流域和区域的管理制度，推动城乡一体节约水资源管理。要按照职权清晰，职责明确的原则，研究建立供排水统一管理机制，完善水务、环保、市政等涉水管理部门的协调机制，要健全基层水务管理体系，做到人员到位、物资到位、责任到位，确保基层水务设施有人建、有人用、有人管。

（四）加强统一领导，形成全社会共同参与的格局

一是落实各级政府和各部门的责任。实行水资源管理行政首长问责制，并把水资源开发利用、节约用水和水环境保护情况，纳入地方经济社会发展综合评价指标，研究可操作、可检查、可考察的管理办法，层层分解水资源管理目标任务。

二是加强组织协调。各有关部门要各司其职，密切配合，共同推动水务改革发展。各级水务主管部门要增强责任意识，认真负责，抓好水务改革发展的各项任务实施，特别是围绕建设水务经济圈，深化海河流域的合作，提高区域内水系合作，协调统一，建立互惠互利、合作共赢的区域水务合作机制。

三是加强水安全能力建设。要切实抓好水务科技和人才工作，完善科技创新机制，加强区域水资源利用技术研究和先进实用技术的研发，积极引进培养各类

人才，提高全行业干部职工队伍综合素质，要重视水务信息化的建设，提高防洪抗旱的应急保障能力，以节水治污为重点，加快水务法规建设，加强执法队伍建设。

四是营造全社会参与的良好氛围。把水安全纳入公益性宣传范围，加强对水安全工作的宣传教育，认真开展世界水日和中国水周的宣传，推动节水宣传进课堂、进农村、进社区，提高全民节水意识，注重发挥企业、学校、社会组织的作用，促进全社会广泛参与。

第十三章 首都精神文明建设与健康城市建设研究

健康城市作为落实人文北京、科技北京、绿色北京战略的新任务和新要求，将推动首都科学发展再上新台阶。首都精神文明建设应紧密结合建设健康城市这一重要工作，组织动员广大干部群众，广泛开展“做文明有礼的北京人”主题宣传实践活动，全力推进各项工作，为健康城市建设作出积极努力和应有贡献。

第一节 精神文明建设与健康城市的关系

当前，首都已经进入了一个新的发展阶段。2009 年，北京市人均国内生产总值突破 1 万美元，地方财政收入超过 2000 亿元，第三产业比重已达到 75.8%。按照世界银行划分的富裕程度的标准，北京已迈入中等富裕程度的城市之列，进入全面建设现代化国际大都市的阶段，了解这一阶段市民的思想特点、解决他们最关心的问题，是我们开展各项工作的出发点和落脚点。因此，提出建设健康城市顺民意、合时宜。

一、精神文明建设是健康城市建设的重要内容

健康城市建设是一场用现代文明代替传统文明的深刻革命，促进人与自然、人与人之间和谐相处；健康城市建设是应对城市化进程中所出现的各种问题的最佳解决途径，是提升人类健康水平的根本出路。健康城市是世界卫生组织为摒弃源于西方国家的高消耗、高污染、高浪费、低经济效益、低生态效益、低社会效益这种传统生产方式对人类发展造成的严重危机，而提出

的一种新的生存战略。世界卫生组织对健康城市的定义是：从城市规划、建设到管理各方面都以人的健康为中心，保障广大市民的健康生活和工作，使城市成为人类社会发展所需求的健康人群、健康环境和健康社会有机结合的整体。它的目标是将健康问题列入城市决策者的议事日程，促使地方政府制定相应的健康规划，从而提高居民的健康状况。由此可见，健康城市不仅指生活在这座城市的居民拥有健康的身体、关注并了解大量的健康常识、精神状态健康，还包括城市运行环境和居民居住环境必须有利于居民的健康。要想实现这一目标，单靠一个或几个部门的努力是不够的，需要全社会积极动员和投入到建设健康城市中来。首都精神文明建设是确保人们保持昂扬的精神状态和塑造城市文明运行环境的重要保障，是健康城市建设的重要组成部分。建设健康城市目标的提出，其根本目的是为了把市民的健康与北京市的发展统一起来，把城市发展的出发点和落脚点最终体现在人的健康幸福上，切实保障老百姓的各种权益，真正做到发展为了人民、发展依靠人民、发展成果由人民共享。因此，建设健康城市与开展精神文明建设目的是一致的，是相辅相成、相互促进的。

二、健康城市是培育和弘扬城市精神、提升城市文明程度的重要载体

建设健康城市既是一个奋斗目标，更是一个需要持之以恒的行动过程。北京已进入新一轮大发展的阶段，面临着重要的战略机遇期。建设健康城市作为一项全市人民广泛参与的活动，是进一步丰富城市精神内涵的重要载体。健康是城市文明的重要标志，文明的城市必然也是健康的城市。我们要通过建设健康城市活动，大力推动文明市民、文明家庭、文明社区、文明村镇和文明城区的创建，在全社会倡导文明卫生习惯和健康生活方式，弘扬科学、文明、卫生的新风尚，不断提升国际大都市的文明程度。通过建设健康北京，市民的生活环境、就医环境均得到改善，市民的身心更加健康、城市环境整洁宜居，对于首都精神文明建设也是很好的促进。

第二节　首都精神文明建设的主要成绩和问题

北京市委市政府高度重视全市人民的健康问题，特别是在筹备奥运会期间，市委市政府提出了“绿色北京、科技北京、人文北京”战略构想和开展“健康奥运、健康北京——全民健康活动”，不仅保障了奥运会、残奥会的成功举办，而且使市民提高了健康理念，树立了科学生活方式，给世界留下了一笔丰厚的奥运健康遗产。

北京市早在申办奥运会的时候，就提出要通过筹办大型赛事促进主办城市乃至全国人民的健康，这一概念得到了国际奥委会的认可。北京通过筹办奥运会，客观上使奥运会成为了推广健康生活方式和现代社会理念的全球最大舞台，推动了公众健康，为世界留下了一笔丰厚的健康遗产。我们要认真总结奥运会留下的丰厚遗产，结合精神文明建设工作，推动健康城市建设迈上新台阶。

在筹备奥运会的过程中，首都精神文明建设在中央文明委的指导下，在市委市政府和首都文明委的领导下，始终把提升市民文明素质、推进人文奥运行动作为重中之重，组织动员首都社会各界和广大市民，广泛参与“迎奥运、讲文明、树新风——我参与、我奉献、我快乐”活动，深化和拓展群众性精神文明创建活动。为深入开展“迎奥运、讲文明、树新风”活动，大力推进社会文明风尚，首都精神文明建设提出了“迎奥运、讲文明、树新风——我参与、我奉献、我快乐”的口号，将“优雅言行、优良秩序、优质服务、优美环境”作为行动目标，通过积极开展迎奥运礼仪、环境、秩序、赛场、服务文明五大文明行动，抓住重要时机、重大赛事、重点活动，实现市民文明素质和城市文明程度的提升。

一、全社会广泛参与体制机制基本确立

北京市充分发挥首都文明委的作用，建立健全党委统一领导、党政群团齐抓共管、驻京中央单位和部队大力支持、有关部门各负其责、全社会广泛参与的领

导体制和工作机制。通过一系列主题实践活动载体，动员和组织首都地区社会各界参与奥运软环境建设。据不完全统计，奥运筹办七年中，中直机关、中央国家机关先后有2000多个部门和单位、200多万人次参与了首都地区整治环境、义务植树等活动。驻京解放军和武警部队广泛开展军（警）民迎奥运联片共建、迎奥运环境整治行动和京郊村镇结对共建活动，共出动220万人次参加了首都绿化美化、奥运重点工程建设、奥运安保工作等。

二、志愿服务活动迅速发展

在奥运筹办过程中，首都志愿服务活动迅速发展，制定实施了《北京奥运会志愿者行动规划》、《北京市志愿服务促进条例》，开展了一系列宣传发动、招募选拔、教育培训、公益实践、激励表彰等工作，建立和培训了规模宏大、参与面广、代表性强、服务水平高的奥运志愿者队伍，形成了由赛会志愿者、城市志愿者、社会志愿者、“迎奥运”志愿服务、奥组委前期志愿者、奥运会志愿者工作成果转化等六个项目和“微笑北京”主题活动组成的总体格局。10万赛会志愿者为各国运动员和中外观众提供热情周到的服务。40万城市志愿者在全市设立的550个城市志愿服务站点提供信息咨询、语言翻译、应急服务等志愿服务。120万社会志愿者在全市范围内，开展秩序维护、文明倡导、环境美化等十余个重点领域的社会志愿服务活动。据统计，全市170万奥运志愿者累计提供2亿小时的志愿服务。同时，还有30多万来京务工人员志愿者参与了治安巡逻志愿服务；20多万共产党员回社区报到参与了平安奥运志愿服务；15万名志愿者开展了经常性的爱心助残活动。

三、城市文明环境显著改善

全市把治理乱吐乱扔等不文明行为与美化环境紧密结合起来，综合治理、整体推进，充分发挥了市民行为文明与环境文明的积极互动作用。一是创建公共文明示范地区。2007年，针对随地吐痰、乱扔垃圾等不文明行为，以“三站两街两场”为重点，开展了创建公共文明示范地区暨治理乱吐乱扔专项行动，按照公共秩序良好、公共卫生整洁、公共服务优质、公共管理规范、公共环境优美、公共参与积极的标准加强综合治理，进一步落实“门前三包”责任制，在全市主要大街、繁华地区等113个重点地区推行公共文明示范地区标准化建设。目前已涌现出天安门地区、首都机场地区、王府井商业街地区、西单商业街地区等4个公共文明示范地区，20个创建公共文明地区工作先进地区。二是开展“假日文明行动”。志愿者和城管部门联合成立“纠正不文明行为联合宣传检查队”，每逢双休日和节假日，在天安门广场、北京西站、王府井、西单等地区开展联合宣传检查，把宣传教育、志愿服务、行为引导和执法管理融为一体，对公共场所乱吐乱扔等不文明行为进行劝阻、教育。在“假日文明行动”中，全市共制发10万个文明吐痰“清洁袋”和100万包纸巾，纠正各类不文明行为12798起。三是开展城市环境清洁和综合整治活动。七年中，持续开展了“清洁城市”系列行动、“迎奥运环境清洁日”、“中外友人环保公益活动”、“我爱北京”环境建设系列社会评选、“巧办法治理大环境”市民建议征集活动等。百万军民和志愿者走上街头，义务清理城乡环境脏乱死角，清除“小广告”，清洁市政设施，“城中村”、违法建设、乱设广告牌匾等城市环境难点问题得到较好解决。各远郊区县大力推进新农村环境建设，实施“绿化、美化、亮化、硬化、净化”工程，在培养科学文明健康的生活方式上取得显著效果。城乡面貌焕然一新，生态文明观念深入人心，促进了宜居城市的建设进程，较好地增强了市民对北京的热爱和保护环境的意识。

四、体育健身活动迅速发展

奥运筹办以来，全市还持续开展了丰富多彩的群众性文化体育和全民健康活动，为北京奥运会营造了喜庆热烈、文明和谐的社会氛围。持续开展了全民健身体育节、北京卢沟桥醒狮杯越野跑比赛、北京春季长跑暨国际长跑节、振兴中华杯系列体育比赛、百姓足球大赛、全国亿万妇女健身活动展示大赛等，吸引社会各界群众广泛参与。共有200多万市民热情参与的“和谐社区杯”乒乓球比赛，各级领导、奥运冠军和社区居民同台竞技，创下了历年群众性体育活动之最。各区县通过民俗趣味运动会、快乐家庭户外运动挑战赛、千人同练太极拳、农民运动会等活动，掀起全民健身热潮。

五、全民健康理念深入人心

向市民免费发放的《首都市民奥运健康手册》，在广大市民中普及了健康理念、传染病防治知识和合理膳食、科学健身常识；广泛开展了校园奥运健康行动，使广大中小学生掌握了健康知识，树立了科学的健康理念；“迎奥运，走健康路，日行1万步”活动和群众性健身操（舞）竞赛活动，培养了广大市民文明、健康的生活方式和行为习惯。

北京奥运会后，首都精神文明建设又抓住新中国成立60周年的重大契机乘势而上，扎实推进各项工作。通过广泛开展“做文明有礼的北京人”，开展排队日、让座日、垃圾减量垃圾分类和绿色出行文明交通从我做起等活动，形成了从广大群众普遍关注的一件一件具体事情做起，推动精神文明建设的工作模式。通过搭建载体，广泛开展志愿服务活动，形成了群众广泛参与、共建共享的精神文明建设工作机制。一是广泛开展了“做文明有礼的北京人”主题活动，形成了争做文明有礼北京人的热潮。二是环境文明引导行动成效显著。广泛开展“垃圾减量垃圾分类从我做起”主题宣传实践活动，设立了“周四垃圾减量日”，推出了活动标识、系列电视公益广告、专题宣传片和50万册通俗读物，编演了主题杂技音乐剧，组织开展了“垃圾文明一日游”活动和近40次垃圾减量日宣传活动，推出了一批垃圾减量垃圾分类家庭妙招，组建了5000多人的指导员队伍，在600个试点小区进行了示范引导，提升了市民群众的知晓率和参与率，2010年全市生活垃圾日产量同比下降近900吨，实现了负增长。首都精神文明建设的不懈努力，为培养市民的健康意识、营造优美整洁的城市环境、推动健康城市建设奠定了良好基础。

在充分肯定成绩的同时，也要看到首都精神文明建设仍然存在一些薄弱环节，与建设健康城市的目标还存在一定差距。比如，市民健康意识和习惯还需要进一步培养，推动健康城市建设的体制机制还需要进一步完善，工作实效性还需要进一步提高，阵地建设还需要进一步加强，等等。这些问题，是我们必须妥善解决的问题，需要在今后的工作中认真研究，切实加以解决。

第三节　加快健康城市建设提升首都居民文明素质的对策思路

“十二五”时期是推动首都科学发展的关键时期，也是首都精神文明建设巩固成果、完善机制、深入发展的关键时期。“十二五”时期，首都精神文明建设要以《健康北京“十二五”发展建设规划》的出台为契机，坚持以邓小平理论和“三个代表”重要思想为指导，深入贯彻落实科学发展观，以社会主义核心价值体系建设为根本，充分发挥首都的资源优势，按照建设“人文北京、科技北京、绿色北京”和中国特色世界城市的战略目标要求，以“做文明有礼的北京人”为主线，以开展“绿色出行文明交通从我做起”和“垃圾减量、垃圾分类从我做起”两大活动为重点，全面推进健康城市建设，不断改善城乡社会环境和公共秩序，为加快转变经济发展方式、推动首都科学发展提供强大精神动力，营造良好社会环境。着力做好以下几点：

一、着力解决好群众普遍关注的突出问题

要把帮助群众解决难题作为建设健康城市和精神文明创建工作的出发点和落脚点，抓住群众普遍关心的问题，在推动健康城市和精神文明建设的过程中让人民群众得到实惠。比如，全市要围绕着“做文明有礼的北京人”，全面推进礼仪、环境、秩序、服务、观赏、网络六大文明引导行动，重点抓好“绿色出行、文明交通从我做起”和“垃圾减量、垃圾分类从我做起”两个主题宣传实践活动。2011 年在全市 1200 个小区、1200 个行政村和 50 个乡镇开展垃圾分类试点，在 50 所学校、10 个党政机关、2 条餐饮街开展生活垃圾“零废弃”管理试点宣传活动。活动共分三个阶段：3 ~5 月为绿色社区活动月，6 ~8 月为绿色餐饮活动月，9 ~11 月为绿色乡村活动月，计划宣传树立 100 个示范小区、100 个示范村庄、100 个示范家庭、100 个示范餐馆饭店、100 个优秀指导员（志愿者），推广一批垃圾减量垃圾分类的好经验、好做法。

通过开展文明交通行动计划和“周四垃圾减量日”活动，以“我参与、我奉献、我快乐”的形式，在促进城市交通和垃圾问题解决的同时，深化“做文明有礼的北京人”理念，增强广大群众的科学意识、法治意识、诚信意识、道德意识等等，提升广大市民文明素质和城市的文明程度。各区县、各部门、各单位都要把开展精神文明建设作为帮助群众解决问题，服务人民群众的重要载体和抓手。各级党委政府的各个窗口单位直接为基层群众服务，要以让群众满意为标准，不断完善服务措施，想群众之所想、急群众之所急、办群众之所需、解群众之所难，千方百计地为群众做好服务工作。城市农村社区要围绕帮助群众解决问题来开展工作，按照属地责任的要求，把服务群众工作落实到每一家、每一户、每个人，在服务群众中增加群众的认同感、归属感。工青妇等群众组织要把服务群众作为开展工作的基本任务，把服务群众的工作落实到每一个群体，特别是那些困难群体，畅通他们反映诉求的渠道，维护他们的合法权益，帮助他们解决就业、就医、就学等各方面的困难，增强他们的认同感、归属感。每一个基层党组织和党员都要结合开展创先争优活动，通过做好事、实事帮助身边的群众解决困难，化解矛盾、理顺情绪，让他们感受到党和政府的关怀和社会的温暖，使他们更好地为社会的和谐稳定做贡献。

二、着力组织群众广泛参与精神文明创建活动

人民群众的广泛参与是开展精神文明创建活动的一条重要经验，在建设健康城市过程中必须坚持和发扬光大。要始终坚持以人为本的原则，突出市民在建设健康城市活动中的主体地位。各地区要围绕建设健康城市以及提升城市软实力的目标，整合各类社会资源，运用各种方法和形式，积极开展各类宣传活动，广泛动员市民和来京人员共同参与，不断提高市民群众的健康意识，进一步规范市民的健康行为，持续营造政府引导、群众积极参与健康城市建设氛围。加强精神文明建设是一项广泛的群众工作，必须广泛动员，全民参与。既要依靠群众开展工作，又要使广大群众在参与创建活动中，增强共识、增加认同，打牢共同的思想基础。要以第三批全国文明城市、文明村镇、文明单位评选推荐和首都文明区县、文明村镇、文明单位评选表彰为契机，把群众性精神文明创建工作引向深入。要充分发挥社会组织的作用，在社会各阶层中、两新组织中广泛开展精神

文明创建活动。要充分发挥离退休老同志在推动精神文明创建活动中的重要作用，特别是要创造条件，发挥好离退休的老党员、老干部、老教师、老医生、老政法工作者等各行各业老同志的特殊重要作用。要充分发挥在京中央国家机关、企事业单位和驻京部队的重要作用，广泛开展共建活动，在搞好“四个服务”的同时，提高首都精神文明建设的层次和水平。要顺应社会结构多样化的新形势，搭建多种形式的工作平台，针对青少年、来京务工人员、非京籍大学毕业生等各类社会群体的多样化需求，有针对性地开展精神文明创建活动，不断满足他们的精神文化需求，使他们成为推动首都科学发展的建设者，社会和谐稳定的维护者。

三、着力加强组织领导

要完善一把手亲自抓、党政群齐抓共管、各级文明委组织协调、有关部门各司其职、全社会积极参与的领导体制和工作机制。各级党委、政府要顺应经济社会发展的新形势和人民群众精神文化需求不断增长的新要求，把精神文明建设摆在更加突出的位置，纳入总体工作布局，加大投入力度，为加强精神文明建设提供坚实的支撑。市和各区县文明办要认真履职，发挥沟通、协调、联络、服务的作用，健全工作协调机制、任务落实机制、督促检查机制和考核评价机制，切实加大精神文明建设的推动力度。

四、着力开展工作创新

要准确把握精神文明建设的特点和规律，深入研究建设健康城市对于精神文明建设提出的新要求、新问题和人民群众的新期待，创新工作机制、工作理念，特别是要及时总结推广群众喜闻乐见的创建活动形式和载体，组织便于群众参与的创建活动，发挥精神文明创建活动的重要作用。要注重利用互联网、手机短信、播客、博客等现代化信息技术推进精神文明建设，用先进文化占领网络阵地，不断提高首都精神文明建设的水平。

五、着力营造精神文明建设的良好氛围

要加强精神文明建设的宣传力度，充分发挥报刊、广播、电视、网络等各类媒体的作用，通过专题报道、典型宣传、专题讨论、公益广告等多种形式，大力宣传首都精神文明建设成果，努力营造强大的社会舆论氛围。大力普及健康知识，通过政府搭台、媒体响应、社会参与、专业支撑的方式，面向广大城乡居民和重点人群，针对各种常见传染病、慢性病，广泛普及健康知识，积极倡导健康生活方式。实施健康知识传播“五个一”工程，即：设立一个市级电视健康频道、建立一个市级健康教育馆、办好一个健康教育网站、举办一个健康教育论坛，每个区县开辟一个健康教育基地。到2015年，居民基本健康知识知晓率达到80%以上。

六、进一步加强队伍建设

要健全精神文明建设委员会办事机构，充实系统、行业、单位以及市、区（县）、街（乡）三级网络精神文明建设专职骨干队伍，确保街（乡）有人负责精神文明建设工作。各级党委要关心精神文明建设干部的成长，采取切实措施，将德才兼备、善于协调、富有经验、作风扎实的干部充实到精神文明建设干部队伍中来；通过培训、交流、挂职锻炼等多种途径，加强对干部的培养，提高开展精神文明建设的能力。要加强公共文明引导员队伍建设，进一步规范招募、录用、培训、管理、激励制度，不断提高公共文明引导员在形象示范、行为引导、文明劝阻、服务群众等方面的素养。

第十四章　北京社区建设与健康城市建设研究

第一节 社区建设与健康城市的关系

健康城市是城市发展过程中所追求的一种模式。健康城市的发展除了自然因素外，更加注重社会和谐环境的建设，更加强注重居民的精神文明建设，更加注重社会服务的提供给人们身心健康带来的影响。因此健康城市建设是健康的人群、健康的环境和健康的社会有机结合发展的整体。社区作为城市居民生活的共同体，是构建和谐社会建设的基础，是改善和提升城市健康水平的重要渠道和组成部分，发挥着改善生活环境质量、构建和谐人际关系、提高居民身心健康水平等多种功能，对于建设秩序良好、环境优美、幸福舒适的健康城市具有重大作用。

一、社区建设是提高健康城市生活质量的平台

生活质量是人们身心健康的重要物质基础。社区建设的主要内容之一就是围绕社区环境、卫生、文化、体育和健康服务等内容不断加大建设力度，使居民在社区建设中得到实实在在的实惠，生活更加舒适便利，生活环境更加优美、安全、祥和，生活品质得到进一步提升。具体包括：通过完善社区基础服务设施建设，如社区环境卫生设施、医疗保健设施、文化娱乐设施、体育锻炼设施、福利设施、安全设施、健康教育设施等，搭建起社区系统化健康服务平台，为社区居民提供更加便利更为完善的健康服务；通过全面提升社区的生态环境、市容环境、居住环境和安全环境质量等，加大环境卫生治理力度，着力解决居民生活环境中的脏、乱、差问题和食品安全隐患、饮用水安全隐患、治安隐患等，进一步提高社区居民的生活环境质量；努力改善与居民身心健康直接相关的社区卫生医疗、心理健康疏导服务、体育健身服务、公共文化娱乐服务等，形成独特的社区

人文环境，保障居民的身心健康；通过提高市民健康素养，倡导积极健康的生活方式，引导居民改变不良的卫生行为和生活习惯，增强身体素质，以健康家庭行动为载体，开展健康教育、全民健身、爱国卫生等主题活动，大力倡导健康理念，从而提高全社区居民的综合素质。

二、社区建设是提升健康城市社会文明程度的主渠道

社会文明是整个城市居民身心健康的外在表现。社区文明作为社会文明在城市中的缩影，居民文明素质的提升、社区文化、社区教育的建设和社区志愿服务的发展、社区环境的建设等都是提升城市整体文明程度和居民身心健康水平的重要环节和主要渠道。社区建设秉持以人为本的理念，不仅体现在为城市居民提供方便、适宜的生活环境，更体现在对社区公众身心健康的关怀，如社区心理健康服务和心理危机干预、养老助残、社区矫正、社区卫生、社区教育等。不仅体现在自然优美生活环境的建设，更体现在社区良好的人文环境与和谐社会氛围建设上，如社区的公序良俗构建，社区事务的民主自治等。不仅体现在社区公共服务基础设施建设等物质文明方面，更体现在居民精神文明的建设上，如法律进社区、进村庄、进学校等普法教育活动的开展，以爱国守法、明礼诚信、团结友善、勤俭自强、敬业奉献为内容的公民基本道德教育，以社会主义核心价值体系为主要内容的社区文化建设，通过传统文化、公益文化和群众娱乐文化活动的大结合，为居民营造出了幸福感、归属感，丰富居民的精神文化生活，打造居民的精神家园等。形式多样的社区文明活动的深入开展，不仅凝聚了民心、融洽了感情、丰富了生活、陶冶了情操，使社区文明成为城市精神体现的基本单元，而且塑造了社会的亲和力与凝聚力，使城市更具活力，更显健康。

三、社区建设是构建健康城市社会和谐的基础

健康城市建设首先体现在社会的安全稳定、环境的和谐和人的生存发展的和谐上，即社会呈现出的是和谐状态。通过和谐社会的构建依法保障人的基本权利、尊重与维护个人的人格独立与人格尊严，使人能够自由、富有尊严地生活，社会的和谐已经成为当代城市居民生活幸福、身心健康、实现全面发展的重要基

础。社区建设按照以人为本，服务群众的理念，把建设服务完善、文明祥和的社会生活共同体作为目标，广泛开展和谐社区、和谐家庭创建活动，不断满足辖区居民、驻区单位职工的健康需求，提高居民生活的人文环境质量和文明素质，使社区居民生活的环境更加祥和，身心更加健康。因此，只有以维护社会安全稳定、化解冲突矛盾为目标，推进网格化社区服务管理模式，不断加大社区公共安全建设，加强对流动人员和残疾人、解教人员等特殊人群的服务管理，健全基层社会矛盾排查化解体系，推进民事和部分行政纠纷联动大调解的开展，完善基层利益协调机制、诉求表达机制、矛盾调处机制和风险评估机制，才能使居民生活的自然环境和人文环境更加安全、稳定、文明，城市更加和谐、宜居。只有扩大社区居民民主参与管理，把切实维护居民合法权益和社区共同利益作为核心，广泛实行社区民主选举、决策、管理和监督，才能保障居民对社区事务的知情权、参与权、选择权、监督权，使参与居民的人格得到尊重，能力得到发挥，人生自我价值在社区服务与管理中得到体现，充分激发社区居民参与和谐社会建设的积极性与活力。只有以社区服务和管理为平台，有效整合社区社会组织资源、服务设施资源和人才资源，使各类有利于社区“健康”建设的积极因素集聚起来，才能形成良好的社会支持面，使健康社区建设形成多向多边的沟通互惠途径。

第二节 北京社区建设取得的主要成绩

近年来，北京市不断加快推进社区服务体系创新、管理体制创新和工作实践创新，社区建设不断取得新成效，居民生活的环境和质量明显改善，公共服务数量日渐增多，有力地促进了人们的身心健康与全面发展。

一、社区公共服务和社会保障体系基本形成，有力地提高了城市居民生活质量

以改善民生为重点，按照建设“人文北京”要求，努力提升城乡社区居民的生活品质，不断完善城乡一体化的社区公共服务和保障体系。

（一）社区基本公共服务体系逐步完善，城乡居民生活品质稳步提升

一是社区基本公共服务逐步实现全覆盖。出台了《北京市社区基本公共服务指导目录（试行）》，针对社区居民生活中最关心、最急需的10大类60项基本公共服务项目，以政府折子工程的形式，分解落实到34个部门，共同推进社区基本公共服务体系建设。到目前为止，有32项服务项目在首批完成规范化建设的645个社区覆盖率达到80%以上。

二是公共服务体系进一步健全。财政资金对公共服务的投入力度不断加大，2008年~2010年投入587亿元落实为民办实事工程。健全了与经济发展和物价水平相适应的救助标准动态调整机制，筹集资金2230万元，为全市城乡低保对象发放一次性临时生活补贴；创建了150个示范残疾人温馨家园，使4.5万名残疾人就近就便得到康复、培训、照料、文化生活等服务；全面推动居家养老（助残）“九养”政策落实，为33.5万老年人、残疾人发放总金额4.3亿元的养老（助残）券，建立了4584个城乡社区（村）养老（助残）餐桌。公共卫生体系基本完善，全市共建成标准化社区卫生服务中心287个、社区卫生服务站2901个。投入67亿元，实现了农村村庄“五项基础设施”建设的全覆盖。推进41个街道（地区）社区服务中心建设，完成1294个农村社区服务站建设，促进公共服务逐步向农村地区延伸。

三是大力推进“一刻钟便民服务圈”建设。2010年启动建成了166个社区“一刻钟便民服务圈”示范点，覆盖66个街道259个社区，315万名社区居民能在步行15分钟的范围内，就近享受到“看单点菜”式的社区就业、社会保障、社会救助、医疗卫生、安全、文化体育、教育、环境、便民利民等180项服务，使社区居民生活更加便捷、生活品质稳步提升。

四是建立96156社区服务信息平台。建立了基本贯通市、区、街、居四级的信息网络系统，为社区居民提供24小时公共服务，包括家政服务、综合修理、配送服务、租赁服务、中介服务等6大类200多项服务，基本涵盖社区居民的生活和身心健康服务需求。

（二）城乡一体社会保障体系基本形成，提高了居民健康保障能力

市政府紧紧围绕就业、就医、社保等事关群众身心健康的切身利益问题，不

断健全和完善城乡一体的社会保障体系，着力推进城乡基本公共服务在社区和乡镇全覆盖和均等化。整合“一老一小”、“新农合”、无业居民大病医疗保险，提高了职工和居民医保待遇，调整增补了109项医保诊疗项目，区县公费医疗与职工基本医疗保险制度并轨，实现了医疗保险制度城乡一体化。完善基本养老参保政策，实现了城乡居民养老保险的制度统一、缴费标准统一、保险待遇统一、衔接办法统一、基金管理统一，在全国率先实现养老保障制度的城乡一体化，并加快养老保障从“制度全覆盖”向“人群全覆盖”转变。

（三）政府购买公共服务稳步实施，公益服务让居民享受到更多实惠

设立了社会建设专项资金，制定了《北京市社会建设专项资金管理办法（暂行）》，形成了以改善民生为重点的项目申报、评估、立项的制度体系。2010年购买扶贫、济困、助残、养老、慈善、便民利民、社区服务等20类300多个公益性服务项目。全市有5个区（县）出台了9项扶持购买服务政策。石景山区为新居民互助服务站安排配套资金80万元。东城区组织街道为符合条件的育龄妇女进行摸底调查和健康体检；朝阳区为智障残疾人提供音乐理疗治疗服务；丰台区以社区空巢老人心理危机干预为重点，组织开展“抗衰老从心开始”系列养生讲座、“爱心传递、欢乐大巴”主题交友等活动；怀柔区结合社区家庭护老需求，推进家政服务专项培训对接家庭护老服务；密云县聘请专业人士为社区空巢老人进行营养配餐及礼仪服务等培训。

二、社区便民服务平台的建立，开通了城市健康发展的绿色通道

以社区规范化建设为突破口，不断推进社区服务管理创新，搭建起了为社区居民提供更高质量、更多数量、更加便捷的服务平台，为城市健康发展开通了绿色通道。

（一）社区规范化建设成效显著，为居民提供服务的能力显著增强

按照“一分、三定、两目标”的总体思路，从2009年在全市开展了社区规范化建设试点工作，在社区服务站建设、社区工作职能、社区运行机制、志愿服务、工作者管理、基础设施配置、经费投入等7个方面进行全面规范，目前已有

1967 个城市社区达到规范化要求，占全市社区总数的 70%，使社区为民服务的能力显著提升。

一是社区服务平台整合公共服务资源的作用开始显现。社区服务站搭载了基本公共服务项目，整合了社区层面的文化活动室、图书室等十多类服务站所和活动载体，设置了社会保障、劳动就业、计划生育等工作窗口，建立了规范的工作流程示意图和工作台账，为居民提供快捷、贴心、周到“一站式”服务，方便居民办事，社区公共服务平台作用开始显现。

二是社区各类公益服务组织进一步发展。完善了社区居民自治机制，社区居民依法行使民主权利、管理社区公共事务和公益事业的能力不断提升。出台《北京市住宅区业主大会和业主委员会指导规则（试行）》等文件，进一步理顺了社区自治组织、物业服务企业、业主委员会等组织的关系。积极培育发展社区志愿者组织、老年人组织、残疾人组织、群众性文体教育组织等，目前全市共有各类社区社会组织 1.5 万余支，人数超过 36 万人，社区居民在社会组织活动中身心得到健康、全面发展。

三是社区志愿服务发展促进了城市的文明和健康发展。出台《北京市社区志愿服务促进办法》，完善了志愿服务组织，为居民提供了大量无偿、快捷、便利服务。社区以老年人、未成年人、低收入家庭为重点对象，开发志愿服务项目，每个社区都形成了 1 个以上特色鲜明、效果明显、影响广泛的志愿服务品牌。社会志愿服务活动逐步长效化、经常化、生活化，志愿服务的内容也逐步从百姓生活扩大到公共服务，从讲文明、树新风拓展到社会生活的方方面面；志愿服务的领域覆盖了老人关爱服务、医疗卫生服务、助残服务、扶贫助困服务、便民服务、公益机构服务、交通服务、文化服务、语言服务、法律服务、旅游服务、环保服务、援外服务等 15 个类别。可以说，广泛而持久的志愿服务活动引领我们这个城市形成了健康、乐观、积极、助人为乐的社会文明风尚，为居民身心健康做出了重要贡献。

（二）社区民主自治机制进一步完善，居民自我管理自我服务能力显著提高

认真贯彻中办、国办《关于加强和改进城市社区居民委员会建设工作的意见》精神，创新基层民主自治机制，拓展居民参与社区民主管理的渠道。逐步理顺了社区自治组织、物业服务企业和业主委员会等的关系，使居民参与社区事务

管理的意识显著增强，自我管理自我服务的能力显著提升。例如，东城区探索建立社区居民会议常务会，构建了“一委三会一站”新型社区治理结构（“一委”指社区党委，“三会”指社区居委会、社区居民会议和社区代表会议，“一站”指社区服务站）；朝阳区建立和谐促进员制度，将居民自治延伸到楼门、家庭；通州区以楼门文化建设为抓手，动员组织居民参与社区建设。

（三）城乡结合部社区建设和村庄社区化管理稳步推进，城乡一体的为民服务平台逐步构建

2010 年以来，社区规范化建设工作逐步向老旧小区、城乡结合部地区和农村社区拓展延伸，逐步搭建起城乡一体的公共服务平台，使全体居民都能享受到一体化的公共服务，有力地促进了社会的整体均衡发展与和谐稳定。

一是初步建立了“城乡一体化”为基本目标的城乡结合部社区建设新模式。在 9 个区的城乡结合部 50 个重点村建立了工作台账和“一村一策”机制，大力推进重点村社区建设工作，实现了城乡结合部改造与社区建设同规划、同部署、同推进，基本公共服务项目稳步落实。

二是初步形成了“综合治理服务”为内容要求的村庄社区化管理新模式。在全市开展了村庄社区化管理工作，推进村庄综合整治，整合了村级公共服务设施，优化了农村居住环境。2010 年，建成 1294 个农村社区服务站，培育建设了 50 个典型示范农村社区，村民群众办事和开展活动更加方便，生活质量和环境普遍改善，社会治安状况根本改善，精神文化生活得到提升。

三、社区流动人口服务管理新模式，给城市健康发展带来新活力

社区建设中创新了流动人员的服务管理模式，加强了信息化服务管理手段的运用，积极做好日常服务管理工作，切实落实为流动人口办实事工程，为城市的健康发展带来了新的活力。

（一）创新流动人口服务管理方式，提升城市新居民自我服务管理水平

加强流动人口和出租房屋治安管理，保护流动人口和出租房主的合法权益。

总结推广石景山区“新居民互助服务站”模式，由社区协管员、房东和大院新居民组成社区互助服务队伍，负责社区巡逻、管理、防火防盗等工作，实行流动人员的自我服务、管理和监督，使社区生活秩序和环境质量得到明显改善，新居民健康保障水平明显提升。

（二）开展流动人口聚居区排查整治，营造健康安全生存环境

一是开展城乡结合部市级挂账50个流动人口聚居村建设改造工作。2010年将城乡结合部50个流动人口聚居村的建设改造纳入城乡一体化建设，目前25个重点村已完成了旧村搬迁工作，这些地区居民的生活环境、卫生状况和治安状况大幅改善，健康状况得到切实保障。

二是开展出租房屋安全隐患专项整治行动。针对出租房屋中存在的火灾隐患、煤气中毒隐患、结构安全隐患、“黑诊所黑药店”、存储易燃易爆危险物品、非法经营、“群租房”等危害群众身心健康、扰乱社会和谐秩序的突出问题，市流动人口管理办公室组织相关职能部门开展了集中专项排查整治工作，解除了危害居民生命健康的危险隐患。

（三）落实为流动人员办实事工程，让健康生活惠及全民

2010年初，市流动人口管理办公室协调各区县和相关部门研究推出36项为流动人口办实事项目，截至年底，36项实事已全部办结，有力地提升了城市流动人口的生活质量。

一是推动基本公共服务项目惠及流动人员。安置流动人口子女到公办学校就读，40余万来京务工人员随迁子女中约70%在公办学校就读。改善流动人口卫生医疗状况，流动儿童强化查漏补种工作共调查学龄前流动儿童38.8万名，免疫规划疫苗接种率在全国率先达到99%以上。稳步推进流动人口生育关怀活动，全年为35.3万名已婚育龄妇女进行了孕情检查，免费孕检人次达50万人次。

二是维护流动人员合法权益。积极为流动人口提供法律援助服务，全市共承办农民工法律援助案件6791件，占全市司法援助案件总数的62%。推行农民工全员“实名制”管理，严格执行工资保证金制度，建立和发布“劳务企业推荐名单”，确保流动人员合法权益不受损害。

三是不断改善流动人员就业环境。积极扩大农民工参保范围，2010年参加

基本养老、医疗、失业和工伤保险的外地农民工人数比 2009 年分别增长 144.6%、13.5%、68.5%和 19.7%。全市公共就业服务机构为外地农民工提供免费职业介绍和职业指导等服务 41.8 万人次，培训外省农村户籍家政服务员、养老护理员和护工等 1.9 万人。执法检查共查处拖欠农民工工资案 3880 件，为 3.5 万农民工追发工资 1.54 亿元，责成用人单位补签劳动合同 6758 份，补缴各类保险 94.6 万元。

四、社会矛盾"大调解"格局形成，构建了城市健康和谐社会环境

紧紧围绕有效解决重点领域社会矛盾多发的问题，坚持部门联合调解，广泛动员社会参与，力求做到防早控小，初步形成了部门联动、矛盾联调、和谐联创的矛盾纠纷"大调解"工作格局，有力地促进了社会和谐，城市健康发展。

（一）劳动争议实行"六方联动"调解，积极化解矛盾纠纷

为将劳动争议纠纷化解在基层、化解在萌芽，2009 年 6 月，市总工会、人力社保局和司法局建立了劳动争议调解三方联动调解工作机制，2010 年市信访办、市高级人民法院和市企联加入联动机制，形成"六方联动"工作机制，成立了劳动争议调处工作领导小组，建立了定期会议制度和重大事项会商制度，联动各方合力推动劳动争议实行调解，大量的职工求助案件以派单的方式发送到市、区调解中心调解，畅通了职工诉求的渠道。截至 2010 年底，市、区县和产业调解中心共受理劳动争议案件 22839 件，其中集体争议 348 件，涉及职工 6717 人，结案 20796 件，调解成功 15350 件，涉及职工 5806 人，争议金额 1.54 亿元，调解成功率达到 73.81%。"六方联动"调解方式有效化解了劳动争议纠纷，维护了社会的和谐稳定。

（二）健全社会矛盾调解工作机制，排解矛盾纠纷抓早抓小

将调解作为化解社会矛盾纠纷的主渠道，拓宽领域，增强联动，有效化解社会矛盾纠纷，增进社会和谐稳定。

一是健全人民调解与行政、司法调解相衔接的工作机制，增强矛盾纠纷化解力度。司法局牵头完善了区县、街乡、社区（村）、楼门院四级人民调解组织体

系，在企事业单位、大型商场等建立区域性、行业性人民调解组织113个；加强专兼职人民调解员队伍建设。法制办牵头推动落实全市有关行政部门行政调解责任，强化调解手段在行政和民事争议中的运用；推动部门间调解力量对接，加强人民调解组织及其他行政调解力量的协调配合。法院系统建立了全程、全员、全面的司法调解工作模式，推动司法调解向前后延伸，开展诉前调解、立案调解，完善申诉审查阶段矛盾化解机制，2010年全市法院全年案前调解化解纠纷37150件。通过强化各类调解衔接，在一些矛盾纠纷高发领域，如治安、劳动、物业、建设、医疗等领域，有效化解了社会矛盾纠纷隐患，切实维护了社会和谐稳定。

二是夯实信访工作基层基础，预防化解矛盾纠纷于萌芽。推进信访工作重心下移、关口前移。健全了基层矛盾排查工作网络体系，设立了街、乡信访工作机构和社会矛盾调处分中心，与综治维稳中心搭建了基层大排查、大调解工作平台；村和社区建立了信访社区工作站；村组、楼门院建立了信访信息员队伍，做到基层安全稳定问题有人发现、有人报告、有人化解、有人处置。健全了定期、不定期和重要节点集中排查工作制度，领导包案下访制度等，推广了“连民心恳谈室”、“信访代理制”等好经验的做法，使基层预防化解矛盾纠纷能力进一步增强，居民利益诉求得到及时有效解决。

（三）推进社区网格化服务管理模式，提升城市服务管理水平

2010年7月，市委市政府召开全市社会服务管理创新推进大会，将“构建网格化社会服务管理体系”纳入《北京市社会服务管理创新行动方案》，东城、朝阳、顺义三个社会服务管理创新综合试点区和其他一些区县开展了网格化社会服务管理试点工作，目标是实现“小事调解不出社区、大事化解不出街道”，各职能部门和社区工作者、各类协管员等服务管理力量融入网格服务和管理体系，“条”上工作和人员实现了在“块”上的综合，使网格内有人管事、有人做事，提高了网格内发现问题和处置问题的能力。试点区县普遍注重社会力量动员，扩大社会参与，发挥自治自管的作用，推进社会服务和管理能力不断提升。西城区在月坛街道试点楼门（院）长信息系统，发动群众将各种诉求和纠纷反映给楼门（院）长，楼门（院）长通过语音系统将群众诉求上传到街道监控指挥中心。目前，已发展2314名楼门（院）长信息员。朝阳区高度重视发挥社区（村）自治组织自我管理、自我服务和协助政府管理的作用，真正实现居民矛盾纠纷化解

的重心下移、关口前移，使居民邻里之间不再因矛盾纠纷的积累而产生大的安全隐患。网格化社会服务管理的实施，起到了及时化解矛盾，增进社会和谐，强化服务管理的作用。

第三节　建设健康城市，推进北京社区发展的工作建议

围绕推进基本公共服务均等化和社会保障城乡一体化，坚持以加强和完善党和政府主导的维护群众权益机制为核心，以加强社区服务管理、社会文明建设为基础，努力在人口服务管理和公共安全管理等方面取得新突破，促进城市健康的大发展。

一、加快推进基本公共服务均等化和城乡服务一体化，努力提升居民生活品质

社会建设的根本目的是实现好、维护好、发展好最广大人民群众的根本利益。必须进一步完善社会保障体系，加快发展社会事业，不断推进基本公共服务实现城乡一体化和均等化，让城乡社区、村镇的居民共享发展成果，促进人的全面发展和身心健康。

一是进一步提高公共服务水平。完善城乡一体、覆盖各类人群的基本公共服务体系，健全标准统一、分级负责的基本公共服务体制。创新社会公共服务提供方式，完善政府购买公共服务政策，推进非基本公共服务市场化改革。大力发展社会服务业，落实《社区基本公共服务指导目录》，推进“一刻钟社区服务圈”建设，完善社区基础设施，促进社会公共服务资源向社区居民开放，实现基本公共服务全覆盖。

二是完善覆盖城乡的社会保障体系。按照广覆盖、保基本、多层次、可持续的原则，打破户籍、地域、身份界限，构建“职工＋居民”保障体系，实现社会保障人群全面覆盖。坚持积极的就业政策导向，建立城乡统一的就业管理制度，构建城乡一体化就业格局。合理调整收入分配制度，缩小城乡、区域、行业

和贫富差别，使城乡居民生活水平不断提升。加大保障性安居工程建设力度，着力解决保障性住房供应不足的问题。

三是大力发展社会事业普惠城乡居民。全面提升学前教育保障能力，推进义务教育优质资源均衡发展，完善来京务工人员随迁子女接受义务教育的保障政策。完善覆盖城乡、惠及全民的公共文化服务体系，满足城乡居民多样化、多层次精神文化需求。优化医疗资源布局和结构，形成社区首诊、分级就诊、双向转诊的有序就医格局，建立健全早发现、早诊断、早治疗的疾病预防干预机制。推广“体育生活化”理念，增强城乡居民健身意识，完善基层体育设施，推进具备条件的公园健身场地设施、学校体育场地设施向社会开放。

四是健全适度普惠的社会福利体系。按照覆盖全民、保障重点、层次有别、水平适中的原则，整合社会福利政策和资源，建立社会福利财政投入、社会投资和慈善捐赠等多元保障机制，构建适度普惠型社会福利体系。构建以居家养老为基础、社区服务为依托、机构养老为支撑的社会养老服务体系。健全覆盖城乡全体残疾人的社会保障和服务体系。健全以最低生活保障制度为基础、专项救助相配套、临时应急救助和社会互助为补充的城乡社会救助体系。加快培育慈善组织，拓展慈善募捐渠道，逐步形成遍布城乡、方便快捷、公开透明的慈善捐助体系。切实保障孤寡老人、残疾人和贫困居民生活水平稳步提升。

二、加强和改进人口服务管理工作，促进全体居民身心健康发展

加强和改进流动人口以及特定人群的服务和管理，实现社会服务管理各类人群全覆盖，使社会服务管理更加以人为本，城市发展更加和谐。

一是创新流动人口服务和管理。建立健全居住证制度，完善以证管人、以房管人、以业管人机制。探索区域人口调控综合协调机制，做好流动人口双向管理服务。完善流动人口综合管理信息平台。推广石景山区“新居民互助服务站”、农民出租房屋集中管理等模式，切实加强流动人口服务管理。建立健全青年流动群体服务机制，进一步加强和改进进城务工人员及其子女、长期在京居住的外国人等群体的服务管理工作。

二是完善特定人群服务和管理。加大对特定人群的教育、引导、救助和帮扶力度，实现从防范控制型管理向服务型管理的转变。推广朝阳区“阳光中途之

家”经验，加强对刑释解教和社区服刑人员的服务管理。探索招募志愿者同社区闲散青少年结对帮扶，开展个性化帮教活动。建立健全精神病人服务管理制度，使流浪、无人医治的精神病人得到及时医治。

三、进一步夯实社区服务管理基础，提高为民服务能力和水平

社区服务管理是社会服务管理的根基。必须加快推进社区规范化建设、村庄社区化管理和社会服务管理网格化，构建以社区为基本单元的基层社会服务管理体系，逐步实现城乡社区服务管理一体化，切实提高为民服务的能力和水平。

一是完善现代社区治理结构。明确社区党组织、居委会、服务站的职责任务，理顺关系，完善以党组织为领导核心、以居委会为主体、以服务站和政府部门及街道办事处派驻社区力量为依托、以物业管理机构和社区社会组织为补充、驻区单位和群团组织协同配合、居民广泛参与的现代社区治理结构和服务管理体系，构建社区党建、社区自治、社区服务“三位一体”的工作格局。

二是推进社区规范化和村庄社区化。围绕社区服务站建设、社区工作者管理、基础设施配置和社区经费投入等七个方面，全面推进规范化建设，使城市社区全部达到规范化建设标准。制定加强社区居委会建设工作实施意见。加快新建住宅区、城乡结合部地区社区规范化建设，推进老旧小区规范化建设，加快推进农村社区建设与城市社区规范化建设接轨。总结推广大兴区村庄社区化管理经验，研究出台《北京市村庄社区化服务管理办法》，逐步健全村庄社区化服务体系，不断推进村庄社区化管理创新。

三是健全基层社会管理服务平台。以社区服务中心、社区服务站为依托，规范基层专业服务机构，有效承接基层政府委托事项。以居民需求为导向，整合人口、就业、社保、民政、文化以及综治、维稳、信访等管理职能和服务资源，健全社区综合管理和服务平台。加强社区管理服务综合信息系统建设。

四是推动居民自治和村民自治。完善社区（村）党组织领导的社区（村）居民自治机制，切实完善以民主选举、民主决策、民主管理、民主监督为主要内容的民主自治制度。深化社区（村）事务公开，规范社区（村）重大事务民主议事规则，完善社区居（村）民会议、议事协商会议、民主听证、居（村）务公开制度。总结推广东城区社区居民常务会模式。加快推动村务监督委员会建设工作。

五是构建网格化社会服务管理体系。制定社会服务管理网格化指标体系和实施办法。搭建网格化社会服务管理信息平台。完善集人、地、物、事、组织于一体的网格化社会服务管理模式，构建市、区（县）、街道（乡镇）、社区（村）四级网格化社会服务管理体系，基本实现网格化社会服务管理全覆盖，实现社会服务管理精细化和信息化。

四、推进社会文明环境建设，营造城市健康发展的良好氛围

公民素质是社会文明的基础，社会文明是提升居民身心健康的重要因素。必须采取有力措施，大力提高公众文明素质，努力创建文明的社会环境。

一是营造学法守法用法的社会氛围。树立法治理念，开展“六五”法制宣传教育，推进法治文化建设，继续开展“法律进机关、进乡村、进社区、进学校、进企业、进单位”主题实践活动。推进依法行政，加强行政监督和问责，完善行政复议制度，规范行政权力运行。提升法律意识，不断增强广大群众知法、懂法、守法、用法的自觉性。

二是培育健康向上的社会心态。完善党务、政务公开，增强舆论引导的主动性和实效性。加强社会心理关怀，开展社会关爱行动，发展专业服务机构，强化人文关怀，培育奋发进取、理性平和、开放包容的社会心态。完善心理援助服务，健全行业管理体制，鼓励高校、医院、科研机构参与心理咨询及心理服务。完善心理危机干预服务，加强精神卫生体系建设，开展精神疾病社区康复服务。

三是推进社会诚信体系建设。建立企事业单位、社会组织、非公有制经济组织和公民个人信用管理体系，形成统一的信用记录平台。强化社会信用管理体制。营造诚实守信的社会舆论氛围。监督和引导企业、社会组织及个人诚信守法，打击制假贩假、造谣诈骗等危害群众生命健康和财产安全、扰乱市场秩序、损害社会诚信的突出问题。

五、健全公共安全体系建设，确保城市居民安居乐业

公共安全事关人民群众生命财产安全，事关社会和谐稳定和百姓身心健康。必须加强食品药品安全，强化安全生产监管，完善社会治安防控，妥善应对突发

事件和防范各种灾害，努力营造生产安全、社会安定、生活安宁的社会环境。

一是健全食品药品监管机制。加大监管力度，建立食品药品质量追溯制度。加强产品质量市场准入监管，完善动态监测。对群众日常生活必需的农副产品、基本用药，强化质量抽检和监管。及时公开发布食品药品突出事件信息，确保人民群众吃上放心安全的食品药品。

二是健全安全生产监管机制。加快完善安全生产政策标准体系、技术服务体系，改善安全生产设施和装备，深化安全生产专项治理，落实企业安全生产责任。加大对违法违规行为的惩处力度。加强安全生产制度建设，让群众安心生产和工作。

三是完善社会治安防控体系。深入推进“平安北京”建设，健全专群结合、点线面结合、网上网下结合、人防物防技防结合、打防管控结合的立体化治安防控体系，提高社会治安防控水平。加强基层综治维稳力量建设，合理调配使用防控资源。加强治安重点地区综合治理，维护良好的社会治安环境。

四是完善应急防灾管理机制。健全各级各类应急管理和防灾减灾机构，以各级应急管理和防灾减灾主管部门为主导，健全各级政府及有关部门、基层组织、企事业单位、社会团体和志愿者应急联动机制。全面普及应急管理、防灾减灾、预防避险等知识，加强各级干部应急救灾培训，组织开展群众性应急演练，提高全社会防灾减灾和应急管理、危机管理、风险管理能力。

六、完善党和政府主导的维护群众权益机制，构建和谐健康的人文环境

坚持以群众利益为重，以群众期盼为念，形成党和政府主导的维护群众权益机制，统筹协调各方面利益关系，最大限度激发社会创新活力，最大限度增加和谐因素，最大限度减少不和谐因素，努力为建设健康北京打牢社会基础。

一是完善利益协调机制。注重倾听群众呼声，全面了解各类群体利益需求，切实维护城乡困难群体、城市拆迁户、征地农民等的实际利益。加强平等协商，逐步实现区域性、行业性协商平台全覆盖。推广工会、人力社保、司法、信访、法院、企业家联合会等调解劳动争议“六方联动”机制。完善利益保障政策，依法维护进城务工人员及随迁子女、拆迁失地农民、下岗失业人员等的合法权

益，妥善解决事关群众切身利益的突出问题。

二是完善诉求表达机制。坚持用群众工作统揽信访工作，健全群众来信、来访、来电、市长信箱等诉求表达通道，构建全方位、立体式的群众诉求表达平台。推广“信访代理制”等经验，健全基层信访工作机制，按照属地管理、分级负责，谁主管、谁负责的原则，严格落实信访责任，推进党政领导干部定期接访、下访和包案督导，积极化解突出信访问题。引导群众以理性合法方式表达诉求，依法行使民主权利、维护自身合法权益。

三是完善矛盾调处机制。坚持工作联动、重心下移、源头防范，化解城乡居民矛盾纠纷。健全矛盾大调解体系，完善街乡和社区基层“三调合一”衔接互补的工作模式。推广矛盾调解进派出所、进法庭、中关村社会组织参与知识产权纠纷调解等经验。发挥基层社会矛盾调处中心作用，构建覆盖全面的矛盾纠纷排查网络，把矛盾纠纷化解在社区和商务楼宇。鼓励和支持社会组织、法律服务志愿者等社会力量参与矛盾纠纷化解。

四是完善风险评估机制。变事后处置为事前主动防预，深入开展社情民意调研，实时掌握舆情动态。对事关群众切身利益的重大决策、重点项目和重要政策制度出台或审批前，进行社会稳定风险评估。推进科学民主决策，确保重大决策民主公开、程序透明，符合群众利益。

第十五章 北京全民健身与健康城市建设研究

广泛深入开展全民健身活动，提高北京市民身体素质和健康水平，始终是市委、市政府高度关注的重点工作之一。全民健身关系广大市民身体健康和生活幸福，是首都社会发展和文明进步的重要标志，是全面建设和谐社会首善之区的重要组成部分，为推进健康城市建设发挥基础性重要作用。近年来，北京市深入贯彻落实科学发展观，按照“人文北京、科技北京、绿色北京”战略和建设国际体育中心城市的要求，坚持体育事业公益性，逐步完善符合市情、比较完整、覆盖城乡、可持续发展的全民健身公共服务体系，在保障广大市民参加体育健身活动的合法权益，丰富市民精神文化生活，形成健康文明的生活方式，提高市民身体素质、健康水平和生活质量等方面，取得了显著成效。但是，面对广大市民对全民健身活动的需求，北京市的全民健身工作仍存在一些薄弱环节和问题，迫切需要以贯彻落实《北京市全民健身实施计划（2011—2015 年）》为契机，采取有效措施，继续推进全民健身公共服务体系建设，努力满足市民多样化的健身需求，不断增强市民健康素质，为和谐社会首善之区和健康城市建设做出新的贡献。

第一节　充分认识全民健身在北京健康城市建设中的重要地位

当前，北京正朝着建设中国特色世界城市的目标迈进，在推动经济持续增长的同时，也要坚持社会协调发展，促进社会健康、环境健康和人群健康，努力打造健康城市。全民健身作为保证人群健康的基础性工作，在健康城市建设中占据重要地位。

一、开展全民健身活动，提高市民健康素质，对建设健康城市具有重要的现实意义

胡锦涛总书记曾指出：“健康是人全面发展的基础，关系千家万户的幸福。”开展全民健身活动，提高市民健康素质是落实“以人为本”的科学发展观的具体体现。全民健身活动直接关系广大市民的身体健康和生活质量，是大家最关心、最直接、最现实的利益问题之一，在提高市民健康素质、丰富精神文化生活、促进人际关系和谐、养成健康文明的生活方式等方面具有特殊的不可替代的价值和作用。健康城市突出强调健康是人类的第一主题，着力建立丰富充足的物质环境、洁净良好的生态环境、和谐有序的社会环境、优质安全的医疗服务环境，提高市民的健康水平和生活质量。从这个意义上说，开展全民健身活动与建设健康城市的根本出发点是一致的，都是落实“以人为本”的科学发展观的具体体现。

开展全民健身活动，提高市民健康素质是建设健康城市的基础。建设健康城市是北京“和谐社会首善之区”未来发展的目标之一，是关系广大市民切身利益的大事，开展全民健身活动必须以建设健康城市为导向，努力为建设健康城市创造条件。同时，健康城市是实现人群健康的城市，人群健康最重要的指标是市民健康水平的提升，而全民健身活动是增强市民体质、提升健康水平的重要手段。通过全民健身活动，引导和鼓励广大市民把积极参加体育健身作为一种全新的生活时尚来追求，使其形成科学、健康、文明的生活方式，使其充分意识到身体健康才是应该关心和重视的首要问题，鼓励越来越多的市民开始走向健身场所、各类健身俱乐部和活动站点。这些营造健康的观念、行为促进了北京市民整体健康素质的提升，构成了健康城市面貌的外在表现。因此建设健康城市必须将大力开展全民健身活动作为基础性工作来抓。

开展全民健身活动，提高市民健康素质是继承奥运健康遗产的重要体现。在申办奥运会时，北京即提出要通过筹办大型赛事促进主办城市人民的健康。北京奥运会的筹备和举办过程，也是在13亿中国人口中大规模地普及以奥林匹克主义精神为核心的奥林匹克理念的过程。这些理念的普及大大提高了整个北京乃至全国人民对全民健身的认识，人们在健康观念上已经发生了巨大的变化。健康城

市建设中人群健康的观念基础，正是使人们意识到，要想在工作、学习、生活之余，能够身心放松、消除疲劳和调节情绪，那就是科学、健康、合理地利用余暇时间，进行全民健身活动，选择健康的生活方式。可见继承奥运健康遗产与开展全民健身的根本目标是一致的，都是人的健康的可持续性。虽然北京奥运圣火已经熄灭，但是广大北京市民通过开展奥运城市全民健身活动，使奥运健身理念正在产生具有延续效应的影响，使奥运健康遗产得到充分继承。

二、开展全民健身活动创新，建立全民健身公共服务体系，是建设健康城市的重要内容

随着北京城市化、现代化进程的加快，为人们提供了优越的良好生活条件和物质基础的同时，也带来了诸多生活弊端。如，电器化文明容易造成因不常运动导致的机能退化，高营养、低消耗代谢造成机体内物质积累，快节奏、高压力生活往往造成了心理障碍与生理疾患，形成对市民健康现实的威胁。对北京建设健康城市提出了严峻挑战。

瞄准建设健康城市的目标，北京要在大力开展传统性全民健身活动的同时，创新全民健身方式。坚持以两年一届的全民健身体育节和每年一届的全民健身宣传周为龙头开展活动，与区县、单项体协、体育社团的健身活动相结合，共同推动北京全民健身活动蓬勃开展。通过举行北京市春季长跑、北京市万人太极拳表演、京城羽毛球千人挑战赛、北京晚报百队杯足球赛、和谐杯乒乓球比赛、北京市健身俱乐部挑战赛，打造北京健康城市品牌活动。动员各方力量，共同努力，形成政府会同各有关部门共同推动、社会赞助、群体参与的全民健身活动组织新模式。

瞄准建设健康城市的目标，北京必须进一步推进全民健身管理体制和运行机制改革。加快政府职能转移，更大程度地发挥社会体育组织的功能和作用；落实政府责任，促进全民健身公共服务体系的初步形成，既不断增加公共体育服务的总量，提供更多更好的公共体育服务，又着力优化公共体育服务的结构和布局，扩大公共体育产品和公共体育服务的覆盖范围。建成政府负责、部门合作、社会参与的全民健身工作运行机制，培养一支社会化、社区化、专业化的社会体育指导员队伍，构建与城乡体育发展新模式相适应的、覆盖全社会的体育组织网络，

充分调动和发挥全社会参与体育、兴办全民健身事业的积极性和主动性，努力推动全民健身社会化进程。大力开展全民健身知识普及活动，倡导形成健康文明的生活方式和行为习惯。

当前，北京建设健康城市必须着力于社会健康、环境健康和人群健康三大目标，探索一条具有北京特色的健康发展道路。要达到人群健康的目标，必须将全民健身作为建设健康城市的重要内容抓紧抓好。

三、全民健身关系广大市民身体健康和生活幸福，是健康城市的重要标志

建设健康城市已经成为世界各国城市发展的内在要求和必然方向。自1986年世界卫生组织欧洲办事处发起“健康城市项目”以来，到现在全球已有4000多个城市参加了世界卫生组织的“健康城市项目”，这其中包括我国的多个大中城市。

在积极倡导健康理念的西方发达国家，大众体育均达到较高的普及程度，有组织的体育人口占较大比重。美国《健康公民2000年》的目标体系规定，优先发展“增强体质”总目标，其中“身体活动和健康”项目中包括：“美国6岁以上的国民中，30%以上要做到每天参加30分钟以上的轻度或中等强度的运动，80%的人了解体育和健康常识；雇员在100～250人以上的单位，必须提出本单位的发展计划，必须为参加体育锻炼者提供活动场所。日本文部省制定的《体育振兴计划》，在大众体育方面的总目标是：要实现终生体育社会的目标，使无论哪种类型的国民都能找到适合自己体力、年龄、技术、兴趣的体育活动，让他们在任何时候、任何地点都可以从事体育活动；在有可能的情况下，要尽早实现这个目标：争取使每位成年人每周至少参加一次以上的体育活动。

我国上海、杭州、长春等城市都较早开始健康城市建设，均对全民健身提出了明确要求。《上海市建设健康城市2009年－2011年行动计划》中提出：不断完善社区公共体育设施建设，建立网络化、全覆盖的社区体育指导机构和社区体育配送服务平台，发展各类群众性体育健身团体，大力宣传科学健身方式，开展体质干预。杭州市在《建设健康城市三年（2008—2010年）行动计划》中提出，实施“小康健身工程”。以政府主导、社会兴办相结合，抓住“场地、组织、活

动”三个环节，完善全民健身服务体系，健全组织网络，加快城乡健身设施建设，打造全民健身特色活动和品牌项目，积极开展全民健身活动，创建一批体育强区县（市）、体育强乡镇和体育先进街道、社区，实现体育生活化。长春市更是提出“健康长春，体育先行”的理念。在建设健康长春的步伐中，把实施全民健身工程作为建设健康城市的切入点，率先启动，并以此带动相关工程的实施。从上述三市的实践看，通过全民健身的深入开展，广大市民的身体素质和健康水平得到了提升。同时，实施全民健身工程，营造了和谐、健康的城市文化，增进了人与人的感情交流，凝聚了城市向心力，提升了城市文明形象和精神面貌。

北京要实现健康城市的目标，必须在发展全民健身事业，开展全民健身活动，提高北京市民身体素质和健康水平上取得新的更大突破。

第二节 北京全民健身工作取得的主要成绩

奥运会的成功举办，使得北京市在经济社会获得巨大发展的同时，在全民健身场馆设施的建设上，在全民健身组织的组建和发挥作用上，以及广大市民的健身意识和科学健身的知识方面，都发生了新的变化，取得新的成绩，为健康城市建设打下良好基础。

一、全民健身法规建立健全，全民健身宣传经常不断

近年来，北京市全民健身法制建设取得了长足发展。《北京市全民健身条例》于 2005 年 12 月 1 日经北京市第十二届人民代表大会常委会第二十四次会议通过，2006 年 3 月 1 日起施行，成为北京市全民健身事业法制化、规范化的重要标志；国务院于 2009 年 10 月 1 日颁布实施《全民健身条例》，进一步确立了全民健身是公民一项基本权利，强调各级政府在全民健身事业中的责任。为贯彻落实 2009 年国务院颁布《全民健身条例》，2010 年北京市政府印发了《关于贯彻落实〈全民健身条例〉推进本市全民健身工作的通知》，对全民健身各项工作提

出了新的要求。2011 年 4 月 7 日，北京市政府印发《北京市全民健身实施计划》(2011 年 ~2015 年)。体育法制建设将全民健身工作纳入了依法行政、依法治体的轨道。

目前，北京市已建立了固定的广播电视、报刊的宣传栏目，其中体育刊物 7 个，有体育专刊（专栏）的报纸 10 个，广播电台体育台 1 个，电视台体育频道 1 个，北京市现有专职体育记者 380 人。为加强科学健身指导，普及科学健身知识、提高全民健身意识，在筹备北京奥运会期间，编印了四册《全民健身科普手册》，并免费发放 200 万册。

同时，在街道、乡镇、机关和企业事业单位广泛开展了北京市民科学健身大讲堂活动，在指导市民科学健身方面起到积极作用。通过强有力的宣传动员工作，使广大体育工作者、广大市民、社会各界都深刻地认识到全民健身事业的重要意义。

二、全民健身设施建设大力加强，健身条件显著改善

截至 2008 年底，北京市利用体育彩票公益金作为引导资金，在全市共配建全民健身工程 6069 个，总面积 419 万平方米，总投资为 7.26 亿元。全民健身工程建设连续 8 年被列入市政府为民办实事项目。全市 100% 的街道、乡镇和有条件的社区居委会、100% 的行政村都配建了全民健身工程。为满足不同人群特别是青少年的健身需求，北京市从 2006 年开始建设篮球场（含篮球广场和农村篮球场)、笼式多功能球场、乒乓球长廊等专项球类活动场地。目前，共建设 150 处专项球类活动场地；为满足社区中低消费人群的健身需求，从 2006 年开始建设社区健身俱乐部，截至 2010 年，共建设了 87 个社区健身俱乐部（其中国家级 14 个，市级 73 个)。

学校体育场地设施向社会开放工作不断推进，北京市政府于 2007 年印发了《关于学校体育设施向社会开放的指导意见》，在北京市体育和教育行政部门的共同努力下，目前全市开放体育设施的学校占符合开放条件学校的 65.3%。

坚持农村体育以乡镇为重点，重点加强了农村体育设施的建设，截至 2008 年 6 月，全市行政村全民健身设施覆盖率达到 100%。2009 年，北京市投资体育彩票公益金 900 万元为 300 个行政村建设了篮球场。

三、建立和完善市、区县、街乡三级国民体质测试网络

目前，北京市共设立体质测试站共293个，培训测试技术人员1500人。体质检测管理工作日趋规范，制定了《北京市国民体质检测工作管理办法》，测试站在完成国家每五年一次的体质监测任务的基础上，扩大样本量同时完成北京市民的体质监测，全面系统地掌握了全市幼儿、成人、老年人的体质状况。近几年来，测试站在非监测年份有针对性对公安系统、科技人员和公务员等重点人群进行了体质追踪测试。对体质状况薄弱的人群（如农民），重点加强改善体质状况的系列研究，不断推出适合不同人群特点的锻炼项目进行科学健身指导，有针对性地提出健康处方，有效地改善和提高了薄弱人群的体质状况。市民体质状况已被纳入北京市社会发展综合评价体系。

四、全民健身骨干队伍不断发展，提供科学有效的健身指导

北京市进一步加强全民健身骨干队伍建设，大力推行《社会体育指导员技术等级制度》，建立了社会体育指导员培训、考核、评审、评比工作机制。目前，共计培训社会体育指导员近5万人次，截至目前，北京市已注册社会体育指导员25750人，其中国家级283人、一级1126人、二级10838人、三级13503人。从2007年开始，全市安排专项资金为社会体育指导员统一配发服装，在组织、指导群众健身以及发挥其积极性方面发挥了重要作用。体育职业资格社会体育指导员资格认证工作成效显著，对规范北京体育健身市场秩序，提高体育健身从业人员素质，保护体育消费者权益发挥了积极作用。

五、全民健身活动蓬勃开展，形成首都特色全民健身活动模式

近年来，北京市紧抓举办奥运会契机，以“全民健身与奥运同行”为主题，大力开展全民健身活动，坚持以小型多样、因地制宜的经常性体育活动为主要内容，坚持以品牌、传统、大型体育活动为引导示范，坚持针对不同人群的特点，坚持与重要时间节点相结合等原则，广泛深入开展全民健身活动。

奥运会筹备期间，举办以“全民健身与奥运同行”为主题的全民健身系列活动；打造了万人太极拳表演、千人羽毛球挑战赛、老年人优秀健身项目展示等十三项市级全民健身品牌活动；奥运赛场文明拉拉队比赛，培训奥运拉拉队骨干40 万人；老年人体育、民族传统体育、残疾人体育快速发展，国际间的健身交流活动进一步活跃，把市民关注奥运、参与健身的热情推向高潮，为奥运会营造了浓郁的社会氛围。奥运会举办期间，出色组织了北京地区奥运会、残奥会火炬传递活动，在天安门广场开展了为期 14 天的全民健身展示活动，在鸟巢马拉松终点进行了 4 场全民健身展示。

后奥运时期，北京加快了国际体育中心城市的建设步伐，奥运成果得到巩固，奥运文化得到进一步弘扬。2009 年在奥运景观大道上举办了规模大、影响大的千台万人乒乓球比赛展示活动，在第一个全国全民健身日组织 33996 人太极拳表演，打破了吉尼斯世界纪录。组织开展了四届“和谐杯”乒乓球比赛，北京市三对三街头篮球争霸赛等市级品牌活动；组织举办了北京端午文化节等传统民族民俗活动以及全国百城和千村健身气功展示活动、北京奥运城市体育文化节——万人健身气功展示活动等形式多样、内容丰富的全市性全民健身系列活动。大力开展打造“一区一品”群众体育品牌活动，制定《北京市“一区一品”群众体育品牌活动评选标准及办法》，建立申报、审批、奖励制度，打造一批区县级全民健身品牌活动。各个区县根据要求，分别申报了符合区域特色，规模和影响较大的品牌活动，形成了百花齐放、花团锦簇的格局。

目前全民健身活动的开展更加深入持久，具有经常性、传统性、品牌性、国际性的首都特色全民健身活动模式已经形成。《北京市第二次群众体育现状调查》结果显示，目前北京市经常参加体育锻炼的人数比例达到 49. 1% 。

六、探索全民健身发展新途径，推进体育生活化进程

截至 2010 年，北京市基本建立和完善了社会化、网络化全民健身组织，即市、区县全民健身工作委员会，由街道、乡镇组成的全民健身行政服务管理网络；由工会、共青团、妇联、残联组成的社会团体管理网络；由市、区县体育总会和单项协会组成的体育社团网络；由社区居委会和村委会等组成的基层体育网络。全民健身组织网络充满生机与活力。90% 的社区居委会（村委会）建有全

民健身体育协会。截至2010年底，全市共有体育生活化社区129个，全民健身晨晚练辅导站4905个，创建青少年体育俱乐部159个，社区体育健身俱乐部87个。健身组织的建设增强了全民健身的社会管理，推进了全民健身社会化的改革进程。

坚持城市体育以社区为重点。2004年北京市提出“体育生活化”的理念，开展了体育生活化社区的试点工作，并在全市推广。2010年制定了体育生活化社区达标工作方案，并将社区体育组织建设、设施建设、健身活动、居民体质测试和健身宣传培训服务纳入《北京市社区基本公共服务指导目录（试行）》，推进了社区体育工作全覆盖。

七、统筹兼顾，各类人群体育均衡发展

青少年体育是全民健身的重点。按照中共中央、国务院的指示精神及北京市《关于加强青少年体育增强青少年体质的意见》要求，体育部门积极配合教育部门广泛开展“青少年阳光体育运动”，大力发展青少年俱乐部，丰富学生课余体育活动。现全市共有159个青少年体育俱乐部，15所国家级和198所市级体育传统项目学校、177所区县级体育传统项目学校，建立了传统校体育教师培训制度。

广大职工是首都经济建设的中坚力量。市政府于2009年印发了《健康北京人——全民健康促进十年行动规划》。按照《规划》要求，北京市于2010年8月在全市职工中恢复了工间（工前）操，以第八套广播体操为主要形式，同时开展多种形式的健身活动，每日1次，每次不少于20分钟。

同时，统筹农民、老年人、妇女、少数民族、残疾人等人群体育工作协调发展，广泛开展适合该人群特点的全民健身活动，定期举办北京市民族、职工、农民、残疾人运动会。

近年来，北京市全民健身工作取得了巨大成绩，但相对于广大市民日益增长的健身需求，还有诸多方面尚显不足。主要表现为：体育场地设施建设不能满足市民多元化健身需求，综合性、有规模、室内外结合的社区体育健身中心缺乏，居民身边参与度高的羽毛球、乒乓球、篮球、网球等场地明显不足，很多几万人的大型社区没有一处公共体育场地；全民健身组织化程度低，基层群众健身组织

的建设未受到足够重视。目前开展的全民健身活动多数都是依靠行政系统推动，缺乏基层体育健身组织的支撑，市、区县、街道（乡镇）、社区（行政村）体育组织之间的关联度不高，协同性不强，作用发挥不明显；全民健身工作管理体制和运行机制有待完善，全民健身工作的推进方式主要依靠政府投资，社会化程度不高，政府与社会事权不明，管办不分的现象依然存在。

我们必须正视存在的矛盾和问题，在不断化解矛盾的过程中推进北京市全民健身工作全面协调可持续发展，更好地发挥全民健身在健康城市建设中的重要作用。

第三节　建设健康城市，北京开展全民健身活动的对策思路

当前，北京市全民健身事业的发展已经站在一个新的起点上，面对新形势、新任务、新要求和广大市民的新期待，必须深入贯彻落实科学发展观，把完善全民健身公共服务体系作为重点任务，瞄准建设健康城市的目标，加快推进体育生活化，使城乡居民体育健身意识进一步增强，经常参加体育锻炼人数达到发达国家水平并长期保持，身体素质明显提高，初步形成覆盖城乡的全民健身公共服务体系。

一、瞄准建设健康城市，全民健身工作未来五年的具体目标

（一）经常参加体育锻炼人数达到世界发达国家水平并长期保持

市民体育健身意识和科学健身素养普遍增强，体育健身成为市民普遍的生活方式。每周参加体育锻炼活动不少于 3 次、每次不少于 30 分钟、达到中等以上锻炼强度的人数比例长期保持不低于 49%。学生在校期间每天至少参加 1 小时的体育锻炼活动。老年人、残疾人参加体育锻炼的人数比例不断提高。

（二）市民体质明显提高

市民达到《国民体质测定标准》合格率为95%，优秀率为25%；在校学生达到《国家学生体质健康标准》合格率为90%以上，优秀率为20%，耐力、力量、速度等体能素质明显提高。

（三）城乡公共体育健身场地设施不断增加

各类体育场地达到1.25万个，人均体育场地面积达到2.1平方米。在全市100%的街道（乡镇）、社区（行政村）建有体育设施；100%的区县建有一个多功能全民健身体育中心；50%具备建设条件的城市公园、郊野公园建有健身场地设施；具备开放条件的学校体育场地设施向社会开放率达到70%；改善各类公共体育设施的无障碍条件，各类体育设施的开放率和利用率有较大提高；形成各级各类体育设施布局合理、互为补充、覆盖面广、普惠性强的网络化格局。

（四）全民健身活动广泛开展

坚持开展经常性、传统性、品牌性的全民健身活动，统筹推进各类人群体育健身活动均衡发展。大力开展群众喜闻乐见、简便易行的健身活动，打造具有一定影响力的国际化、城市化、区域化全民健身品牌活动，100%的区县创建体现区域特色和风采的“一区一品”群众体育品牌活动，使健身活动项目更加丰富。

（五）完善全民健身体育组织网络

充分发挥行政管理网络、社会团体网络、体育协会网络和基层体育组织网络在全民健身社会管理中的作用。100%的街道（乡镇）建有体育组织；社区（行政村）全民健身辅导站组织化程度大幅度提高。100%的区县建有体育总会、行业体协、人群体协、单项体协等。30%的市级体育协会逐步实现实体化，社区体育健身俱乐部、青少年体育俱乐部有较大发展。形成覆盖面广、包容量大的社会化全民健身组织网络。

（六）全民健身指导和志愿服务队伍进一步发展

获得社会体育指导员等级证书人数达到3.5万人以上，其中获得社会体育指导员国家职业资格证书人数达到7000人，社会体育指导员综合素质和服务水平显著提高。广泛组织优秀运动员、教练员、学校体育教师开展义务健身辅导，培育全民健身骨干，形成组织落实、结构合理、覆盖城乡、服务到位的全民健身志愿服务队伍。

（七）科学健身指导服务不断完善

通过北京市全民健身科学指导大讲堂等形式，大力宣传推广科学健身方法，积极开展体质测定、运动能力评估。通过对广大市民进行日常体质测试，依据个人体质状况提供有针对性的科学健身指导服务，增强全民健身的吸引力，提高全民健身质量和水平。

（八）全民健身服务业蓬勃发展

不断增加体育市场供给，健身市场规范有序，市民体育健身消费意识明显增强，体育健身消费水平明显提高，健身服务从业人员水平不断提高，培育和形成一批实力雄厚、技术力量强的体育健身服务企业和品牌，打造公共体育服务网络化、信息化平台。

二、瞄准建设健康城市，全民健身工作未来五年的重点措施和保障

（一）强化政府公共服务职责，大力推进全民健身公共服务体系建设

贯彻落实国务院《全民健身计划（2011－2015年）》和北京市《全民健身实施计划（2011－2015年）》，依法履行政府公共服务职能，促进社会发展。进一步加强组织领导和协调服务，充分发挥协调联动作用，着力解决影响和制约全民健身事业发展的突出问题，把全民健身工作作为关注民生、服务民生、为民办实事的重要内容。

将全民健身事业纳入国民经济和社会发展规划，并随着国民经济的发展逐步增加对全民健身的投入；加强彩票公益金的监督管理，由体育部门分配使用的彩票公益金，应当根据国家有关规定主要用于全民健身事业。

（二）广泛开展全民健身活动，大力推进体育生活化

1. 健身活动要遵循因地制宜、业余自愿、小型多样、就近就便的原则，突出健身性、参与性、趣味性。不断创新体育健身活动形式和方法，研究创新全民健身网络服务平台和内容，开展线上线下的网络健身服务，提高健身活动生活化、科学化、社会化水平。传承发展民族民间传统体育，弘扬民族传统体育文化。

2. 全民健身组织部门应加强组织和策划，开展好健身周、体育节等传统体育健身活动，精心组织策划好“全民健身日”活动，举办好各类综合性运动会和单项竞赛活动。举办和打造一批与国际体育中心城市相适应的群众性、国际化全民健身品牌赛事活动，扩大首都全民健身活动的影响力。

3. 各区县根据区域特色，结合春节、元宵节、端午节等民族传统节日，创建、开展“一区一品”群众体育品牌活动。街道（乡镇）、社区（行政村）要组织居民因地制宜开展多种形式、丰富多彩的全民健身活动。

4. 大力开展工间（前）操和业余体育健身活动。工会、共青团、妇联、残联等要结合自身特点，组织开展全民健身活动。

5. 鼓励各单项体育协会普及推广体育项目和组织开展全民健身活动，并对全民健身活动给予指导和支持。

6. 创新健身活动形式，组织开展与旅游、文化、商贸相结合的群众性体育竞赛、展示活动，不断推出适合不同人群、地域、季节的体育健身新形式、新方法。加强对广场、公园和节日体育活动的组织和指导，引导公众科学地参加体育健身活动。

（三）加快建设公共体育健身设施，提高体育设施利用率

1. 将公共体育健身设施建设纳入“十二五”时期市、区（县）建设规划和土地利用总体规划，合理布局，统一安排。新建居住区要按照国家城市居住区规划设计规范标准，设计建设公共体育健身设施。实施国家全民健身示范基地工程，充分利用公园、绿地、广场建设一批室外健身场地设施。

2. 进一步加强全民健身设施的管理与建设，提供政府基本公共服务。以社会需求为导向，完善社区体育服务设施。利用现有城市公园与广场空间资源，

重点建设中小型、适用性强的社区全民健身设施。利用城市郊野公园、城市绿化带建设一定数量的专项球类活动场地。各区县要责成体育行政部门认真履行管理职能，按照资金配比规定给予经费保障，加大对全民健身设施的监管力度。

3. 公共体育设施应当根据其功能、特点向公众开放，并在一定时间和范围内，对学生、老年人和残疾人优惠或者免费开放。学校在课余时间和节假日要向学生开放体育设施，并在保证校园安全的前提下，积极创造条件向公众开放体育设施。新建和改建学校体育设施，要便于向公众开放。维修改造各类体校体育设施，使其成为全民健身活动场所。各级政府强化政府职责，建立长效工作机制，对向公众开放体育设施的学校给予经费补贴和奖励资助，为学校办理有关责任保险。要积极创造条件将机关、企事业单位的体育设施向社会开放。公共体育设施管理单位要建立岗位责任制和工作目标管理责任制，加强对体育设施的维护更新，提高使用效率，防止公共体育设施闲置浪费或被挤占、挪用。

（四）加强社会体育指导员队伍建设，提高服务能力和指导水平

1. 加大社会体育指导员培训力度，拓宽培训渠道，形成体育健身指导服务网络。在全市晨晚练辅导站、青少年体育俱乐部、社区体育健身俱乐部、体育生活化社区、各级体育协会、已配建的全民健身工程等实现社会体育指导员配备全覆盖。改革培训方式，重视培养指导少数民族体育和残疾人体育活动的社会体育指导员。吸纳优秀教练员、运动员，授予相应的社会体育指导员等级称号，充分发挥其在社会体育指导服务活动中的引领作用。

2. 对不以收取报酬为目的向公众提供传授健身技能、组织健身活动、宣传科学健身知识等服务的公益性社会体育指导员采取鼓励措施，免费提供相关知识和技能培训、业务交流、表彰奖励。加强社会体育指导员管理，建立社会体育指导员档案，修改完善有关管理办法，发挥社会体育指导员协会在项目推广、活动组织、信息咨询、业务交流等方面的作用。

3. 积极发展职业社会体育指导员，对以健身指导为职业的社会体育指导人员实行职业资格证书制度，严格职业技能培训、考核、认证工作，特别是要加强对高危险性项目的体育健身指导人员的管理。

（五）广泛开展全民健身志愿服务活动，建立长效机制

以社会体育指导员为主体，发挥优秀运动员、教练员、体育教师、体育科研人员、体育院校学生、体校中专学生等的作用，不断扩大全民健身志愿者队伍。与文明办、民政、共青团等部门和单位形成联动机制，建立全民健身志愿服务工作体系和组织体系，健全注册管理和培训制度，普及相关知识，提高全民健身志愿服务队伍的专业化水平和服务质量。利用“全民健身日”等重要时间节点和重大活动，广泛开展志愿服务活动。要利用公共体育设施定期开展全民健身志愿服务活动，对老年人、残疾人和学生优惠开放体育场地，提供健身服务，将全民健身与志愿服务相结合，形成全社会广泛关注全民健身、共同投入志愿服务的良好氛围。

（六）发挥全民健身组织网络作用，逐步实现全民健身社会化

1. 充分发挥市、区（县）、街道（乡镇）体育组织组成的行政管理网络，工会、共青团、妇联、残联等组成的社会团体管理网络，市和区县体育总会、单项协会组成的体育社团指导网络，社区和行政村等组成的基层体育运行网络的作用，相互联动、相互促进、共同发展。

2. 统筹各类人群体育均衡发展，充分发挥市教委、市农委、市民委、市社会办、市老龄办、市总工会、团市委、市妇联、市残联等主管部门的积极性，统筹规划青少年、成年人、老年人以及社区居民、农民、妇女、少数民族、残疾人等人群的体育工作不断发展。

（七）统筹城乡体育、各人群体育协调发展

1. 大力发展社区体育。城市体育以社区为重点，推进体育生活化社区达标进程。将社区体育组织建设、设施建设、健身活动、居民体质测试和健身宣传培训等服务列入《北京市社区基本公共服务指导目录（试行）》中，采取政府主导、多部门共同推进的方式，分计划、分步骤、分批次地推进社区基本公共体育服务全覆盖。统筹规划，加大投入，以街道和居住社区体育设施建设为重点，不断改善社区居民体育健身环境和条件，提供基本公共服务。街道办事处要发挥组织协调作用，大力发展社区体育健身俱乐部，体育健身团队、晨晚练辅导站组织

开展社区体育健身活动。整合街道辖区单位和学校的体育设施、体育人才资源，推动社区体育与职工体育、学校体育共同发展。

2. 加快发展农村体育。农村体育以乡镇为重点，将农村体育工作纳入全市郊区工业化、城镇化和农业现代化建设规划，加快发展农村社会事业，完善文化体育公共服务体系，开展体育工作“六进乡镇”和体育特色村镇评选活动。区县政府将发展农村体育纳入当地全面建设小康社会和社会主义新农村建设规划，统筹城乡全民健身事业发展，促进城乡体育资源和公共体育服务均衡配置，增强农村基层体育公共服务能力，充分发挥包括乡镇综合文化站在内的综合服务设施作用，利用好农村学校、企事业单位的体育设施和体育人才资源，在传统节日和农闲季节广泛组织农民体育活动，办好基层农民运动会。

3. 积极发展少数民族体育。重视培养少数民族体育教师、社会体育指导员和高水平体育人才。在学校体育课和课外活动中设置与优秀民族体育项目相关的教学内容。在少数民族聚集区建设全民健身设施，开展以民族优秀体育项目为主要内容的体育竞赛和活动。办好民族传统体育运动会。

4. 切实加强青少年体育。将增强学生体质作为学校教育的基本目标和重要评价内容。全面实施《国家学生体质健康标准》，广泛深入开展“阳光体育”青少年系列体育比赛和健身活动，保证学生在校期间每天至少参加 1 小时的体育锻炼活动。继续创建青少年体育俱乐部，办好体育传统项目学校，积极开展课余体育训练，倡导科学、健康的体育健身和生活理念，不断提高青少年身体素质，培养青少年学生养成终身体育锻炼的习惯。建立和完善学校、社区、家庭相结合的青少年体育网络和联动机制。

5. 重视发展老年人体育。建立健全老年人体育协会，广泛开展经常性体育健身活动，不断创新适合老年人特点的体育健身项目和方法。公共体育设施对老年人参加体育活动提供便利和优惠。老年人教育机构开设体育课程，老年人活动中心设置适合老年人体育活动的设施，社区服务兼顾老年人体育健身服务。鼓励、支持社会组织和个人兴办老年人体育服务机构和体育健身设施。

6. 大力推进残疾人体育。建立健全残疾人体育组织，培养为残疾人服务的体育教师和社会体育指导员，组织开展残疾人体育健身活动。为残疾人建设就近方便的体育健身设施，公共体育设施进行必要的无障碍改造，为残疾人参加体育活动提供便利。研究开发适合残疾人身心特点的体育健身康复手段。特殊教育机构和普通学校要提供适合残疾学生特点的体育健身与体育康复项目。办好残疾人运动会和健身展示活动。

7. 着力推动职工体育。充分发挥行业体育协会、机关企事业单位工会、职工体育协会等各类组织的作用，广泛建立职工体育俱乐部和体育健身团队，开展符合单位特点和职工喜闻乐见的体育健身和竞赛活动。鼓励企业制订针对职工的体育健身指导方案，为职工参与体育健身提供必要的时间保障。坚持工间（前）操制度，开展《国家体育锻炼标准》达标测验和体质测试活动。有条件的单位可每年举办全民健身运动会。积极开展进城务工人员体育活动。创新职工体育发展模式和基层职工体育组织形式和活动方式，完善社区体育与职工体育互补机制。

（八）做好法制建设和宣传工作

1. 加强体育法制建设，贯彻落实《全民健身条例》，做好修改《北京市全民健身条例》的准备工作，研究有关实施细则。各区县政府要制定本行政区域的《全民健身实施计划》，加强对国务院《全民健身计划（2011－2015年）》和本实施计划实施情况的检查监督，保证各项规定的全面执行。

2. 建立全民健身宣传的长效机制，发挥媒体和网络的作用，宣传全民健身工作。广播电台、电视台、报刊和互联网要不断加大全民健身宣传力度，提高宣传质量。

（九）加大科学健身指导力度

1. 在国家体育总局修订完善《国家体育锻炼标准》和制定国家残疾人体质测定标准基础上，采取多种形式广泛开展达标活动，深入实施《国民体质测定标准》。积极推行各体育项目《业余运动员技术等级标准》。建立证书证章激励制度，引导和鼓励城乡居民经常、持久地参加体育健身活动，不断提高体质健康水平和体育技能水平。

2. 建立国民体质监测和北京市群众体育现状调查制度，巩固市级、16个区县级体质测试站，调整完善街道、乡镇级测试网络，探索与社区卫生服务中心相结合的市民体质测定服务。

3. 继续开设全民健身科学指导大讲堂，创新形式，丰富内容，进行科学健身指导。出版全民健身科普图书，提高公众体育健身科学素养。

（十）促进全民健身服务业发展，引导城乡居民体育消费

通过政策扶持大众化盈利性体育健身休闲场所运营和体育健身休闲用品开发，鼓励社会力量兴办体育健身休闲产业，推动体育健身休闲产业发展。加快全民健身公共信息服务网络建设，提高全民健身公共信息服务能力。加快体育健身休闲专业人才培养。加快推行体育服务质量认证制度，建立和完善体育服务规范，提高全民健身服务水平。

附　录

附录1：

北京市健康城区建设试点经验

健康城市是世界卫生组织在20世纪80年代针对城市化问题给人类健康带来的挑战，而倡导的一项着眼于社会健康发展的国际化行动。主旨在于以人的健康为中心，保障广大市民健康地生活和工作，努力营造由健康人群、健康环境和健康社会有机组成并协调发展的整体。截至2009年，全世界已有4000多个城市参加健康城市项目，其中包括100多个发展中国家的城市。1997年卫生部与全国爱卫会共同决定，将健康城市与国家卫生城市协调起来创建。2008年，由全国爱卫办主办，世界卫生组织协办，杭州市政府承办的首届中国国际健康城市市长论坛在杭州市举行，与会代表共同签署了《杭州宣言》，提出了建设健康城市六点倡议。2010年9月，第二届中国国际健康城市市长论坛在大连举办，卫生部、全国爱卫办、世界卫生组织及国内外300余名代表就开展健康城市（区、镇）建设进行了广泛的讨论。

2003年，北京市的东城区和西城区率先在全市获得国家卫生区称号后，相继提出建设健康城区的目标，并制定了工作方案和计划。经过不懈的努力，2007年12月，东城区、西城区成为全国爱卫会首批建设健康城市的试点区。自开展健康城区建设工作以来，东城区和西城区结合区情，坚持把健康城区建设作为全面推进区域经济建设、文化建设、社会建设的重要载体，以世界卫生组织倡导的健康城市理念为基础，紧紧抓住北京举办奥运会的有利契机，借助全国建设健康城区试点工作的平台，将健康城区建设纳入区域发展的整体格局，开展了一系列建设健康城区活动，有效促进了区域内人群、环境和社会的和谐健康发展，圆满完成了区政府提出的建设目标。2008年12月，世卫组织驻华代表韩卓升博士、全国爱卫会、北京市爱卫会等部门和专业人员，分别考察了两个试点区工作，与区政府进行了工作交流，听取了建设健康城区工作开展的情况介绍，查看了相关资料，并到区内居民社区、卫生服务中心、学校、养老机构、社区文化中心等实地进行了考察，对两个区建设健康城区工作给予了很高评价。

本文就两个试点城区三年来在建设健康城区过程中的主要做法、取得的经验、存在的问题作一论述与分析，为下一步全市开展健康城市建设提供资料与依据。

一、基本做法与成效

（一）政府主导，全社会参与，整体推进健康城区建设工作

2004 年，在开展多方调研的工作基础上，东城区和西城区区委、区政府正式提出了建设健康城区的工作目标（西发【2004】5 号文件、东办发【2004】27 号），两个区分别成立了建设健康城区领导工作小组，由区委书记、区长担任组长，区委、区政府有关领导担任副组长，各街道办事处、地区、有关部门行政一把手为成员。领导小组下设办公室，由主管副区长任办公室主任，办公室设在区爱卫办，具体负责建设健康城区的日常工作。在市爱卫办指导下，两个区分别制定下发了建设健康城区三年工作规划和规划任务分解表，对全区各部门进行职责分工。西城区成立了“健康城区建设委员会”，下设 8 个专业组。东城区成立了“建设国际健康城区专家指导委员会”，下设 6 个专业组。这些专业组围绕健康环境、健康服务和健康人群三个要素，从城市建设的各方面推动健康城区建设。工作中，东城区和西城区不断完善工作机制，将健康城区建设作为各级领导班子和领导干部考核的重要内容，完善创建工作联动机制、监督机制和评选、考核、奖励等工作机制。两个区依据本区区情特点，先后制定了建设健康城区工作标准、考核标准、评估标准等，为各街道、社区、单位提供相关专业指导，形成了领导到位、制度到位、责任到位、工作到位、督查到位的良好局面。

（二）从城市管理入手，全力推进“健康环境”等相关指标的落实

几年来，东城区和西城区紧密围绕旧城改造、城中村治理、奥运重点工程、国庆 60 周年保障等重要项目，加大城市建设和环境综合整治力度，增强城市服务功能，美化城市景观，提升城市品位。每年以不同主题、不同形式重点开展环境综合整治月、爱国卫生月、城市清洁日等活动，形成了“上下联动、共创清洁

环境”的良好工作局面。2004年以来，东城区采用整合多种信息技术，运用信息化手段，依托“数字城市”技术创立了网格化城市管理新模式，切实有效地解决了原有城市管理模式下的信息反馈不及时、专业管理部门职责不明、管理方式粗放、缺乏有效的监督和评价机制等现实问题，逐步形成以改善民生为根本、以旧城改造为前提、以改革创新为动力、以科技运用为依托、以综合执法为保障、以一流工作为标准的城市综合管理新模式。西城区通过市政道路的逐年改造，带动基础设施升级换代，辖区“八横八纵”路网结构不断优化，相应配套设施进一步完善。商业、旅游街区道路完好率达到了95%，一般街巷道路完好率达到了85%，全区大部分居民居住条件得到改善，市容面貌得到优化，并在全市率先实施居民小区规范的垃圾分类收集和分类运输新模式。

（三）以社区卫生服务体系为保障，为居民提供优质的健康服务

两试点区着眼于实现人人享有基本医疗卫生服务的目标，以居民健康为中心，强化社区卫生机构在公共卫生和基本医疗方面的功能，通过专家社区坐诊、预约门诊检查、双向转诊以及药品集中招标采购和零差率销售等方式不断完善区域医疗卫生服务体系。东城区已建成“全方位覆盖、全过程监控、信息化支撑、网格化管理、扁平化结构”的新型城市社区卫生服务模式，为居民与社区卫生服务人员之间的互动搭建沟通和交流的平台。全区居民个人健康档案和家庭健康档案的建立率分别达到了100%。通过“能量监测仪”和“知己”健康管理软件，在全区范围内积极推行“知己”健康管理和慢性病费用控制工作，极大地调动了患者参与“知己”健康管理的积极性。西城区实现全区7个社区卫生服务中心和46个社区服务站的标准化建设，不断强化社区卫生机构的公益性质。在全市率先开展慢性病管理试点，通过对高血压、糖尿病等慢性病的药物治疗和非药物综合干预，提高了治疗效果。

（四）积极推进社会保障体系建设，解决民生之本

东城区运用信息技术，开发了全市首个区级社会救助信息系统，对全区救助项目进行全面整合，实现了救助管理一体化、救助行为标准化、资源配置智能化、监督评价科学化，使社会救助工作由过去的粗放型、经验型向着科学、准确、快速回应型转变。西城区重点加大就业、社保、救助等民生保障力度，每年

设立了2000万元的“促进再就业资金”，在全市率先建立了社会综合救助体系和工作机制，千方百计帮助就业困难人员实现就业。全区共有9.45万名无医疗保障的老人和学生儿童加入医保体系，逐步实现医疗和养老保障全覆盖。

（五）加强社区建设，满足居民基本需求

东城区、西城区实现政府行政管理与社区居民自治有效衔接和良性互动，建立起以社区党组织为核心、社区居民代表大会和社区居委会为主体、社区工作站为支撑，民间组织和驻地单位等共同参与的社区管理模式，充分发挥居民主题作用。东城区每年投入100万元扶持资金培育社区民间组织，全区各类社区民间组织已达1700多支，全区涌现出“文明养犬自管会”、“家和万事兴”调委会、“幸福运动讲习所”等特色民间组织。西城区制定并实施19项社区工作制度，改善了124个社区居委会办公及活动用房条件，不断创新社区民主参与形式，通过“居民议事厅”、“社区聊天会”等多种活动，汇集民意、协调关系，全区各类社区组织已经发展到1280多个，在文体娱乐、便民服务、健康服务等方面发挥了积极作用。

（六）积极开展健康细胞工程活动，确保健康城区工作取得实际效果

在健康城区建设工作过程中，东城区、西城区坚持部门牵头、街道负责的原则，在各街道、地区内广泛开展争创卫生红旗单位、健康单位、健康社区等一系列健康促进活动，使健康城区工作收到实效，使百姓从中得到实惠。东城区爱卫会与有关部门联合开展了迎奥运清洁卫生楼门院主题评选活动，评选出200个“东城区卫生清洁楼门院”。2007年制定了《东城区健康家庭标准（试行）》，受到广大居民热烈响应和积极参与，经过居民家庭申报、社区评定、街、区爱卫办的验收，295个家庭成为东城区首批“健康家庭”。爱国卫生红旗单位是北京市爱国卫生领域的最高荣誉称号，具有典型示范和样板引路的作用。截至2010年底，全区红旗单位数量已达到38个；共有101个社区获得了市级健康社区称号。西城区在全区开展健康单位、健康社区、健康家庭等13个类型的创建活动中，按照《西城区健康城区项目指导评估指标》要求，对各地区、各部门推荐的单位、社区和家庭实行目标管理，加强典型培育，精心检查指导，使“健康细胞”在全区不断扩展、延伸，建设健康城区行动在不同人群、不同环境和社会生活各

个领域的覆盖面和渗透力逐步加大。截至2009年，全区共创建健康社区113个，健康单位246个，爱国卫生红旗单位46个，健康家庭2900余户。

二、工作模式与经验

（一）政府主导、部门协调、群众参与是开展健康城市的主要工作途径

健康城市的内容涉及城市建设和管理的方方面面，需要相关政府的承诺，城市各部门的配合和广大群众的积极参与，只有这样才能调动各方积极性，积极搭建健康城市建设的平台，因地制宜找准切入点，创新工作方式方法，完善长效保障机制，形成群策群力、齐抓共管的合力，确保工作取得扎实成效。

（二）生态大众健康理念的广泛深入是开展健康城市工作的主要基础

生态大众健康是健康城市的理论基础，世界卫生组织对健康的最新定义为：健康是身体上、精神上和社会适应上的完好状态，而不仅仅是没有疾病或者不虚弱。因此，树立生态大众健康理念，改变传统健康的认识，在卫生领域之外寻找和改变影响人群健康的因素，才能有效实现人与社会、人与环境的健康和谐。

（三）改善民生，打造健康人群是开展健康城市工作的最终目标

健康城市的工作主旨在于以人的健康为中心，保障广大市民健康地生活和工作，工作内容涉及人民群众健康、就业、教育、分配、社保等各个方面，与人民群众的生活息息相关，其最终目标是为了人民利益，提高人民生活水平，培养健康的人群，只有这样才能取得广大群众的支持，积极参与各项健康活动。

三、问题与建议

（一）对健康城市的认识还处在较低层次

由于建设健康城区工作是一个新的理念，两个区尚在试点探索阶段，既缺乏适合区域特点的理论支撑，又没有成型的经验借鉴，因此，无论是主责部门，还

是各职能单位，都缺乏对健康城区这一理念的准确理解，工作实践中计划、推进、评估等方面，还缺乏应有的科学性。建议要着力提升建设健康城区的认识。一是要解决领导层对健康城市的认识问题；二是要解决建设健康城市与落实科学发展观、促进民生发展、共建和谐社会的关系问题；三是要解决建设健康城区与部门职能的关系问题。

（二）建设健康城区的合力还不够强

建设健康城区，内容繁杂、涉及面广泛，在政府主导这个重要前提下，需要诸多部门的共同努力，密切协作。由于缺乏对此项工作的宏观认识，一些部门不能准确地把本部门职责与建设健康城区工作统一起来，责任意识不强，一定程度上削弱了整体推进工作的力量。建议要建立较高层级的组织领导机构，建设健康城区，是一项涉及多部门、多领域甚至是社会生活全方位的复杂系统工程，其政府主导、多部门合作、全社会参与的性质特点决定了此项工作需要有力的统筹与组织领导。从当前我国的政治、经济体制的实际出发，政府的主导作用是显而易见的，有效推动此项工作的开展，必须充分考虑权力影响因素、政策影响因素等重要作用。因此，常设一个较高层级的、具有较大能级组织协调的部门主导，是不可或缺的重要条件。

（三）建设健康城区的措施办法还缺乏针对性

在建设健康城区的过程中缺乏有针对性的措施和方法，一方面是对新问题、新情况的出现缺乏应有的应对措施；另一方面是对解决那些长期困扰指标完成的疑难问题缺乏研究。建议要把建设健康城市纳入当地政府的中长期规划和年度计划，成为政府的施政内容。要把政府的施政目标与建设健康城市的目标统一起来；要制定完善的公共政策与建设健康城市相匹配以作保障，在人力、物力、财力等方面提供支撑。

附录 2：

北京市东城区健康城区建设情况

一、东城区建设健康城区的启动

1989 年～1994 年，世界卫生组织西太区初级卫生保健官员 K. S. Lee 博士先后 4 次来东城区考察城市初级卫生保健工作试点项目，并在北京医科大学和东城区进行指导。经几年的指导考察，于 1993 年 12 月 21 日正式提出在东城区建立世界卫生组织北京市东城区卫生发展合作中心。2000 年全国爱卫会决定开展创建“国家卫生区”活动，并颁布了验收标准。东城区响应北京市爱卫会的号召参加了国家卫生区的评审，并提前达到国家卫生区标准，受到世界卫生组织官员的高度评价。2003 年，经全国爱卫会审评，东城区获得了“国家卫生区”称号，从而为建设健康城区奠定了坚实的基础。

二、东城区建设健康城区的组织和实施

（一）启动阶段

2004 年，东城区区委、区政府组织有关部门领导，赴上海、苏州等地考察健康城市工作，并下发了东城区《巩固和发展国家卫生区成果，全面开展建设国际健康城区活动的决定的通知》、《东城区建设国际健康城区三年规划》等 8 个文件。同年 10 月，制定了《东城区建设国际健康城区 10 项标准》、《东城区建设健康城区责任指标评估体系（试行）》，包括健康环境指标、健康服务指标、健康社会指标、健康人群指标和健康影响评价指标 5 大项共计 136 个分项指标，以及《东城区建设健康城区工作规划指标及责任分解》，包括健康影响核心指标、健康影响基本指标、健康影响评价指标 3 大项共计 149 个分项指标、任务，进一

步推进了东城区建设健康城区工作的开展。

（二）实施阶段

2005年，东城区成立了健康环境委员会、健康服务委员会、健康单位委员会、健康人群委员会、宣传教育委员会、督查委员会6个专业委员会，以“健康环境、健康社区、健康学校、健康单位、健康食品及生活饮用水、健康医疗、健康婚育、健康锻炼、健康生活、健康出行”10项任务为目标。将10项标准进行细化，分解到各委员会和责任单位，确保每项指标的完成时限、牵头部门和责任人。2007年，又将“三年规划”调整为“五年规划”，改为2005年至2009年。2006年11月21日，北京市爱卫会在东华门街道南池子社区召开了全市十九个区县和十多家新闻媒体参加的建设健康社区经验交流现场会。南池子社区代表东城区介绍了“以健康社区建设为先导，构建和谐人文的社区环境”的工作经验。

2008年12月，世界卫生组织代表韩卓升博士、副代表司徒农博士一行四人考察了我区的社区卫生服务管理中心、北京市二中和城市监督管理中心。韩卓升博士对东城区建设健康城区工作给予了高度评价并表示：“我一直期待着到东城进行建设健康城区的实地考察，你们作为首都中心区取得的经验值得借鉴。东城区开展建设健康城区工作给我留下了深刻印象，世界卫生组织会一如既往的支持你们。”

2008年11月和2009年7月，东城区作为北京市唯一的代表，分别在杭州举办的全国建设健康城市研讨会、长春举办的国家卫生区论坛会上发言。2007年12月，在上海召开的全国健康城市试点工作现场会上，东城区又被国家爱卫会正式认定为“全国10个健康城市（区、镇）试点”之一。

（三）提高阶段

2008年3月，东城区召开了“全国建设健康城区试点”启动大会，标志着健康城区试点工作正式揭幕。2009年，为了更好地挖掘、总结和推广开展建设健康城区活动的经验，以“谈经验、说体会、讲方法、述成果”的论坛方式，按照健康环境、健康服务、健康社会、健康人群四大方面，集全区之智完成了《东城区建设健康城区工作》的资料收集、整理、汇编和印刷，受到了北京市爱卫会的肯定。

2010 年 9 月 6 日，东城区在（大连）国际健康城市市长论坛做了“建设健康城市，持续改善民生”的演讲，得到了中外与会者的好评，并接受了央视网的专访，标志着东城区建设健康城区工作得到了国内外的一致认可。

三、东城区建设健康城区的主要做法

（一）政府主导，全面推进健康城区工作

1. 建立组织，完善机制。为夯实组织基础，我们成立了东城区建设国际健康城区工作领导小组，由区委书记、区长担任组长；相关委办局领导担任副组长；各街道办事处（地区）、各有关部门行政一把手为成员。领导小组下设办公室，由主管副区长任办公室主任。各街道、相关部门也相应成立了领导机构。为确保实施，我们还成立了委员联席会议制度，由 6 个委员牵头部门，按时召开协调联席会，解决目标实施中存在的问题，通报工作进展情况。

2. 制定目标，明确责任。根据东城区实际情况和世界卫生组织关于健康城市的总体目标要求，我们于 2004 年 10 月制定了《东城区建设国际健康城区 10 项标准（试行）》，将标准细化后分解到各委员会和责任单位，使每项指标都有具体的完成时限、牵头部门和责任人。

3. 加强考核，重点保障。区委、区政府把建设健康城区工作列入政府的重要工作内容，与全区每年的各项中心工作有机结合，纳入领导干部责任制考核中，在人力、物力和财力上给予政策倾斜，重点保障。

（二）部门主抓，积极探索建设健康城区新举措

1. 运用网格化城市管理新模式。2004 年以来，东城区运用信息化手段，依托“数字城市”技术，创建了万米单元网格管理法，创立了网格化城市管理新模式。新模式的运用实现了对城市的精确、敏捷、高效、全时段、全方位覆盖管理，切实地解决了信息反馈不及时、专业管理部门职责不明、管理方式粗放、缺乏有效的监督和评价机制等现实问题。

2. 畅通群众参与城市管理渠道。东城区城管监督中心开通城市管理特别服

务号码13910001000，接受社会公众电话举报问题结案率为96.19%。新模式的运行充分体现了“人民城市人民建，人民城市人民管”的理念。我们采取“走出去、请进来”的形式，鼓励广大人民群众参与到城市管理中，聘请社区居民及退休人员做“城市管理社会监督员”，大大激发居民参与城市管理的热情，真正形成了市民与政府良性互动、共同管理的格局。

3. 建立环境卫生管理数据库。数据库主要包括大街、胡同、居住小区、垃圾楼、公厕的具体数量位置、建设年代、分级标准、管理单位、责任目标等，将其印刷成册，发至各责任单位，力求做到责任目标明确，数据科学量化。据此制定了《东城区环境卫生责任追究暂行办法》，依照数据库规范城市管理流程，明确街道及相关职能部门工作职责，确保城市环境卫生责任追究落到实处，充分发挥城市管理的责任监督作用。

4. 探索城市综合管理模式。东城区探索出一条“政府统一领导、街道牵头组织、日常全面监管、综合强力执法”的城市管理新思路。全面推行综合执法机制，实行大城管管理模式，将全区所有负有行政执法权的部门和行政管理部门纳入成员单位。囊括了城管、公安、消防、卫生、工商、园林、劳动、文化等25个执法部门，实现了由各自为战向集团作战的转变。同时推动管理中心向街道和社区下移，理顺区、街和社区三级管理工作的架构，调动了街道和社区参与城市管理的积极性。逐步形成以改善民生为根本、以旧城改造为前提、以改革创新为动力、以科技运用为依托、以综合执法为保障、以一流工作为标准的城市综合管理新模式。

5. 依法管理公共区域健康环境。近年来，东城区加强对全区公共区域环境依法整治、管理和维护，使东城区城市环境更加整洁有序，城市功能设施显著提升，样板大街、精品胡同不断出现。实施了《东城区环境卫生责任追究制度》、《东城区环境卫生检查办法》，开展环境卫生检查评比工作。依据保洁面积、检查路程、所用时间等条件，科学考评、联合检查，大大提高监督管理力度。2001年共检查环境卫生案件3228件，案件处理率达到了96%，反馈率达到了100%。

6. 构建优良的社区卫生服务体系。东城区的社区卫生工作以“巩固、完善、创新、发展”为主题，坚持政府主导、以人为本、健康至上的理念，强调“一个核心”，即以持续提高居民满意度为核心；实现“两个提升”，即提升社区医务人员的服务能力，提升社卫中心的管理能力；进行“三个完善”，即完善社区卫生服务功能、完善人事管理、完善绩效考核机制；突显“四个特色”，即家庭医师责任制、慢病与健康管理、社区卫生信息化、中医特色社区卫生服务，不断强化内涵建设，从而实现我区社区卫生服务工作又好又快发展。

7. 实施蓝天工程，推动“健康学校、健康锻炼”等指标的落实。东城区通过实施教育优质均衡发展战略和素质教育战略，绝大多数中小学生都享受到优质教育资源和良好的教学条件。启动“体育生活化示范社区”试点，并在全市得到推广和交流，使大众体育实现真正意义上的进社区、进家庭的目标，实现了全民健身衔接紧密、运行通畅的工作机制。

（三）街道主责，确保建设健康城区成果惠及于民

1. 改善环境，把健康理念落到实处。健康社区。北京市爱卫会于2006年在全市范围内开展了健康社区建设活动。截至2010年底，东城区共有200个社区参与了此项活动，有148个社区获得了市爱卫会授予的健康社区称号。

卫生楼门院。2007年至2009年连续三年在全区开展了清洁楼门院评选活动。共评选出街道级清洁卫生楼门院2000个；区级清洁卫生楼门院679个。增强了广大居民的卫生意识，改善了小区、庭院的环境卫生面貌，提高了市民的文明卫生素质。我区开展的清洁楼门院评选活动，得到了北京市各大新闻媒体的关注，北京电视台、北京日报、京华时报、北京青年报等媒体先后做了报道。

爱国卫生红旗单位。这是北京市爱国卫生领域的最高荣誉称号，具有典型示范和样板引路的作用，代表着爱国卫生工作发展和前进的方向。截至2010年底，东城区红旗单位数量已达到72个，实现了数量与质量的同比增加。

2. 卫生防病，灭鼠、灭蟑、灭蚊蝇工作成效显著。有效降低全区公共区域、餐饮等重点行业及家庭的病媒生物密度，利用爱国卫生月、城市清洁日等活动，组织开展“人人齐动手，清除蚊蝇孳生地”的统一灭蚊蝇活动；根据四害季节消长的规律，组织开展以“灭鼠防病、促进健康”为主题的统一灭鼠活动。在2008—2010年“健康北京，灭蟑行动”活动中，11万户居民家庭受益，居民对灭蟑效果满意率达98%。确保将媒介生物性传染病突发与流行的危害性降至最低。

3. 禁烟控烟，把健康行为带给广大市民。2010年，依据《北京市公共场所

禁止吸烟的规定》和《北京市公共场所禁止吸烟范围若干规定》，对22594个单位进行了执法检查，合格单位22434个，合格率99.2%。目前有24家医院被评为北京市“无烟医院”，其中北京医院、协和医院、同仁医院、天坛医院为“全国无烟医院”。北京中医院、北京同仁医院、北京口腔医院、北京天坛医院、北京市妇幼保健院、东城区疾控中心6家医疗卫生机构被列入“中央补助地方烟草控制项目”参加单位。全区134个餐饮单位被评为市级“无烟餐饮单位”。经过几年持续不断的努力，东城区公共场所的禁烟控烟环境有了明显改变。

四、取得的主要成效

在开展建设健康城区工作的过程中，我们始终以坚持以人为本，提高群众生活品质为重点，加强健康环境的改造和治理，不断完善公共卫生和公共服务体系建设，为广大市民提供了一个良好的健康环境。

（一）健康教育深入人心

广泛开展以健康教育、环境教育为主的市民教育活动，培养群众文明、健康、向上的行为方式，丰富业余文化娱乐生活。通过围绕开展创建全国文明城区和开展建设健康城区活动，动员广大群众积极参与，提高公众对健康的行为、生活方式和习惯的认识。初步建立起了健康的社区邻里关系、文明的行为风尚，使市民自觉讲文明、讲道德，安居乐业，互相友爱。

坚持“预防为主”的方针，加大了病媒防治和公共场所禁烟的执法力度，加强了卫生防病和妇幼保健工作，依法加强了食品卫生、公共场所卫生和传染病防治，切实控制了传染病、食物中毒和社会行为性疾病的传染和流行。让广大市民喝上了放心水、吃上了放心肉和放心菜。

（二）社区卫生服务不断完善

结合东城区社区卫生服务标准体系要求，每个社区都建立了卫生服务站，设置了全科医生。建成了“全方位覆盖、全过程监控、信息化支撑、网格化管理、扁平化结构”的新型城市社区卫生服务模式。开创了“政府主导、部门协同、医院支持、站室实施、社会共建、居民参与”的社区卫生服务新格局，满足驻区居民步行 10 分钟即可获得社区卫生服务的需求。

制订《东城区开展全民建立健康档案工作的实施方案》，完成全区常住居民个人和家庭健康档案建立。个人健康档案和家庭健康档案的建立率分别达到了 100%。有目标、有计划地统计变更信息，随时补充数据项，不断地进行排查及完善工作。推行“知己”健康管理和慢性病费用控制工作，通过“能量监测仪”和“知己”健康管理软件，规范和量化个人的有效运动量、饮食摄入量、检查指标等，使其认识不良生活习惯的危害及优化生活方式的重要性，极大地调动了患者参与“知己”健康管理的积极性。

（三）城市环境秩序明显提升

基础设施改造升级取得积极进展，完成了东南二环内滨河路、香河园路、东直门交通枢纽 2 号路、工体斜街、龙潭路等道路建设以及国子监街、东四三至七条、南锣鼓巷等近百条胡同道路的改造。城市环境建设和整治工作稳步推进，建成了北二环城市公园、二十四节气公园等一批绿化精品工程；完成了地坛北里、永内东街中里、长青园等一批老旧小区和长安街等重点街道及周边环境整治。环卫工作成效显著，污染治理力度进一步加大，“国家卫生区”成果进一步巩固。城市管理“东城模式”不断完善，我区先后获得中国“最佳管理城市奖”、“和谐管理城市奖”和“最佳城市管理奖”。荣获联合国“国际花园城市”称号，夺得两项全球金奖和一个单项第一名，从“自然与人文景观改善、艺术文化和遗产、环境最佳实践、公众参与及赋权、健康的生活方式和战略规划”六个方面向国际社会展示了新东城的新形象。

（四）教育优质均衡发展水平日益提高

创新实施了“学区化管理”和“蓝天工程”，建成了“学习 e 网通”网络共享交互平台，被评为“全国推进义务教育均衡发展工作先进区”和“全国社区教育示范区”，荣获“首届全国教育改革创新特别奖”。

（五）公共卫生和基本医疗服务工作扎实推进

社区双向转诊工作机制不断完善，建立了以“网格化管理、信息化支撑”为特色的社区卫生服务新模式；2009 年被评为“全国中医药特色社区卫生服务示范区”，实现了社区中医药服务全覆盖；2009 年成为我国首批“国家中医药发展综合改革试验区”。

（六）公共文体事业健康发展

构建了“一刻钟文化圈”，积极推进“体育生活化社区”建设，基本实现了三级文体组织网络体系全覆盖。

（七）人民生活条件持续改善

实施了一批危旧房改造、土地一级开发、环境整治等工程，居民生活环境和居住条件不断改善。2010 年居民人均住宅建筑面积达到 22.9 平方米。

（八）社会保障能力不断提高

基本养老保险、失业保险、基本医疗保险实现制度全覆盖；形成了“7 + X”居家养老（助残）服务模式；推行数字化社会救助体系，基本实现“无社会救助盲点”目标。

正是由于建设健康城区工作效果突出，东城区营造出了文明、宜居、和谐、整洁的居住环境。

五、下一步工作

（一）总结“试点”经验，迎接国家爱卫会的评估

按照调整后的东城区健康城区工作规划，我们要在总结过去几年工作经验的基础上，坚持“党委领导、全民参与，政府主导、整体推进，部门负责、分项实施”的基本方针，调整、修订年度工作指标，进一步细化目标责任制，做好试点经验的总结和提炼工作。全面做好迎接国家爱卫会“全国健康城区”的评估工作，确保顺利通过国家爱卫会评估。

（二）搞好学习培训，把握技术标准

按照全国爱卫会的要求，出台全国性的建设健康城市指标体系和评估体系。

东城区作为全国首批试点单位，应提早做好新指标体系的学习培训工作，掌握指标内涵，使东城区各单位尽快掌握和熟知新的标准，为今后的健康城区工作打好基础。

（三）加强交流合作，完善工作模式

组织有关部门总结健康城区试点的工作模式和工作机制，加强交流，学习其他区县、国内外省市开展健康城区的先进理念和成功经验，推动东城区建设健康城区工作再上新台阶。

附录3：

北京市西城区健康城区建设情况

一、西城区健康城区建设试点工作背景及发展阶段

西城区于2004年正式启动开展建设健康城区工作。2004年3月至2007年6月，在区委区政府的正确领导下，在北京市爱卫会和专家指导委员会的专业指导下，制定了三年行动计划和169项任务指标，经各部门共同努力，取得了一定进展。

2007年6月，为了检验三年的工作成果，掌握全区健康城区建设水平，明确新的目标，为下一阶段制定指标、深入推进奠定基础，按照区委区政府的要求，邀请全国爱卫办、北京市爱卫会领导及全国知名的公共卫生、体育健身、生态环境、健康促进等多方面专家，对西城区健康城区工作进行评估。专家听取了汇报，查阅了大量资料，到区内10个场所进行了实地考察，在此基础上，专家组进行了分析讨论，作出评估结论，认为西城区“在不断创造和改善促进健康的自然环境和社会环境方面，开展了大量开创性的工作”、“经过三年的努力，逐步创立了符合世界卫生组织要求，并体现西城区特色的建设健康城区的模式”。

2007年12月，被确定为全国试点后，西城区制定了第二个三年计划——《西城区2008—2010年建设健康城区指标系列及任务分解》，研究确定了110项指标任务，并制定落实指标任务的行动计划。在区委区政府的大力推动下，经过广泛动员各界力量，采取培育健康细胞、实行目标管理等方法措施，较好地推进了健康城区的建设工作，取得了明显的成效。

2008年12月，世卫组织驻华代表韩卓升博士在卫生部工作人员陪同下，来西城区考察健康城区工作，与区领导进行了工作交流，听取了西城区建设健康城区工作开展的情况介绍，查看了相关资料和宣传品，到西城区养老机构、居民社

区、卫生服务中心、社区文化中心等实地进行了考察。对西城区建设健康城区工作给予了很高评价。

二、西城区健康城区建设的主要做法

近年来，西城区坚持把健康城区建设作为全面推进区域经济建设、文化建设、社会建设的重要载体，作为促进全区人民和驻区单位共建和谐社会、共享发展成果的重要举措，将健康城区建设纳入区域发展的整体格局，坚持以人为本，大力培育全民健康理念、大力改善人居环境，积极落实健康城区建设指标任务，先后制定并实施了两轮三年行动规划，有效促进了西城区经济社会科学发展、和谐发展、率先发展。

（一）建立完善的建设健康城区组织领导体系

1. 实施“西城区健康城区建设委员会”统一领导。自开展健康城区建设以来，区委、区政府高度重视，成立了以区委书记、区长为主任，驻区中央单位、部队和各街道、部门为成员的“西城区健康城区建设委员会”。设办公室和8个由相关委办局主要领导分别组成的工作小组，同时，进一步细化了各小组的任务职责，明确了主责领导和联络人，形成了相关工作分类统筹，主责工作主要领导主抓，具体工作有业务部门承办，日常事务有专门干部负责的工作机制。各成员单位也分别成立了相应领导班子，形成了纵横有致的组织领导网络，整合了领导力量。

2. 坚持“西城区健康城区建设专家指导委员会”专业指导。在成立“西城区健康城区建设委员会”的同时，成立了“西城区健康城区建设专家指导委员会”，以加强科学管理。12位专家教授来自北京市爱卫会、世卫组织健康社会决定因素委员会、北京大学、清华大学、中国疾病预防控制中心、国家体育总局等部门和院校。专家对西城区制定的健康城区指标体系结合西城区情进行分析、研究、论证，并给予专业性指导，保证了西城区健康城区工作的健康、科学发展。

3. 建立各项保障制度。区委、区政府制发了《西城区开展建设健康城区试点工作方案》，把健康城区建设的目标纳入政府发展规划；把各项工作指标纳入相关委办局工作计划；把完成健康城区建设指标任务情况纳为干部考核内容。并制定了年初召开联席会议，每季度统计上报工作进展情况，每半年进行综合情况小结，年底进行阶段工作总结评估，全年进行跟踪督导检查的工作制度，有效促进了工作开展。

4. 采取有效推进措施。一是细化指标，把建设健康城区的目标细化为110项指标，逐项落实到相应委办局和街道，并明确了主责单位、协作部门，增强了工作的针对性。二是分类督导，把110项指标分为巩固类、提高类和攻坚类。分别采取定期跟踪问效、每季度督导进展、列入为民办实事折子工程，限时落实等措施。确保了工作的落实。三是加强统筹，区领导适时主持召开建设健康城区主题研讨会、专家分析会等，邀请各街道及有关部门及有关专家，共同谋划全区健康城区工作，探讨发展思路、决策战略行动、解决工作中的问题，达成统一共识，加大了统筹力度。

（二）制定惠及百姓的建设健康城区指标体系

为深化健康城区建设，完成好新一阶段工作任务，西城区在深入研究分析西城区情，并充分借鉴其他城市工作经验的基础上，制定了符合世卫组织理念的《西城区2008－2010年建设健康城区指标系列及任务分解》，包括健康影响核心因素、健康影响基础因素、健康影响环境因素、健康干预因素、社会文明因素等5大类、110项具体任务指标，并将指标一一分解，具体到各相关部门和街道办事处。指标体系的制定，一改以往政令性、概念性、格式化的模式，而是紧紧围绕人的健康，将切入点落实在居民生活、医疗卫生、社会保障、体育健身等关注民生、保障居民健康等因素上，不求大，而求实，充分体现出政府以人为本的工作理念。

（三）开展深入人心的建设健康城区理念宣传

利用多种手段和途径，抓住不同的时机，大力开展建设健康城区的宣传。提高全区居民群众对建设健康城区重要意义的认识，激发广大人民群众积极参与建设健康城区的自觉性，培养居民健康理念。

多层次办培训，加强骨干队伍建设。每年组织相关委办局、街道办事处等部门的主管领导、主管科长、负责干部等进行培训；开办“西城区健康科普讲师系列培训班”，培训科普讲师；组织社区居委会、住区单位的相关领导及志愿者队伍进行培训等。通过培训，构建了一支“宣传建设健康城区、组织建设健康城区、实践建设健康城区”的骨干队伍。

多平台抓宣传，形成浓厚氛围。充分发挥信息时代信息传播途径多，速度快的优势，开展宣传工作。制作了“健康西城”标识；向社会广泛征集、确定“西城区建设健康城区宣传口号”；开办“西城区爱国卫生”网页；在《西城报》及有关媒体刊载、播放全区主要活动动态；绘制《西城区健康城区项目标准》图册；编制宣传手册、光盘等宣传品；编发《北京市西城区建设健康城区知识读本》；开办《健康城区专刊》；印制“健康西城”标志不干胶贴；制作印有“健康西城”标志及建设健康城区及公共场所禁止吸烟宣传口号的环保型手提袋。还在西单君太大厦、动物园、金融街中国移动大厦、月坛北桥等四处的大型 LED 屏上设置了“建设健康城区、共享美好人生”为主题的随机滚动内容。《北京日报》2010 年 9 月 2 日第 5 版，以“西城区着力打造高品质健康城区”对西城区建设健康城区情况进行了专题报道。

多方面树典型，激发工作热情。西城区在建设健康城区工作中引进奖惩激励机制，定期开展评先创优活动，适时对先进单位、先进个人表彰奖励，从而有效调动了建设健康城区的工作积极性。

（四）实施以点促面的建设健康城区细胞工程

从一个人、一个家庭、一个单位、一个社区着手，不断将健康城区建设活动扩展、放大。

实施目标管理，年初以街道、部门为单位，将本地区、本行业中对建设健康城区工作重视程度高、积极性高的单位作为健康单位、健康社区、健康家庭的培养对象，严格按照标准，区、街道爱卫会进行典范式培育，精心管理、指导、监督、检查，适时进行阶段性效果评估，发现问题及时解决，发现漏洞及时弥补，促其达到建设健康城区标准要求。区爱卫会按照《西城区健康城区项目指导评估指标》，在地区爱卫会及相关部门的自查自评基础上，对基层上报的单位、社区、家庭分别进行抽样验收，经审核确实达到标准的，授予荣誉称号。至 2010 年，全区累计评出北京市爱国卫生红旗单位 40 个、市区级爱国卫生先进单位和社区 1187 个、市区级健康社区 173 个、区级健康单位和（含健康机关、医院等 12 项）247 个、健康家庭 6462 户，健康细胞数量逐年递增、质量不断提升。

（五）开展纠偏促差的建设健康城区效果评估

为确保建设健康城区的各项指标有效落实，并在落实中起到良好效果，西城区按照“一个目标、二个层面、三个考核”落实责任制。一个目标即：完成年度任务指标；二个层面即：街道、部门和单位、社区；三个考核即：健康城区课题评价、健康城区项目评估、健康单位及健康社区考评。区、街道、单位层层签订《建设健康城区目标责任书》。坚持每年邀请北京市爱卫会领导及专家组对年度指标完成情况及效果进行评估，及时纠偏正向，总结经验。

（六）参与国际领先的建设健康城区学习交流

2008 年和 2010 年，卫生部、全国爱卫办、世界卫生组织先后两次在我国杭州市和大连市举办“中国国际健康城市市长论坛”。论坛由来自世界各国开展健康城市建设的市长、代表、专家等共百余人出席，西城区作为全国建设健康城市 10 个试点市（区、镇）的代表之一，应邀参加了论坛。论坛主要就我国开展建设健康城市活动，顺应经济、社会发展需要，符合构建和谐社会要求，促进“健康中国 2020”战略规划实施等方面展开论证及演讲。在论坛上，西城区代表与卫生部、全国爱卫办、世界卫生组织驻华代表以及参加活动的有关省市领导进行了接触和交流，汲取了先进经验，并与与会领导共同签署了《杭州宣言》，共同倡议各城市政府与市民携手，以人的健康为出发点，推进健康环境、健康人群、健康文化和健康社会有机、协调和持续发展，建设一座座安全、和谐、卫生、宜居和人人拥有高品质生活的健康城市。

三、西城区健康城区建设取得如期成效

根据《北京市西城区 2008—2010 年建设健康城区指标系列》中确立的 5 大类 110 项具体任务指标，至 2010 年，指标进度要求基本完成，其中超额完成 54 项，占任务总量的 49%。对照全国爱卫会关于健康城市建设的标准体系和评估系体，西城区绝大多数指标符合要求。少数如空气质量指标等，由于受地理环境影响，尚有一定差距。

提升城市品位，营造健康环境。多年来，西城区把树立健康环境理念融入到

城市管理与维护工作中，通过市政道路的逐年改造，完善水、电、气、热、通信等市政设施，进行道路大修，提升了城市承载能力，道路平均完好率达到95%，完善医院、学校等14类公共场所的无障碍设施，进一步巩固“全国无障碍设施建设示范区”成果。

通过对“城中村”、“边角地”整治，胡同街巷整治，低洼院落改造，实施一户一电表、一户一水表、煤改电、架空线入地等工程，全区大部分居民居住条件得到改善，市容市貌得到优化。

坚持“规划见绿、打造精品”的原则，实施了北二环德西大街南侧、西单文化广场和什刹海风景区等处的绿化工程；屋顶绿化面积达7万平方米；区域绿化覆盖率达31%，什刹海风景区、金融街地区先后获得“中国人居环境范例奖”。

区委区政府严格实施第十五个阶段的大气污染控制措施，改造燃煤锅炉7065台，平房区煤改电达6.6万余户；落实控制施工扬尘，汽车尾气监测和治理，改善水质、安装餐饮油烟处理设施等系列措施，区域大气质量显著改善。实现了主要大街洗地率65%，机扫率100%，机械化保洁率达到90%，喷雾降尘率达到90%，道路污物滞留时间普遍缩短至15分钟以内。

提高市民整体素质，培育健康人群。为培育健康人群，西城区一直强化可持续发展理念，完善学校、家庭、社会三位一体的教育网络，在机关、学校、企业、社区等广泛创建学习型组织。积极开展群众性城市清洁行动，以爱国卫生月、城市清洁日等为载体，城市环境得到优化。积极推动全民健身行动，在各公园、广场设立体育健身指导站，培训健身指导员，引领市民科学进行健身锻炼。广泛开展市民公德文明行动，组织“文明礼仪”大赛，开展全社会关爱残疾人行动，开展“拒绝二手烟”行动，开展“排队日”活动等，市民文明素质明显增强。

开展建设健康城区工作以来，西城区建成135个设施完备、功能齐全的社区文化室，75个社区文化广场；建成7个社区卫生服务中心、48个社区卫生服务站；全区26万户家庭免费得到一套限盐勺、限油壶；建成“健康大道”26条；注册健身团队137个，健身站点302个，体育人口比例达到60.6%；与2004年对比，吸烟量在20支/日的人数由8.8%下降到6.9%，食用动物内脏比率由37.73%下降到13.28%，食用油炸食品比率由57%下降到24.4%。

促民生谋发展，构建健康社会。为更好地实践健康社会理念，西城区政府制定了一系列强有力的健康公共政策作保障，促民生、谋发展。

为方便参保人员就医，减轻群众医疗负担，95家定点医疗机构全部实现持卡就医，全面推广社区慢性病综合管理试点改革，让重度残疾人享受无固定收入补助，为空巢老年人安装家庭“邻里互助门铃”，为80岁以上老人安装家庭“紧急呼叫器”，为行动困难的老年人家庭进行无障碍设施改造。

在解决就业方面，西城区设立“促进再就业资金”。2010年，西城区城镇登记失业率为1.08%，失业人员就业率为66.57%，大龄特困人员就业率达到100%。区敬老院“公办民营、委托管理”经营管理模式在全市起到了示范作用。建立的96156社区服务平台，成为全市第一个区县级社区便民服务信息化系统，被北京市确定为“西城模式”。

四、存在的问题及建议

一是对健康城市的认识还处在较低层次。由于建设健康城区工作还是一个新的理念，特别是我区的此项工作尚在试点探索阶段，既缺乏适合我区特点的理论支撑，又没有成型的经验借鉴。因此，无论是主责部门，还是各职能单位，都缺乏对健康城区这一理念的准确理解，工作实践中计划、推进、评估等方面，还缺乏应有的科学性。

二是建设健康城区的合力还不够强。建设健康城区，内容繁杂、涉及面广泛，在政府主导这个重要前提下，需要诸多部门的共同努力，密切协作。由于缺乏对此项工作的宏观认识，一些部门不能准确地把本部门职责与建设健康城区工作统一起来，责任意识不强，一定程度上削弱了整体推进工作的力量。

三是建设健康城区的措施办法还缺乏针对性。在建设健康城区的过程中缺乏有针对性的措施和方法，一方面是对新问题、新情况的出现缺乏应有的应对措施；另一方面是对解决那些长期困扰指标完成的疑难问题缺乏研究。

从西城区建设健康城区的实践看，应着力做好以下几方面工作：

一是要着力提升建设健康城区的认识。首先要解决领导层对健康城市的认识问题。建设健康城市，是解决当前城市化进程中影响城市人口健康问题的有效载体，是城市建设可持续发展的重要举措，是当今世界建设现代城市的先进理念，这一理念还在一定程度上未被认识或重视。其次要解决建设健康城市与落实科学发展观、促进民生发展、共建和谐社会的关系问题。建设健康城市即是学习实践科学发展、谋民生发展、建和谐社会的具体方法和举措。再次要解决建设健康城区与部门职能的关系问题。各部门的职能归根到底就是为民谋福祉，与建设健康城市具有高度统一性，两者不对立、不矛盾。

二是要建立较高层级的组织领导机构。建设健康城区，是一项涉及多部门、多领域甚至是社会生活全方位的复杂系统工程，其政府主导、多部门合作、全社会参与的性质特点决定了此项工作需要有力的统筹与组织领导。从当前我国的政治、经济体制的实际出发，政府的主导作用是显而易见的，有效推动此项工作的开展，必须充分考虑权力影响因素、政策影响因素等的重要作用。因此，常设一个较高层级的、具有较大能级组织协调的部门主导，是不可或缺的重要条件。

三是要真正成为政府的施政内容。政府主导的另一个方面，就是要把建设健康城市真正纳入政府的施政规划。要把政府的施政目标与建设健康城市的目标统一起来；要制定完善的公共政策与建设健康城市相匹配以作保障，在人力、物力、财力等方面提供支撑。

五、下一步工作

西城区将按照全国爱卫会关于建设健康城市的标准体系和评估体系明确的标准，深入推动区域健康城区建设工作。

一是着力做好前期规划执行情况的效果评估。结合全国爱卫会拟将对首批试点城市（区、镇）申报健康城市（区、镇）开展的评估，重点检查 110 项指标的落实质量，确保顺利通过全国爱卫会评估，并争取首批获得“健康城区”称号。

二是着力做好下一个三年规划的制定工作。着眼西城区区划调整的实际，认真评测区情，依据国家健康城区标准，科学制定新的三年规划，稳步扎实地推进健康城区建设工作。

三是着力做好总结经验提升绩效的工作。认真总结开展建设健康城区工作以来的经验和不足，加强与国际、国内交流学习，进一步完善组织领导、宣传引导、项目促进等方法措施，力争健康城区工作的新突破。

附录 4：

发挥健康管理在健康城市建设中的作用

快速的城市化进程和紧张的生活节奏给城市人口健康带来了严峻的挑战。从1950年到2010年的统计数据显示，全球拥有2000万以上人口的城市已达到25个，到2025年城市人口预计将占到世界人口的61%。而人口的高度密集和工业的急速发展给城市建设带来社会、卫生、生态等诸多问题：如住房紧张、就业困难、交通拥挤、饮食卫生、环境污染、暴力伤害等，这些问题已逐渐成为威胁城市人群健康的主要因素，严重阻碍着健康城市的建设。因此，如何建设一个不断开发、发展自然和社会环境，并不断扩大社会资源，使人们能够在享受生命和充分发挥潜能方面互相支持的健康城市，重要的工作就是促进城市人群的健康。

健康城市的建设主要包括：健康人群、健康社会和健康环境三个方面。目前，在面对一系列严峻的城市化问题形势下，健康管理的实施正是促进城市人群的健康、建立健康生活方式和创造健康社会环境的重要手段，也是实现城市健康的必由之路。回顾世界各国在健康管理领域的探索和发展，健康管理对城市人群健康促进、控制医疗费用的大幅攀升有着举足轻重的作用。当前，发展科学的、合理的、有效的健康管理方案将是保障建设健康城市的重要基石。

一、健康管理概况

（一）健康管理产生的背景

健康管理的概念和实践最早出现在美国。20世纪六七十年代，美国率先进入后工业化时代，人口出现老龄化，急性传染病和慢性非传染性疾病的双重负担进一步加重，环境污染，导致医疗卫生需求不断增长，医疗费用持续上升无法遏制，与健康相关的生产效率下降，构成对美国社会经济发展的新威胁和挑战。

1960年，美国的医疗卫生费用为269亿美元，到1970年，其医疗卫生费用增长到732亿美元，十年增长1.7倍，并且以每年递增10%以上的速度继续增长。

鉴于传统的以疾病为中心的诊疗模式，不能适应和满足人们日益增长的健康需求和医疗服务要求，于是以个体和群体健康为中心的管理模式在市场与健康保险行业的双重需求下诞生了。掌握美国绝大多数医疗卫生费用的保险业（美国参加工作的人，工作单位和个人需为其交付医疗保险费，患病后由保险公司支付医疗费）最先提出健康管理的概念。保险公司经研究发现：每年死亡人群中，70%死于心脑血管疾病、糖尿病和癌症等慢性非传染性疾病，慢性非传染性疾病在美国呈普遍流行态势，引发大量医疗保险赔付。在慢性非传染性疾病的形成原因中，遗传因素占15%，社会因素占10%，气候因素占7%，医疗条件占8%，而个人的不良生活方式占60%。不良生活方式主要包括：吸烟、过多摄入动物蛋白与油脂及高热量食品、久坐不运动、过量饮酒等。在慢性非传染性疾病患者中，70%冠心病是人为的不健康习惯造成的，80%糖尿病和中风的原因是人为引起的，50%的肿瘤是不健康的生活方式引起的。保险公司将客户依据健康状况进行分类，把那些可能患高血压、糖尿病等慢性非传染性疾病的人群，分别交给不同专业的健康或疾病管理中心，由健康管理中心采用健康评价的手段，指导病人自我保健和进行日常后续管理，以增进健康，降低医疗费用。这种运行模式奠定了健康管理发展的基础。

（二）健康管理的概念

“健康管理（health management）是指一种对个人或人群的健康危险因素（health risk factors）进行全面检测、评估与有效干预的活动过程，其主要目的是通过改善或改变健康服务的手段与产品提供，以及与提高公众健康的有效组织行为等方面的最小投入，来获取最大的健康改善效果。”“健康管理就是要将科学的健康生活方式提供给健康需求者，变被动的护理健康为主动的管理健康，更加有效地保护和促进人类的健康。”目前相对狭义的健康管理，是指基于健康体检结果，建立健康档案，给出健康状况评估，并针对性的提出个性化健康管理方案（处方），据此，由专业人士提供一对一咨询指导和跟踪辅导服务，是客户从社会、心理、环境、营养、运动等多个角度得到全面的健康维护和保障服务。

（三）健康管理的核心

健康管理是将健康教育、健康体检、健康风险评估和健康干预科学地、有机地融合成一个系统化的管理学科。其核心是通过健康风险评估，为管理对象提供健康干预，从而减少疾病的发生。其中，健康风险评估主要包括疾病早期预测和预警，具体是通过健康风险评估和疾病预测技术，精确预测高风险个体中存在的疾病危险，为全面围绕健康危险因素进行针对性的健康干预与健康促进提供科学依据。目前，我国城市居民的健康意识还相对薄弱，依从性也较差。因此，根据健康风险评估和疾病预测技术收集到的信息，对高疾病风险重点人群进行健康教育和健康干预，然后逐步向一般风险人群铺开，对降低城市人群患病率和就诊率，促进城市健康，减少医疗支出，提高医疗效益具有重要意义。

二、健康管理在健康城市建设中的重要作用及意义

（一）健康管理在健康城市建设中的作用

1. 对城市人群实施健康管理是健康城市建设的基础。健康城市计划中的各项活动都是围绕着促进人群健康而展开。而健康管理则是对影响健康的危险因素进行全面管理，从而改善个体或群体健康状况的过程。根据中国的情况，将健康管理的理念引入健康城市计划的实践中，能够有效的维护城市人群的健康，对中国健康城市计划的进程也会产生巨大的推动。

健康城市建设对健康人群要求：每年接受健康教育活动8次以上，健康教育普及率达90%，居民健康知识知晓率达70%，居民健康行为形成率达60%，传染病发病率低于250/10万，精神病患病率不超过8‰，高血压控制率达50%，糖尿病血糖控制率达45%，居民吸烟率逐渐下降，年下降率达0.65%，居民每日食盐摄入量小于8g，全民健身普及率达50%，青少年健康行为形成率达70%，老人照料普及率达90%。健康社区满意度逐年提高，区内人群对健康社区建设满意率逐年提高。

健康管理的实施，就是实现上述健康城市的标准的科学手段，它从预防保健着手，以改善全民体质为目标，深入而科学地将健康诊疗从医院转向社会，从而

满足了健康城市建设的需要。

2. 建立健康的生活行为方式是建设健康城市的重要途径。根据北京市《健康北京“十二五”发展建设规划》，建设健康城市要针对群众需求，开展社区卫生服务，覆盖率达90%，要重视居民健康档案建档（达到80%），要求慢性六病（高血压、糖尿病、肥胖病、肿瘤、冠心病和血脂异常症）管理率逐年提高，年提高率达5%，对弱势人群医疗救助率达90%，要倡导婚前体检，幼托机构卫生合格率达90%，提高散居儿童管理率（0－2岁达90%，3－6岁达97%），新生儿疾病筛选率达50%，计划免疫“五苗”覆盖率达98%，计划生育率：户籍人口达100%，外来人口达95%。通过健康管理建立规范健康的生活行为方式是达到和完成以上这些要求的重要途径。

3. 健康管理能够改善城市社会环境，是健康城市可持续发展的重要手段。《健康北京“十二五”发展建设规划》还要求社区无非正常死亡，无非正常残疾，刑事案件发生率在1‰内，民事纠纷发生率在1‰内，无黄、赌、毒现象，社区内安全设施完好率达90%，家庭红十字救护知识普及率达60%，残疾人无障碍设施完好率达90%，区域噪声平均值白天不超过55分贝，夜间不超过45分贝，社区环境清扫保洁率达100%，环卫设施完好率100%，清洁率100%，生活垃圾袋装率达90%。要达到和完成这些要求，既需要社区各个部门通力合作，共同完成，又需要发挥健康管理在其间的重要作用。通过对社区居民实施健康管理，提高社区居民的健康意识，让社区居民了解健康不仅是躯体和心理的健康，也包括社会的健康。只有社会健康也得到保障，社区居民的健康才能得到保障。

（二）健康管理的意义

1. 对城市个体的意义。提高城市居民的健康水平是全面建设健康城市的一项重要标志。有句话说得好：“小康不小康，首先看健康！”然而随着城市人口不断增长、老龄化的进程加快以及慢性病的逐年上升，国人对健康维护及改善的需求也日益增长，传统的医疗服务模式已经不能满足城市居民的需求。在这种情况下，如何利用有限的资源，最大限度地提高城市居民的生命质量和减少个人医疗开支，是当今城市发展中面临的重大挑战。健康管理正是从社会—心理—生物学的角度出发，对每个城市个体进行全面的健康保障服务，帮助、指导他们成功有效地把握与维护自身的健康。因此，建立系统完善的健康管理体系，进行专业的健康管理服务，对于改善和提高我国城市人群的身体素质，全面建设健康城市具有非常重要的意义。

2. 对社会的意义。健康管理的社会意义在于能够预防和更好地治疗疾病、降低医疗费用、提升工作效率更好地为城市的建设和发展做出贡献。医学研究发现，大部分慢性非传染性疾病、癌症等通过健康管理手段可以做到及早发现、及时预警，从而大大提高治愈率。将疾病可控因素如——不良生活方式和行为通过有效的健康管理手段得到改善。世界卫生组织以及美国健康管理实践统计表明：健康管理能减少 50% 的死亡率、预防三分之一以上的疾病。调查表明：90% 的个人和企业通过健康管理后，其医疗费用降到原来的 10%；10% 的个人和企业没有进行健康管理，他们的医疗费用比原来上升了 90%；随着我国城市医保政策的不断修正，各城市政府承担的医疗费用占总额的比例越来越大，不利于健康城市的整体发展、资源的合理配置，因此，实施健康管理能够有效降低医疗费用，减轻医疗开支，降低患病风险，为健康城市全面的可持续发展提供有力的经济保障。

三、我国和北京市健康管理发展情况

（一）我国健康管理开展情况

我国从 2008 年全国健康讨论大会上正式提出了健康管理，各城市都开始将疾病治疗转向疾病的防治和对健康的跟踪、观察。到 2010 年，全国各大型医院均设立了专门的体检中心，约有专门的健康体检中心 300 多家。2011 年经国家审定，共计有 30 多家医院和疗养机构成立了健康管理中心，从事健康人群的健康管理、研究和健康教育、健康体检、健康评估和健康干预等一系列工作。根据 2011 年 3 月的统计，健康教育的书籍共计数万册。健康宣传，从根本上开始改变人们对健康的认识和对疾病预防的认识，使越来越多的人开始对自身健康越来越重视，而且在饮食、生活习惯、用药卫生等各方面都发生了根本上的改变。据统计，北京、上海等城市的健康管理中心共完成了 12 万人的健康跟踪和管理，其中接受健康干预的人群中慢性非传染性疾病的患病率得到明显下降。

（二）北京市健康管理开展情况

北京市作为一个拥有1961万人口的特大型城市，人们的健康状况不仅关系到医疗机构的负担，而且关系到城市的持久发展，实施科学的健康管理体系不仅能缓解城市医疗负担，而且可以从根本上长远地改善北京城市人群的健康状况。因此，北京市委市政府和相关医疗管理行业很早就认识到了发展健康管理的重要性，并开展了以下几方面工作。

1. 成立北京健康管理协会。2007年12月25日，由北京市体检中心、北京同仁医院、北京九华医院投资管理有限公司等8家单位发起，成立了北京健康管理协会。该协会是以北京地区涉及健康管理服务的医疗机构为主体，同时吸纳健康教育、信息网络以及健康相关服务机构组成。主要宗旨是促进北京市健康管理行业发展和协助政府主管部门加强行业管理，这为北京市的健康管理广泛开展奠定了坚实的基石。目前，该协会已有团体会员72个。

2. 提升健康管理队伍素质。针对健康管理队伍的人员数量及服务质量参差不齐的现状，北京市开展了一系列的健康管理师培训，并严格落实健康管理师的考核制度，使健康管理师在营养、运动、心理、环境、预防医学、临床医学、中医学、社会医学等各方面的知识和技能水平上得到了提升，从而有效提升了健康管理的服务水平。

3. 完善健康管理质量标准和服务体系。健康管理学科本身属于管理学科的一个分支，管理的最终目的是要达到人尽其才、物尽其力。而健康管理服务是公共卫生服务的一部分，在实践中应该以多元化管理理论为指导。由于该学科是一门多学科交叉的边缘学科，不仅要求在专业技术方面有一定的掌握，在信息采集、计算机、统计学、流行病学、心理学、社会学、管理学、人际沟通等多学科要求具备一定的知识。尤其是慢病管理更强调利用循证医学指导和增强个人身体素质及免疫能力。目前北京地区在健康管理机构从事健康管理的人员主要是一些具有一定临床医学知识的医务人员，为进一步提升健康管理的服务水平和服务能力，北京市健康管理协会集中优秀的健康管理专家进行研讨，制定具有行业指导意义的健康管理质量标准和服务体系。尽管质量标准和服务体系并不完善，但对全市的健康管理的开展具有重要的促进意义。

四、对北京市进一步提升健康管理服务水平的政策建议

近几年，尽管北京市健康管理事业取得一定的成绩，但若使健康管理事业在建设健康城市中发挥更重要的作用，还需要在以下方面得到政府的大力支持。

1. 建立和加强健康管理的相关法规。法规是健康管理事业健康发展的重要基础。加强健康管理立法是健康管理事业得以实施与发展的依据和保障。目前，健康管理在全国尚无相应的法律法规，无论从健康管理人才的教育和培训，还是服务的步骤和流程以及健康管理服务的营销，都存在无法律规范和保护的现象。因此建立完善的健康管理法规是健康管理事业健康发展基本保障。

2. 建立与健康管理相关政策制度。虽然卫生部、保监会及劳动和社会保障部明确健康管理为医疗保险风险控制的有效策略，但这些概念并未真正贯彻落实到相关执行部门政策文件当中，如健康管理专业人才培养政策、筹资政策、税收优惠政策、从业环境优化政策等都未明确，尤其在国营体检服务机构收费标准只能按国家规定的医疗服务标准收取，而真正的健康管理核心服务如检测、评估、干预等并没有国家规定的收费标准，这将很难调动起健康管理从业者的积极性，同时也严重阻碍了健康管理事业的顺利发展。

3. 建议新医改将健康管理逐步纳入医保范围。国外的健康管理模式，产生于采取预付制的健康保险机构，健康管理机构的服务对象的费用，最终是由保险公司支付，而我国非医疗性的费用支付完全由个人承担。尽管慢性疾病发病率的快速增长和医疗资源结构的失衡，使政府在新医改中已提到注重预防、治疗、康复三者的结合，但在公共卫生方面，特别是对慢病防控方面仍然存在投入偏低，重“治”轻“防”的现象。建议政府扩大医保范围，逐渐将健康管理纳入医保范围，更好地为保障居民健康做出贡献。

4. 建立严格的健康管理监督制度。目前，尽管北京市健康管理协会在探索建立健康管理质量标准和服务体系，但它只是一个行业自律标准，没有强制力。由于缺乏相应的行业标准，政府对健康管理机构、相关行为也就缺乏监督管理的依据，导致在健康管理服务过程中，出现许多不规范行为。因此建立严格的健康管理监督制度及监管的长效机制，是促进健康管理各项工作更好更快开展的重要保障。

5. 推进健康服务资源的优化整合。医院、社区、疗养院根据各自的功能定位，形成了北京市三位一体的医疗卫生服务体系。其中，医院主要是针对患病群体进行以治疗为主要目的的专业性机构，而健康管理服务机构不仅针对患病人群，更是对亚健康人群及健康人群等需求人群进行有目的、有计划、有组织的健康干预，促进人群健康知识、态度、行为的改善，提高健康状况和生活质量的机构。但是，北京大医院医疗资源主要集中在三级医疗机构，人民群众也认为三级医疗机构的医疗水平才信得过，这导致人们不愿意选择其他医疗服务机构就医。而健康管理是一个长期的工作，三级医院专家由于临床、科研等一系列工作，几乎没有时间随访患者，因此，建议整合优势资源，建立医院和专业健康管理机构的便捷就医绿色通道，使大医院与社区及专业健康管理机构三方形成无缝隙链接，对重大疾病送大医院治疗，对需要长期管理的慢性非传染性疾病则由社区或专业健康管理机构收治。

参考文献

（按章节排序）

［1］《北京城市总体规划（2004 年至 2020 年）》，国务院关于北京城市总体规划的批复（国函［2005］2 号）。

［2］《健康北京“十二五”发展建设规划（送审稿）》，2011 年 4 月。

［3］《健康北京人——全民健康促进十年行动规划（2009 年—2018 年）》，京政发［2009］27 号。

［4］鲁勇：《建设健康城市》，《前线》月刊，2011 年第 1 期（总第 187 期）。

［5］喻莲：《健康城市：一场没有终点的长跑》，《中国改革报》，2011 年 4 月 28 日。

［6］《渥太华宪章》，世界卫生组织第一届健康促进大会宣言，1986 年。

［7］傅华、张立强：《健康促进曼谷宪章，现代公共卫生的里程碑》，摘自上海爱国卫生运动委员会健康上海网站建设健康城市栏目。

［8］王彦峰：《关于建设健康城市的几点思考》，《北京日报》，2010 年 11 月 15 日。

［9］任致远：《城市空间发展哲学思辨》，《城市规划》，2003 年第 4 期。

［10］龚定勇、蒋爱民：《基础设施建设与城市经济增长的关系》，《城市问题》，2004 年第 1 期。

［11］田东海：《住房政策：国际经验借鉴和中国现实选择》，清华大学出版社，1998. 06：5.

［12］刘绪贻、杨生茂主编：《美国通史（第五卷）》，人民出版社，2002. 10：96。

［13］周一星、孟延春：《北京的郊区化及其对策》［M］. 北京：科学出版

社，2000. 01：3。

［14］孔宪法：《由健康城市运动反思地方发展远景及都市规划专业》《城市发展研究》，2005（2）：5－1。

［15］Hugh Barton & Catherine tsourou：*Healthy urban Planing*：*A WHO guide to Planning for PeoPle*，First Published，London：SPon Press，2000. 10.

［16］阳建强、吴明伟：《现代城市更新》，东南大学出版社，1999. 10. 20。

［17］张恩迪：《健康——现代城市的追求》，上海科技出版社，2006. 1. 259。

［18］王书梅、Evelyne de Leeuw：《发展健康城市的20个步骤》，《中国健康教育》，2002. 18（1）：14－16.

［19］陈柳钦：《现代社会的新追求》，《宁波经济》，2008年第7期。

［20］宋言奇：《世界健康城市的新趋势》，《国外社会科学》，2008年4期。

［21］府采芹、邢育健：《健康城市项目标准》，苏州大学出版社，2003年2月。

［22］童明：《产业结构变迁与城市发展趋向》，《城市规划汇刊》，1998年第4期。

［23］北京市人民政府：《2011年政府工作报告》。

［24］北京市人民政府：《2011年北京市国民经济和社会发展第十二个五年规划纲要》。

［25］中共北京市委：《2011年中共北京市委关于制定北京市国民经济和社会发展第十二个五年规划的建议》。

［26］卫生部等18部委：《国家环境与健康行动计划（2007—2015）》。

［27］环境保护部：《2009年中国环境状况公报》，2010年6月3日。

［28］中国工程院、环境保护部编：《中国环境宏观战略——主要环境领域保护战略卷（下）》，中国环境科学出版社，2011年。

［29］国务院：《关于落实科学发展观加强环境保护的决定》（国发〔2005〕39号）。

［30］国务院办公厅：《关于整治违法排污企业保障群众健康环保专项行动的通知》（国办发［2005］34号）。

［31］中国环境与发展国际合作委员会（简称国合会）专题政策报告：《中

国环境与健康管理体系与政策框架》，2008 年。

［32］世界卫生组织编：《关于颗粒物、臭氧、二氧化氮和二氧化硫的空气质量准则》（2005 年版）。

［33］环境保护部主编：《国家污染物环境健康风险名录——化学第一分册》，中国环境科学出版社，2009 年 2 月第 1 版。

［34］阚海东、陈秉衡：《我国部分城市大气污染对健康影响的研究 10 年回顾》，《中华预防医学杂志》，2002 年第 36 卷第 1 期。

［35］金银龙、何公理等：《中国煤烟型大气污染对人群健康危害的定量研究》，《卫生研究》，2002 年第 31 卷第 5 期。

［36］陈秉衡等：《上海城区大气 NOx 污染对健康影响的定量评价》，《上海环境科学》，2002 年第 21 卷第 3 期。

［37］陈秉衡等：《上海市城区大气二氧化硫污染对健康影响的定量评价》，《环境与健康杂志》，2002 年第 19 卷第 1 期。

［38］席淑华等：《大气污染对儿童健康所致潜在危害研究》，《环境与健康杂志》，2000 年第 17 卷第 1 期。

［39］张涛：《大气污染对人体健康影响敏感指标的研究进展》，《现代预防医学》，1997 年第 24 卷第 2 期。

［40］钱家忠、李如忠等：《城市供水水源地水质健康风险评价》，《水利学报》，2004 年第 8 期。

［41］宛悦、韦正峥：《保护环境关爱健康切实推进环境与健康管理工作》，《环境与健康展望》，2009 年第 117 卷第 2 期。

［42］杨小南、李宇斌：《辽宁省大气污染对人体健康的危害及研究展望》，《气象与环境学报》，2007 年第 23 卷第 1 期。

［43］中国疾病预防控制中心辐射防护与核安全医学所（卫生部核事故医学应急中心）：《核事故医学应急问与答》，2011 年 3 月。

［44］杨争林：《加快城市林业发展步伐的思考》，《山西林业》，2008（1）-004-02

［45］包志毅、陈波：《城市绿地系统建设与城市减灾防灾》，《自然灾害学报》，2004（2）：155-160。

［46］丁向阳：《构建北京市城乡一体化的社会化养老服务体系研究》，2010

年全市调查研究重点课题，研究单位为市民政局，2010 年 11 月。

[47] 王力丁、王鸿春主编：《北京民生政策研究》，同心出版社，2010 年 9 月。

[48] 中国社会科学院人口与劳动经济研究所：《“十二五”期间北京人口老龄化相关问题研究》课题报告，2010 年 9 月。

[49] 北京市老龄工作委员会办公室：《北京市 2009 年老年人口信息和老龄事业发展状况报告》，2010 年 10 月。

[50] 金大鹏、Arne Ljungqvist、Hans Troedsson 主编：《2000 奥运会的健康遗产——成功和建议》中《第 12 章：保障食品安全》，世界卫生组织西太平洋区，2010 年出版。

[51] 谢先国、李建华、尹卉：《推行健康城市为市民提供良好的生态环境》，《中国公共卫生》，1997. 13（1）：27。

[52] WHO：*Food Safety-a worldwide public health issue*，2001.

[53] 何计国：《食品安全与健康》，《科学对社会的影响》，2007 年第 4 期。

[54] 杨明亮：《食品安全：一个遍及全球的公共卫生问题》，《中国卫生监督杂志》，2003 第 10 期。

[55] WHO Geneva：*Building A Healthy City*：*A Practitioners'Guide——A Step-By-Step Approach To Implementing Healthy City Projects In Low-Income Countries.*，14 – 19.

[56] Wilfried Kreisel，Leonard J. Duhl，傅华：《健康城市理论、实践与发展展望》，《健康教育与健康促进》，2006 年 1 月。

[57] 北京市东城区政府网站，http：//www. bjdch. gov. cn。

[58] 北京市东城区统计信息网，http：//www. dctjj. bjstats. gov. cn。

[59] 北京市统计信息网，http：//www. bjstats. gov. cn。

[60] 东城区卫生局：《北京市东城区 1996—2000 年健康城市规划》，内部资料。

[61] 东城区卫生局：《北京市东城区 1998—2000 年健康促进达标审评报告》，内部资料。

[62] 东城区卫生局：《北京市东城区“九五”期间初级卫生保健工作回顾与展望》，内部资料。

[63] 鲍勇：《健康管理是建设健康城市的重要基石》，《中华健康管理学》，2008 年第 2 卷第 4 期。

［64］王煜、黄建始：《健康管理在中国健康城市建设中的应用》，《中国预防医学》，2008 年第 7 期。

［65］平昭、韩萍、李汝斌、谢燕：《健康管理模式在疗养院的应用》，《中国疗养医学》，2010 年 11 期。

［66］《首都：落实科学发展观研究》，同心出版社，2007 年 1 月第一版。

［67］北京市经济与社会发展研究所：《2010 年北京社会发展研究精选》，第 15 页。

后 记

健康城市是20世纪80年代世界卫生组织为摒弃源于西方国家的高消耗、高污染、高浪费、低经济效益、低生态效益、低社会效益这种传统生产方式对人类发展造成的严重危机，而提出的一种新的生存战略。它旨在通过在产业、环境、城市规划、城市建设以及各个方面的管理中都贯彻以人的健康为中心，保障广大人民群众健康的工作、学习和生活，从而使城市成为人类生存发展的健康乐园。

健康城市是对传统城市发展模式的重大变革，是根治人口膨胀、环境污染、交通拥堵、住房紧张、资源短缺等“城市病”蔓延的最佳途径，是提升人类健康水平的根本出路，是实现人类可持续发展的根本要求，是世界各国城市发展的必然趋势。它不是居民个人的事，也不只是卫生部门的事，而是包括城市规划、建设、管理等各个部门的共同职责。它要求在应对人的健康问题上，要从被动和末端处理转向以预防为主的源头治理，从单纯依靠医疗技术手段转向运用经济、社会、环境等综合思维手段，从依靠单一的卫生部门力量转向依靠城市的规划、建设、管理等方方面面的力量，从政府的独自治理转向社会的共同参与。

为更好地推动我市健康城市的建设，中国医药卫生事业发展基金会理事长王彦峰、北京健康教育协会会长金大鹏、首都社会经济发展研究所所长王鸿春向中共中央政治局委员、中共北京市委书记刘淇送呈了《继承奥运健康遗产努力把北京建设成健康之都》的建议。刘淇书记对此建议高度重视，2010年10月27日做出重要批示，批示内容为“请有关同志阅示。贯彻十七届五中全会精神，体现以人为本，北京建设‘健康之都’的目标是合适的，请政府研究推动此项工作”。中共北京市委副书记、北京市市长郭金龙，中共北京市委常委、北京市常务副市长吉林，北京市副市长丁向阳也分别做出了批示。

为了贯彻落实市委书记刘淇同志的批示精神，我们在2011年初组织市委、市政府相关委办局和区县的决策研究人员组成“北京健康城市建设研究”联合课题组，从15个方面对健康城市建设问题开展了研究，每个方面都包括本部门工作与建设健康城市关系、本部门工作成绩和存在的问题、本部门建设健康城市的对策思路和政策建议，共3个内容，通过对健康城市的政策研究，以期为推动北京市健康城市的建设提供有益的对策思路。

本课题为北京市哲学社会科学规划特别委托重大项目。联合课题组由中国医药卫生事业发展基金会、首都社会经济发展研究所和北京健康城市建设促进会共同组织，有市委市政府15个部委办局和东城区、西城区参加。课题最终形成《北京健康城市建设研究》一书。本书由中国医药卫生事业发展基金会理事长、北京健康城市建设促进会名誉理事长王彦峰，北京市副市长、北京健康城市建设促进会名誉理事长丁向阳担任编委会主任，首都社会经济发展研究所所长、北京健康城市建设促进会理事长王鸿春，北京市哲学社会科学规划办公室主任王祥武担任编委会副主任，王鸿春担任本书的主编。

各章及附件作者详列如下：

绪　论　王鸿春（首都社会经济发展研究所）、鹿春江（首都社会经济发展研究所）、杜梅萍（《前线》杂志社）、吴玲玲（首都社会经济发展研究所）。

第一章　郭培宜（北京市规划委员会）、赵峰（北京市规划委员会）、赵霆（北京市规划委员会）、和朝东（北京市规划委员会）。

第二章　王秀国（北京市住房和城乡建设委员会）。

第三章　郭卫东（北京市市政市容管理委员会）、郑勤俭（北京市市政市容管理委员会）、张思京（北京市市政市容管理委员会）。

第四章　宋强（北京市环境保护局）、张萍（北京市环境保护局）。

第五章　王军（北京市园林绿化局）、刘军朝（北京市园林绿化局）、陈顺洪（北京市园林绿化局）。

第六章　齐振家（北京市人力资源和社会保障局）。

第七章　潘银苗（北京市人口和计划生育委员会）、龚伟明（北京市人口和计划生育委员会）。

第八章　郭卫亮（北京市交通委员会路政局）、顾涛（北京市交通委员会）、冯陶（北京市交通委员会）、刘莹（北京市交通委员会）、周凌（北京市交通委员会）、余柳（北京市交通委员会）。

第九章　杨宝山（北京市民政局）、万婷婷（北京市民政局）。

第十章　李新平（北京市卫生局）、谢辉（北京市卫生局）。

第十一章　王国忠（北京市人民政府食品安全监督协调办公室、北京市工商行政管理局）、孟辉（北京市人民政府食品安全监督协调办公室、北京市工商行政管理局）、路勇（北京市人民政府食品安全监督协调办公室、北京市工商行政管理局）。

第十二章　姚羽中（北京市水务局）、居江（北京市水利科学研究所）、汪元元（北京市水利科学研究所）、黄俊雄（北京市水利科学研究所）、韩中华（北京市水利科学研究所）、王凤春（北京市水利科学研究所）、张涛（北京市水利科学研究所）。

第十三章　魏晔龄（首都精神文明建设委员会办公室）、李建国（首都精神文明建设委员会办公室）。

第十四章　温和（北京市委社会工作委员会）。

第十五章　颜纳新（北京市体育局）、李华君（北京市体育局）、汪江涛（北京市体育局）、杨洋（北京市体育局）。

附件1　刘泽军（北京市爱国卫生运动委员会办公室）、汤伟民（北京市爱国卫生运动委员会办公室）、孙轶卓（北京市爱国卫生运动委员会办公室）。

附件2　北京市东城区爱国卫生运动委员会办公室。

附件3　北京市西城区爱国卫生运动委员会办公室。

附件4　平昭（北京小汤山医院）、钱大公（北京市机构编制委员会办公室）、白雪琴（北京小汤山医院）。

全书文稿由王彦峰、王鸿春、王微、郝中实、鹿春江审阅和修改。在全书写作过程中，课题组领导组织各章写作人员进行了多次研讨，赫军、鹿春江做了大量的组织协调工作。

参与本课题的市委市政府部委办局等单位有关领导对各自单位承担的章节都作了悉心的指导和认真的修改，他们分别是：北京市规划委员会副主任王飞，北京市住房和城乡建设委员会委员秦海翔，北京市市政市容管理委员会党组副书记、副主任孟令华，北京市环境保护局党组成员、纪检组组长吴问平，北京市园林绿化局（首都绿化办）党组书记、局长、主任邓乃平，北京市人力资源和社会保障局党组副书记、副局长刘江平，北京市人口和计划生育委员会主任刘志，北京市人口和计划生育委员会副主任丁勇，北京市交通委员会委员王兆荣，北京市民政局党委副书记、副局长孟钧，北京市卫生局副局长雷海潮，北京市人民政府副秘书长、北京市人民政府食品安全监督协调办公室主任、北京市工商行政管理局党组书记张志宽，北京市水务局局长、党组副书记程静，首都精神文明建设委员会办公室巡视员尹学龙，北京市委社会工作委员会副书记、北京市社会建设工作办公室副主任张坚，北京市体育局党组副书记、副局长孙学才，北京市卫生局党委书记、局长方来英，北京市卫生局副局长赵春惠，北京市东城区副区长毛炯，北京市东城区爱国卫生运动委员会办公室原主任李占民，北京市西城区副区长范宝等，在此向他们一并表示感谢。本书的立项和出版得到了北京市哲学社会科学规划办公室、北京银行和北京市社会科学理论著作出版基金的大力支持和资助，在此向他们表示衷心的感谢。本书的编辑出版，还得到了京报集团同心出版社社长兼总编辑郭坦的大力支持，特此感谢。

由于对健康城市的研究还是初步的，书中定会有疏漏与不妥之处，恳请读者提出宝贵意见。

编者

2011 年 10 月 16 日

图书在版编目（CIP）数据

北京健康城市建设研究／王鸿春主编．—北京：同心出版社，
2011.10
ISBN 978－7－5477－0233－8

Ⅰ.①北…　Ⅱ.①王…　Ⅲ.①城市卫生－研究－北京市
Ⅳ.①R126

中国版本图书馆CIP数据核字（2011）第188843号

北京健康城市建设研究

出版发行：同心出版社
地　　址：北京市东城区东单三条8－16号东方广场东配楼四层
邮　　编：100005
电　　话：发行部：（010）65255876
总编室：（010）65252135－8015
网　　址：www.bjd.com.cn/txcbs/
印　　刷：北京雅昌彩色印刷有限公司
经　　销：各地新华书店
版　　次：2011年12月第1版
2011年12月第1次印刷
开　　本：787毫米×1092毫米　1/16
印　　张：23.25
字　　数：280千字
定　　价：68.00元（平装）

同心版图书，版权所有，侵权必究，未经许可，不得转载